JN117156

EU・欧州統合の新展開とSDGs

福田耕治［編著］

成文堂

はしがき

欧州では、ユーロ危機以降も気候変動や難民危機、新型コロナ危機、甚大な自然災害、ウクライナ危機など予測困難な危機が相次いで起こった。こうした国際環境激変を背景に、国連の「持続可能な開発目標（SDGs）」に世界の耳目が集まり、目標とする持続可能な循環型経済社会構築の重要性について人びとの関心も高まっている。EU は SDGs の国際規範の制度設計と実現のために国連 SDGs に積極的に関与し、2030年をターゲットとする17目標の達成に向けてリーダーシップをとってきた。また SDGs という国際規範の実現に向けて、EU の新成長戦略との関連で SDGs の達成に果敢に挑戦しつつある EU の政策動向とその方向性を私たちも探ってきた。EU は、2000年の MDGs 以来、後継となる現在の2030年を目標年とする SDGs の国連開発アジェンダの強力な支援者となり、持続可能戦略をともに発展させてきている。

2020年代以降、新型コロナ禍を契機として SDGs の社会課題の解決に向けて、産業界においてグリーン化と急速なデジタル改革が進んでいる。欧州では企業価値の向上や高収益性の実現、環境・社会・ガバナンスの取り組みを評価する ESG 投資が急拡大し、SDGs を各国で経済政策や新産業政策、企業経営に取り入れる動きも活発化してきている。本書では、国連 SDGs に積極的に関与し、2030年をターゲットとする17目標の達成に向けてリーダーシップをとってきた EU が、国連と協力して連携・協力活動を展開し、EU 加盟国や民間企業、NGO とともに SDGs に取り組むことの意義はどこにあるのかを検討する。また、持続可能な循環型経済社会の構築に向けた EU の成長戦略と制度化の方向性を考察したい。さらに EU 公共政策の最新動向とその含意について学際的に明らかにし、日本への影響や諸政策への示唆を得ることも同時に目的としている。

本書『EU・欧州統合の新展開と SDGs』は、早稲田大学 EU 研究所（Waseda Institute for EU Studies）設置20周年記念論文集であり、その執筆者は、早稲田大学 EU 研究所所属の研究員、招聘研究員が大部分であり、2022年度中に毎月開催されてきた EU 研究所主催 EU 研究会の研究成果の一部である。

早稲田大学 EU 研究所は、2001年に福田耕治（政治経済学術院教授）が所長となり創設し、20余年にわたり早稲田大学の中心的な EU 研究教育拠点となってきた。EU 研究所には、政治経済学術院、法学学術院、国際学術院、社会科学総合学術院の10名ほどの専任教員が研究員として所属し、さらに学外から10名近くの招聘研究員も参加し、EU の統治構造と各種の国際公共政策について、欧州諸大学の EU 研究者達とともに、国際共同研究を積極的に推進している。早稲田大学 EU 研究所の業務としては、①日本 -EU 間での産官学の連携協力と受託研究・寄付講座の受け入れ、②学術研究機関・日欧の EU 研究者ネットワークの構築と人的交流、③日本および欧州諸国における国際シンポジウム・ワークショップ・講演会・研究会の企画と共同開催、④自治体の市民大学講座、中学・高校への EU に関する出張講義、⑤外務省などの省庁、自治体や経団連、民間団体等からの EU 関連の受託研究・調査、⑥ EU に関する日本語、英語、その他の言語（中国語・韓国語・仏語等）による図書出版物等の刊行も行っている。EU 研究所は、早稲田大学における EU 関連組織やプロジェクト研究の中核として学生や教員がエラスムス・ムンドスやホライズン・プログラムにも関わり、政治・経済、法、社会、文化、理工、医療など多角的な観点から学際的なアプローチによる先端的な EU 教育・研究活動を展開している。

2015年 4 月に早稲田大学地域・地域間研究機構（Organization for Regional and Inter-regional Studies：ORIS）に、早稲田大学のアジア研究機構、日米研究機構、日欧研究機構が改組統合され、EU 研究所は現在、この機構内に包摂されている。EU 研究所の研究員や招聘研究員は、早稲田大学の各学部や大学院において EU に関する若手研究者の育成、教育・研究指導を行い、EU 研究を専門とする多くの大学教員や民間研究機関の研究者のみならず、JICA、JBIC、JETRO、大手商社、国連等の国際公務員、国際弁護士等の EU 関連の実務家も輩出している。

早稲田大学には、フィレンツェの欧州大学院大学（EUI）教授やベルギー・ブリュージュの欧州大学院大学（College of Europe）の学長が何度か来校し、記念講演を行っている。2015年には、ベルギー欧州大学院大学のモナー学長が大隈小講堂で「EU における連帯」について記念講演を行った。1949年に設置されたブリュージュ欧州大学院大学は、欧州統合プロジェクトの担い手となる欧州官僚（ユーロクラット）の養成・研修機関として創設されて以来70余年の歴史を有する。また欧州合衆国を目指す「欧州連邦主義の牙城」としてもよく知られている。欧州官僚、国連等の国際公務員の養成・研修機関として欧州地域で重要な役割を担ってきた。2019年４月、このブリュージュ欧州大学院大学と早稲田大学との間で、学生及び教員の相互交流のための研究教育協力協定の締結に漕ぎつけ、早稲田大学は、欧州大学院大学からタフツ大学フレッチャースクールに続く世界で２番目の学術交流協定校として公式に認められた。

なお、本研究は、JSPS Core-to-Core Program, JPJSCCA 20180002の支援を受けた研究成果の一部であり、また科研費21K01308「デジタル改革と成長戦略の日欧比較分析」の研究成果でもある。最後に、早稲田大学地域・地域間研究機構（ORIS）から本書への出版助成もいただき、記して感謝の意を評したい。

2023年３月20日

EU 研究所所長　福田耕治（政治経済学術院）

EU 研究所研究員・招聘研究員一覧（2023年度現在）

【研究員】

福田　耕治　　早稲田大学政治経済学術院　教授（所長）
岡山　茂　　早稲田大学政治経済学術院　教授
眞柄　秀子　　早稲田大学政治経済学術院　教授
中村　英俊　　早稲田大学政治経済学術院　教授
日野　愛郎　　早稲田大学政治経済学術院　教授

須網　隆夫　　早稲田大学法学学術院　教授
中村　民雄　　早稲田大学法学学術院　教授
片岡　貞治　　早稲田大学国際学術院　教授
ベーコン・P.・マルティン　早稲田大学国際学術院　教授
鈴木　規子　　早稲田大学社会科学総合学術院　教授
【招聘研究員】
堀口　健治　　早稲田大学名誉教授
臼井　実稲子　駒沢女子大学人文学部国際文化学科教授
福田　八寿絵　鈴鹿医療科学大学薬学部教授
引馬　知子　　田園調布学園大学人間福祉学部教授
土谷　岳史　　高崎経済大学経済学部准教授
武田　健　　　青山学院大学国際政治経済学部准教授
吉澤　晃　　　関西大学法学部准教授
原田　徹　　　佛教大学社会学部准教授
矢内　勇生　　高知工科大学経済・マネジメント学群准教授

目　　次

第1章
国連 SDGs と EU 新成長戦略による政策的対応

福　田　耕　治

はじめに

2015年国連で2030年を目標年とする「持続可能な開発目標（Sustainable Development Goals: SDGs(1)）」が採択された。これは、2000年国連「ミレニアム開発目標（Millennium Development Goals: MDGs(2)）」の後継であり、2030年までに達成すべき17の目標を掲げ、国際社会が一体となった地球規模課題の解決のための取り組みである。これら MDGs、SDGs の制度設計から、その実施と評価に至るまで、EU は国連に協力して国連開発アジェンダの強力な支援者となり、深くかかわってきた。このような EU の努力を踏まえて、2019年12月就任した欧州委員会ウルズラ・フォン・デア・ライエン委員長（2019~2024年）も SDGs を重視し、EU における SDGs の主流化に積極的な取り組みをみせている。

欧州委員会では、EU の新成長戦略、今後5か年の施政方針として、6つの EU の優先政策、①欧州グリーンディール（European Green Deal）、②欧州のデジタル時代へ適応（Europe fit for Digital Age）、③人々に役立つ経済（Economy that Works for People）、④世界におけるより強い欧州（Stronger Europe in the World）、⑤欧州生活様式の推進（Promoting our European Way of Life）、⑥欧州民主主義のさらなる推進（New Push for European Democracy）(3)を公表した。これら政策課題のうち、中核をなすのは「グリーン化」と「デジタル変革（DX）」を両輪とする欧州における循環型経済社会の構築であり、国連 SDGs を世界のルールへと転換させようとする EU の野心的な新成長戦略とガバナンス改革の実現目標でもあった。

本書は、第1に、国連 SDGs の起源となった「持続可能性（sustainability）」という政治的言説が、国連や EU によって受け入れられ、制度設計を経て、グローバルな政策展開へと繋がってきた経緯を明らかにすることを目的とする。第2に、EU において「持続可能な開発」が単なる概念的モデルから、欧州ガバナンスにおける戦略的意思決定のための行動規範へと変換され、政治的、制度的枠組みとなった背景を明らかにする。これは、多くの障壁を乗り越えて、国連 SDGs への対応という形態をとりつつ EU の新成長戦略をも睨んだ制度設計へと繋がり、気候変動対策、再生可能エネルギー、社会・労働と人権デューデジリエンス、ESG（環境・社会・ガバナンス）投資など欧州の多様な価値を内包するダイナミックな政策展開へと繋がる政治経済的要因を探ることを念頭においている。第3には、EU におけるガバナンス改革が、マルチ・ステークホルダー（多様な、複数の利害関係者・参加者）に開かれた持続可能な開発の経済的目標と環境的目標、さらに2022年2月ロシアのウクライナ侵攻以後のエネルギー問題との複雑な関連性と均衡の上で展開される政治経済的現実を踏まえ、政策分野別にその影響を詳細に検討する。本章では、SDGs に対する EU の新成長戦略としての取り組みについて具体的に検討し、その成果と課題について考察する。

第1節　国連 MDGs から国連 SDGs に至る EU の役割

国連 SGDs の制度設計とグローバル・ガバナンスにおいて EU が環境や人権などの分野で世界のリーダーシップをとるに至る経緯と、誰もが良い考えだと納得せざるをえない「持続可能性」という曖昧な言説が果たしている役割について、最初に振り返っておこう。

持続可能性という用語は NGO の報告書で用いられたのが最初だといわれているが、エリオット（A. Elliott）の調査によれば、その概念の定義は世界に70以上あると指摘されている[(4)]。国連レベルでこの用語を最初に導入したのは、1987年当時 WHO の長であったブルントラントがその報告書（WCED, 1987）において「持続可能な開発」の定義を示したのが端緒となった。ブルントラント報告では、「将来の世代のニーズを満たす能力を損なうことなく、現在のニーズを満たすこと」であると定義されている。環境と開発に関する世界委員会（WCED）は、世界の貧困解決のために途上国の開発ニーズと経済成長に応えつつ、回復不可能な地球環境の破壊を防ぐために、先進国とグローバル・サウスに環境保護への配慮を呼びかけ、人類の将来のニーズを満たし続けられるような社会・経済をどのようにグローバル・ガバナンスしたら良いのかという課題を提起した。

2000年9月国連ミレニアムサミット（第55会期国連総会）において、欧州委員会のプロディ（Romano Prodi）委員長は、「EUと国連の行動におけるパートナーシップ(5)」と題する演説を行い、貧困削減、持続可能な開発、平和と安全および人権を確保するグローバルな課題への挑戦には、グローバルな協力を基礎とするグローバルな解決策が不可欠であり、グローバリゼーションに伴う諸矛盾を解決するために多国間主義（multilaterarism）に基づく、グローバル・ガバナンスの改善の必要性を訴えた。EUは、国連とのパートナーシップを強化し、さらに2000年6月ACP76カ国との間で「コトヌ協定(6)」を締結した(7)。

10年後の2010年9月欧州委員会のバローゾ（J. Manuel Barroso）委員長は、「ミレニアム開発目標に関する国連総会ハイレベル会合」（第65会期国連総会）の演説において、EUが「貧困との闘い」を最優先課題に掲げ、世界をリードして貧困撲滅のために全力を傾注してきたとアピールした。EUは、「ポスト2015年」を見据え、さらに中長期的戦略を検討し始め、「2015欧州開発年（European Year for Development 2015）」の準備を進めた。

2014年11月新欧州委員会発足にあたり、ユンケル（Jean Claude Juncker）委員長は、EUと欧州委員会は、ミレニアム開発目標（MDGs）に代わる新アジェンダの策定にあたり、EUおよびその加盟国が多様なステークホルダーを統合する開発協力に強い意欲を示した。ユンケル委員長は、SDGsをEUの基本指針として位置づけ、社会・環境・経済を持続可能な開発の3本柱とし、EU政策におけるSDGsの主流化を目指し、世論の喚起のために2015年を「欧州開発年」とした。さらに今後15年間を視野に入れて、EU/欧州委員会とその加盟国は、国連事務総長の「持続可能な開発目標に関する開かれたワーキンググループ」の提案(8)を歓迎すると表明した(9)。2015年7月エチオピアのアディスアベバで約210の国と機関が参加して、第３回開発資金国際会議（The Third International Conference on Financing for Development：FFD３）が開催され、2015年以降の開発資金に関する政策枠組「アディスアベバ行動目標（The Addis Ababa Action Agenda）[(10)]」が採択された。2015年８月各国代表団が17の持続可能な開発目標（Sustainable Development Goals：SDGs）を盛り込んだ文書「私たちの世界を転換する：持続可能な開発のための2030年アジェンダ」に合意し、９月の国連総会で採択された。「開発資金国際会議の結果をEUは『成功』と評価[(11)]」（EU-MAG Vol. 43：2015）している。SDGsの制度設計のために、国連が設置した30人のメンバーによるワーキンググループは、2015年以降のSDGs諸政策を練り上げるための司令塔となった[(12)]。さらに2015年11月パリで第21回国連気候変動枠組条約締約国会議（COP21）が開催され、EUとフランス議長国の努力によりパリ協定が合意された。

2018年１月欧州委員会のSDGs検討会議「SDGsに関するハイレベル・マルチステークホルダー・プラットフォーム」が設置され、EUとしてもSDGs達成に向けての、国際機構、政府、企業、NGO等の長期的資金調達手法や進捗報告手法等を検討することに合意した。SDGsでは、途上国の伝統的なレトリックである「共通だが差異のある責任（CBDR）」原則や「開発への権利」などを多く取り入れた[(13)]。フランス・ティマーマンス欧州委員会第１副委員長、業界団体から「ビジネス・ヨーロッパ（Business Europe）」事務局長、企業からエネルCEO、民間企業のユニリーバCEO等、NGOからトランスピアレンシー・インターナショナル（Transparency International）、世界自然保護基金（WWF）、SDG Watch、欧州青年フォーラム（European Youth Forum）、CSR欧州（CSR Europe）等が参加し、世界銀行、UNDP、欧州持続可能な開発ネットワーク（European Sustainable Development Network）、欧州経済社会委員会等の機関もオブザーバーとして参加し、2018年７月　マルチ・ステークホルダーによる「資金調達行動枠組み」を採択した。世界最大の政府開発援助（ODA）ドナーであるEU・欧州諸国も、SDGsの目標達成に向けて開発資金国際会議の結果を「成功」であったと評価した。EUの主要な目標は、持続可能な開発の３側面として、社会、経済、環境を捉え、新開発アジェンダには、平和、安全、人権、ガバナンス、ジェンダー平等などの分野も盛り込んだ。特に SDGs は、途上国支援のみならず、先進国をも含めた形で国際社会全体が気候変動をはじめとする地球規模課題に一体となって取り組む枠組みを構築することに成功した。

第２節　国連 SDGs の特徴とグローバル・ガバナンスへの EU の貢献

1970年代初頭、ローマクラブの報告『成長の限界』（1972年）が問題提起し、翌1973年第１次石油危機が起こり、経済成長の限界論が支配的になった。しかし、その後、環境問題と経済成長を二項対立で捉えるのではなく、「両立」できるという言説が現れ、環境保全を組み込んだ経済成長が可能であること、社会正義、その他すべてを永続的に手に入れられる環境主義へと言説が変化した。EU は、SDGs の制度設計と実施に積極的に取り組んできた。具体的には、開発援助の支援で EU は、開発途上国に対して年間約700億ユーロの援助を提供しており、国連は EU を SDGs の達成に向けた主要なパートナーとして位置づけている。EU は、特に最貧国や危機地域に重点を置いた援助を提供し、持続可能な開発に必要な基盤整備や人間の安全保障などにも取り組んでいる。

持続可能な開発に向けた政策の策定では、EU は、自らも SDGs 政策の策定を進め、気候変動対策やエネルギー政策、循環経済などに関する規制や政策を進めており、SDGs の達成に向けた取り組みを推進している。さらに SDGs に向けた国際協力の推進のために、EU は開発途上国との貿易協定や技術移転の促進、SDGs の監視と評価に関する国際的な枠組みの策定などを国連と共に実施してきている。

2000年代になると新しいデジタル・AI 技術の開発・導入による社会的課題の解決を通じて、持続可能な開発という言説が政府や企業にも受け入れられるようになった。表１に示すようにディープ・テック（Deep Tech）は、貧困や飢餓、健康や教育の充実、気候変動対策など SDGs の課題に関連する幅広い分野での活用が期待されている。EU では、第６次環境行動計画（2001～2012）以降、環境と開発は矛盾することなく、欧州グリーン・ディールの目指す「循環型経済（circular economy）」社会の構築に成功すれば、持続可能な経済成長が実現できると考えるようになった[14]。

国連SDGsとOECD-DACの新しい開発政策ガイドラインは、単なる官民協力だけでなく、民間部門が果たす役割にも重点を置いている。マリー・ソデルベリー（Marie Söderberg, 2018）が指摘するように、EU諸国は現在、補助金と他の公的・民間資金提供者からの融資や出資を組み合わせるアプローチを重視しているが、これは日本の伝統的なODAモデルへの収斂を示しているとする見方もある[15]。JICAによると、中国に対する日本のODA対外援助事業は1979年に開始され、2022年3月で全てのODA事業の実施が終了した。その結果、GDPは両国で逆転し、2022年現在、中国の対外直接投資は世界第1位となった[16]。しかし中国の対外援助の拡大は、世界の開発援助体制に重大な影響を及ぼし、援助を受けた途上国では「債務の罠」などの問題も表面化している。中国の対外援助は、通常のDACドナーとは異なる条

表1　SDGsと国際公益の実現に期待されるDeep Tech

個別技術分野／政策分野	AI／ビッグデータ	バイオ・材料	AI／ロボティクス	エレクトロニクス・センサー	IOT・通信
農業（AgriTech）	農作物の作付計画	品種改良・GMA	無人農耕ロボ PC機械化農場	害虫被害・自然災害	世界の豊作・不作・金融情報
食品（FoodTech）	食料・飼料の確保状況	人造肉・代替食研究	食品加工・流通・配膳	食品廃棄物の把握・AIによる再利用提案	世界食料価格・不足・飢饉情報
環境（GreenTech）	化石燃料・再生可能エネルギーの各国別割合	バイオマス 脱炭素技術 水素戦略	気象観測用ロボ	気象観測用センサー	世界の気候変動状況の継続把握
エネルギー（EneTech）	化石燃料データ 再生可能エネルギーデータ	バイオマス・メタン・水素エネルギー開発	洋上風力・太陽光・地熱発電用ロボ	温室効果ガス増減の恒常的計測と温暖化の進行度把握	スマートグリッド（電力需給関係の可視化・供給）
保健・医療（MedTech）	診断・治療方法・創薬	遺伝子情報	遠隔による診断・治療・手術	病態変化の可視化と治療の高度化	E-Med／遠隔医療
宇宙（SpaceTech）	宇宙ステーション・各国の人工衛星の把握	宇宙食・断熱材量	気象・発電・農作生産計画・災害用ロボ	気象・発電・軍事・偵察用センサー	地球・宇宙間の情報通信
海洋（MarineTech）	海洋生物資源の維持管理・開発	バイオマス	深海・海洋調査ロボ	海洋生物・水質の調査	海洋の温暖化情報・災害対策
軍事（MilitaryTech）	兵力・武器の保有量	バイオ兵器開発再生医療	AI／ロボット兵器自律型無人戦闘機・軍艦・偵察機	軍事センサー技術	通信の傍受・妨害 指揮命令 IoTによる統括

（筆者作成）

件と特徴を持っているため、アフリカやその他の地域におけるDAC諸国援助と中国とのドナー間の援助競争は、中国式の援助によって刺激され、世界の開発援助の現実は変質したとされる。途上国は、SDGsの目標よりは、中国方式の経済成長、貿易、投資などの援助への期待を高め、日本の援助もこれに焦点を合わせた対応を迫られる方向にある。

それでは、国際協力、政府開発援助も含め、民間企業が国連SDGsに積極的に取り組む意義はどこにあるのだろうか。国際社会から期待される企業の役割は、前述の「私たちの世界を変革する：持続可能な開発のための2030アジェンダ」において次のように述べられている。民間企業の活動・投資・イノベーションは、生産性および包摂的な経済成長と雇用創出する上での重要な鍵となる。そこでSDGsに基づく民間部門の活動は、持続可能な国際開発における課題解決の一助ともなる。近年では、「ビジネスと人権に関する指導原則と国際労働機関の労働基準」、「児童の権利条約」および主要な多国間環境関連協定等の締約国において、労働者の権利や環境、保健基準を遵守しつつ、表2に示すSDGsの17の目標を達成するために、パートナーシップ強化の観点からも、民間セクターの活動を促進することの重要性が強調されている。

第3節　EUの新成長戦略とEU諸国のSDGs
——目標の達成状況

欧州におけるガバナンス改革への関与は、サミットの政治的宣言によるものばかりではない。気候変動や国際社会の複雑性の増大への対処という観点からも持続可能性とガバナンス改革との間の関係を強化する言説が、2001年欧州委員会の『欧州ガバナンス白書（COM（2001）42 8 final）』以降、議論され、持続可能な開発はEU諸政策の課題のひとつとなってきた。廃棄物処理、海洋資源管理、漁業、森林保護、農業・畜産業、生態系の保全、都市開発、社会的結束、交通・移動手段など、社会的・経済的な諸政策に関わる厄介な問題が、EUの政策決定者に正統性を賦与し、官民パートナーシップ、地域開発、消費者団体やNGO、科学者などの専門家団体といった多様なアクターを取り込み、ステークホルダー（利害関係者）パネルの設置などの新し

表２　持続可能な開発目標（SDGs）の詳細

目標１（貧困）	あらゆる場所のあらゆる形態の貧困を終わらせる。
目標２（飢餓）	飢餓を終わらせ、食料安全保障及び栄養改善を実現し、持続可能な農業を促進する。
目標３（保健）	あらゆる年齢のすべての人々の健康的な生活を確保し、福祉を促進する。
目標４（教育）	すべての人に包摂的かつ公正な質の高い教育を確保し、生涯学習の機会を促進する。
目標５（ジェンダー）	ジェンダー平等を達成し、すべての女性及び女児のエンパワーメントを行う。
目標６（水・衛生）	すべての人々の水と衛生の利用可能性と持続可能な管理を確保する。
目標７（エネルギー）	すべての人々の、安価かつ信頼できる持続可能な近代的エネルギーへのアクセスを確保する。
目標８（経済成長と雇用）	包摂的かつ持続可能な経済成長及びすべての人々の完全かつ生産的な雇用と働きがいのある人間らしい雇用（ディーセント・ワーク）を促進する。
目標９（産業・技術革新基盤）	強靱（レジリエント）なインフラ構築、包摂的かつ持続可能な産業化の促進及びイノベーションの推進を図る。
目標10（不平等）	各国内及び各国間の不平等を是正する。
目標11（持続可能な都市）	包摂的で安全かつ強靱（レジリエント）で持続可能な都市及び人間居住を実現する。
目標12（持続可能な生産と消費）	続可能な生産消費形態を確保する。
目標13（気候変動）	気候変動及びその影響を軽減するための緊急対策を講じる。
目標14（海洋資源）	持続可能な開発のために海洋・海洋資源を保全し、持続可能な形で利用する。
目標15（陸上資源）	陸域生態系の保護、回復、持続可能な利用の推進、持続可能な森林の経営、砂漠化への対処、ならびに土地の劣化の阻止・回復及び生物多様性の損失を阻止する。
目標16（平和）	持続可能な開発のための平和で包摂的な社会を促進し、すべての人々に司法へのアクセスを 提供し、あらゆるレベルにおいて効果的で説明責任のある包摂的な制度を構築する。
目標17（実施手段）	持続可能な開発のための実施手段を強化し、グローバル・パートナーシップを活性化する。

（出典）外務省ウェブサイト「持続可能な開発のための2030アジェンダ」https://www.mofa.go.jp/mofaj/gaiko/oda/sdgs/pdf/000270935.pdf を一部修正した。

いガバナンスの形態を発展させてきた。

EU は、SDGs を含む広範な問題に対応するため、「グローバル戦略」を策定した。2016年に EU は、グローバル戦略を採択し、EU の国際協力政策を再定義した。この戦略では、国際社会との協力、持続可能な開発、平和と安全保障、自由と民主主義の強化が重要な目標とされている。SDGs は、国際社会が直面する課題の中でも特に重要なものであり、グローバル戦略と密接に関連している。具体的には、SDGs に取り組むことで、国際社会が直面する課題に対する包括的な解決策を見出し、持続可能な開発、平和と安全保障、自由と民主主義や人権の推進などを実現することができるとされている。また、EU はグローバル戦略を通じて、多様な国際問題に取り組むことで、世界的なリーダーシップを発揮しようとしている。

図1　欧州における統治構造に持続可能な開発を取り込むための障壁

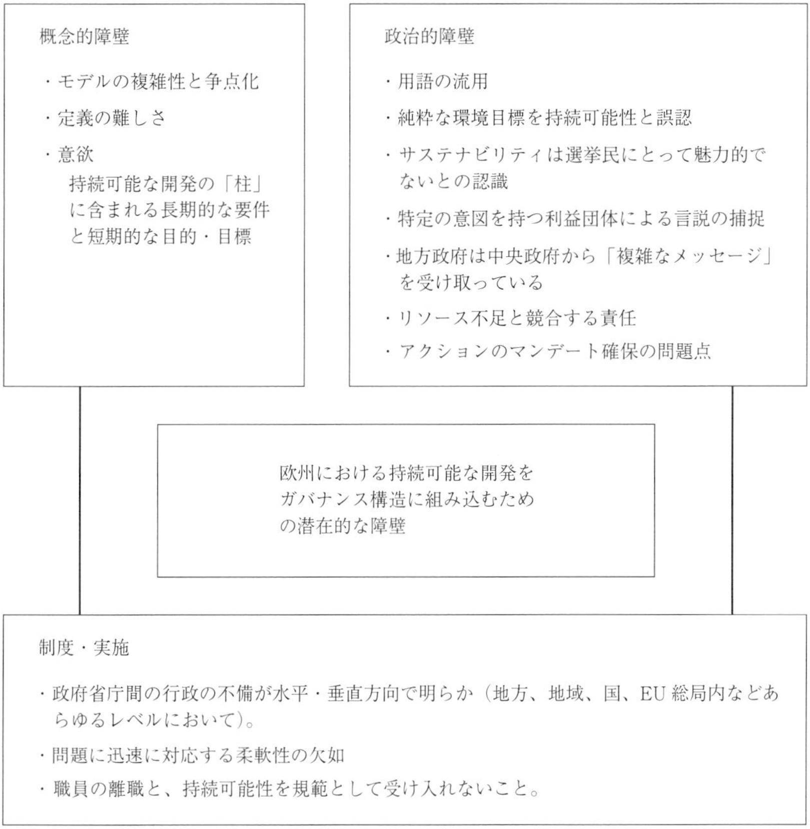

概念的障壁	政治的障壁
・モデルの複雑性と争点化 ・定義の難しさ ・意欲 持続可能な開発の「柱」に含まれる長期的な要件と短期的な目的・目標	・用語の流用 ・純粋な環境目標を持続可能性と誤認 ・サステナビリティは選挙民にとって魅力的でないとの認識 ・特定の意図を持つ利益団体による言説の捕捉 ・地方政府は中央政府から「複雑なメッセージ」を受け取っている ・リソース不足と競合する責任 ・アクションのマンデート確保の問題点

欧州における持続可能な開発をガバナンス構造に組み込むための潜在的な障壁

制度・実施

・政府省庁間の行政の不備が水平・垂直方向で明らか（地方、地域、国、EU 総局内などあらゆるレベルにおいて）。
・問題に迅速に対応する柔軟性の欠如
・職員の離職と、持続可能性を規範として受け入れないこと。

（出典）P.M. Barnes & T.C.Hoerber（2013）, *Sustainable Development and Governance in Europe,* Routledge, p. 4.

2020年10月日本も EU の新成長戦略と酷似する新成長戦略を発表した。2020年12月菅首相の宣言「2050年までに、温室効果ガスのネット・ゼロの炭素中立（カーボン・ニュートラル）の実現を目指し、2030年までに、温室効果ガスを2013年比で46% 削減する」という日本の新成長戦略を提示した。2050年「炭素中立」宣言：2030年気候目標グリーン化とデジタル変革（DX）を政策手段とする方針を岸田文雄首相も踏襲した。2020年代以降、新型コロナ禍

表3　SDGs の達成状況（2022年度）

順位	国	スコア	順位	国	スコア
1	フィンランド	86.51	11	英国	80.55
2	デンマーク	85.63	12	ポーランド	80.54
3	スウェーデン	85.19	13	チェコ共和国	80.47
4	ノルウェー	82.35	14	ラトビア	80.28
5	オーストリア	82.32	15	スロベニア	79.95
6	ドイツ	82.18	16	スペイン	79.9
7	フランス	81.24	17	オランダ	79.85
8	スイス	80.79	18	ベルギー	79.69
9	アイルランド	80.66	19	日本	79.58
10	エストニア	80.62	20	ポルトガル	79.23

（出典）United Nations（2022）, The Sustainable Development Goals Report 2022, https://www.sdgindex.org/reports/sustainable-development-report-2022/, 30Jan., 2023. から作成。

を契機としてSDGsの社会課題解決に向け、政府機関と産業界で急速なデジタル改革が進められている。欧州では企業価値や高収益性の実現、環境・社会・ガバナンスの取り組みを評価するESG投資が急拡大し、SDGsを各国で経済政策や新産業政策、企業経営に取り入れる動きも活発化してきている。

SDGsに合意している世界166か国を対象に、SDGsに定める17目標の達成指数を比較したデータによれば、表3のように、EUの北欧、西欧諸国が上位を占め、日本19位、米国41位、中国56位となっている（2022年度現在）。総務省の「デジタル変革時代のICTグローバル戦略懇談会報告書」によると、デジタル技術の活用によって、SDGs達成により新たに創出されるICT（情報通信技術）関連市場は、世界全体で約173兆円規模となると試算されている。表3からも明らかなように、SDGsのルールは、欧州諸国・EUにとって最も有利な欧州式の成長戦略の典型であり、日本もEUと協力することで共通利益を得ることが期待できる。SDGsは、地球規模課題の解決にむけたグローバル・ガバナンスのための規範でもある。

おわりに

EU による SDGs への取り組みは、世界的な開発途上国の貧困削減、持続可能な開発、そして人間の安全保障の実現に大きな影響を与えている。SDGs のようなグローバルな規範の役割は、①課題解決のための国際規範を設定し、②規範・目的の実施を具体化し、監視する、③規範から外れた場合、アクターの逸脱行動を是正するという３つの機能にある[17]。しかし、EU の取り組みにはまだ多くの課題も残されている。また、EU は、貧困削減のためにも、開発途上国に対する資金援助を継続的に実施しているが、EU の援助が持続可能な開発を支援するために十分な量であるかどうかについては議論もある。

本書では、国連 SDGs に積極的に関与し、2030年をターゲットとする17目標の達成に向けてリーダーシップをとってきた EU が、各政策分野において加盟国や民間企業、NGO とともに SDGs にいかにして取り組むのか、また取り組むことの意義はどこにあるのかを各章で検討する。

本書の「第１章　国連 SDGs と EU 新成長戦略による政策的対応」を踏まえ、SDGs の17の目標全体にわたって「第２章　EU のデジタル・プラットフォーム政策と SDGs」で各政策分野でのデジタル技術の活用と諸政策、ステークホルダー相互間の目標17（パートナーシップ）について考える。次に「第３章　高等教育の無償化とフランス、EU、国連 SDGs」、「第４章　EU の難民支援と SDGs――シリア難民への高等教育支援」、「第５章　EU における医療人的資源のグローバルガバナンスと SDGs」で SDGs の目標４の教育をめぐる問題を考える。「第６章　EU 安全保障戦略と SDGs」、「第７章　EU のロマ統合・包摂――SDGs の実現とマルチレベルの政策実施」、「第８章　欧州委員会の優先課題と EU 競争政策の接点――SDGs に関連する不況対策・グリーン移行・デジタル移行を中心に」、「第９章　EU における国際人事行政と SDGs――EU 官僚制におけるジェンダー平等を目指して」、「第10章　EU の戦略的自律と技術主権――産業・技術基盤の強化と SDGs」、「第11章　人権・社会政策における EU と国際機関の協働」、「第12章　EU

による難民排除の諸相——基本権保障をめぐる法と政治」、「第13章　EU 復興基金（Next Generation EU）創設の政治過程——『再配分』『法の支配』の選好配置」と、SDGs の目標とかかわる教育、健康・福祉、平和、安全保障、気候変動、雇用と経済成長、移民・難民、ジェンダー平等、科学技術と安全保障などの SDGs 関連課題と周辺の諸政策についても論じている。本書では、持続可能な循環型経済社会の構築に向けて SDGs に果敢に挑戦しつつ、新成長戦略の課題に向き合う EU・欧州統合の新展開とその方向性を考察してみたい。

(1)　UN (2015), Department of Economic and Social Affairs Sustainable Development https://sdgs.un.org/goals, 30 Jan., 2023.
(2)　UN (2000), The Millennium Development Goals https://research.un.org/en/docs/dev/2000-2015, Jan., 15, 2023.
(3)　European Commission, Ursula von der Leyen, (2020), Political guidelines for the next European Commission 2019-2024; Opening statement in the European Parliament plenary session 16 July 2019; Speech in the European Parliament plenary session 27 November 2019 Political Guidelines, pp. 5-21.
(4)　福田耕治編著（2009）『EU とグローバル・ガバナンス』早稲田大学出版部、8 頁。
(5)　"EU-UN: Partnership in Action", 2000
(6)　ACP-EC Partnership Agreement
(7)　大隈宏（2017）『ミレニアム・チャレンジの修辞学：UN-MDGS-EU』国際書院、221-222頁。
(8)　2014年 7 月 SDGs の17目標が示された。https://www.unic.or.jp/news_press/features_backgrounders/9693/, Jan. 15, 2023
(9)　大隈宏（2017）前掲書、222、332-334頁。
(10)　https://sustainabledevelopment.un.org/frameworks/addisababaactionagenda, Jan. 15, 2023
(11)　https://eumag.jp/issues/c0915/, Jan. 15, 2023
(12)　Söderberg Marie (2018), EU-MAG Vol. 43: 2015, https://eumag.jp/issues/c0915/, Jan. 15, 2023
(13)　Ibid., p. 168,
(14)　Barnes, Pameba, Hoerber, Thomas (2013), *Sustainable Development and Governance in Europe*, Routledge, p. 36.
(15)　Söderberg Marie (2018), op. cit., p. 187.
(16)　世界貿易投資研究所 HP、https://iti.or.jp/flash/496, Jan. 15, 2023
(17)　福田耕治（2020）「欧州ガバナンスと EU システムの制度と組織」福田耕治・坂根　徹『国際行政の新展開』法律文化社、57頁。

第2章

EUのデジタル・プラットフォーム政策とSDGs

――デジタル市場法とデジタルサービス法による規制をめぐる諸問題――

福　田　耕　治

はじめに

持続可能な社会を目指すSDGsの目標達成にとって、デジタル技術の活用範囲は極めて広い。貧困、飢餓、ジェンダー平等、清潔な衛生環境へのアクセス、気候変動など、デジタル技術が解決の糸口となりうる分野は少なくない。例えば、目標1（貧困）と目標2（飢餓）という課題解決のために、食糧問題への対応としてのスマート農業の運営・管理、目標3（保健・福祉）の医療・介護・福祉分野では、AI・IoT・ビッグデータ活用による医療診断、電子カルテ、遠隔治療等によるアクセス改善が可能となる。目標4（教育）分野でデジタル技術の応用範囲が広く、地理的・経済的事情による機会の不均衡をｅラーニングによる遠隔教育が解決の端緒となる。目標6（水・衛生）すべての人々の清潔な水の利用、目標7（エネルギー）、目標8（経済成長と雇用）、目標9（産業・技術革新基盤）において特にデジタル技術は極めて重要となる。目標11（持続可能な都市）、目標12（生産と消費）、目標13～15（気候変動・海洋・陸生態系）なども、包括的で安全かつ強靭な持続可能な都市や地域における社会インフラと自然環境を保全し、目標16（平和）を維持するうえで、デジタル技術は不可欠である。高齢社会においてICT・デジタル技術の活用によって、生活支援、AIによる自動運転・交通システムの高度化に寄与できる。以上のようなSDGsの目標達成には、目標17（パートナーシップ）で多様なアクター間での協働を図ることが要請されるが、デジタル・プラットフォーム（platform）は、この連携協力のための重要かつ強力な実施手段となり得る。これらSDGsのうち、欧州委員会の優先課題と特に関係が深いのは、目標4（教育）と目標9（産業・技術革新基盤）である。

巨大情報技術企業（ビックテック）は、世界中の膨大な個人データを集積し、デジタル・プラットフォーム事業を展開している。デジタル・プラットフォームとは、デジタル技術を用いてシステムやデータの交換、検索や売買等のサービスをオンライン上で提供する情報基盤のことである。EUでは、デジタル経済のグローバルな拡大に鑑みて、域内のデータ・プライバシーを守る観点から1995年データ保護指令(1)を採択し、次にEUデジタル単一市場の創設を目指した。その背景には、第2次世界大戦中のナチスによる国家監視と個人データの濫用による人権侵害がある。戦後も東独において国家安全保障省のシュタージ（Stasi）と呼ばれる秘密警察による市民監視が続いた教訓から、EUによる強固なプライバシー保護体制の構築が要請されてきた背景もあった。

2018年5月EUデータ保護指令の後継として、「一般データ保護規則（General Data Protection Regulation: GDPR）(2)」が発効した。このEUの厳格なデータ保護規則は、非個人データ規則（2018/1807(3)）とともに、個人や法人のデータの交換・再利用・処理を可能とし、政府機関、企業、市民に大きな経済的価値を享受させようとする狙いがある。さらにEUでは、欧州統合の推進力となる「EUデジタル主権」（後述）の確立を目指して2つのデジタル法令が制定されるに至った。

2022年11月1日EU「デジタル市場法（Digital Market Act: DMA）(4)」が発効した。これは2020年12月に「デジタルサービス法（Digital Service Act: DSA）(5)」案とともに欧州委員会が一括してプラットフォーム事業者に対する事前規制を行うことを企図した法令である。これら2つのEUデジタル規制法は、EUデジタル市場の公平な競争を担保し、デジタルサービスの透明性と安全性を確保し、利用者の基本権を保護する目的がある。またEU域内において競合する中小規模デジタル事業者にイノベーションを促す目的もあり、4億5千万人の域内ユーザーの基本権を保護しつつ、単一域内市場全体の競争力の強化を目指すものである。これらのEUデジタル法令によって、GAFAM（米国のGoogle, Apple, Facebook → Meta, Amazon, Microsoft）やBATX

（中国のBaidu, Alibaba, Tencent, Xiaomi）などのプラットフォーム事業者（デジタル・プラットフォーマー）に対して、EUによるさまざまなデジタル規制が可能となる。デジタル経済分野ではGDPR施行に伴い、既に個人データ保護においてはEU規制基準が事実上のグローバル・スタンダードとなり、ブラッドフォード（Anu Bradford）のいう「ブリュッセル効果（The Brussels Effect(6)）」を発揮している。この効果は、EUの一方的な規制が、実質的に世界的ルールの形式に影響力をもち、グローバル市場を規制することで生じる。EU域内でデジタルサービスを提供するテック企業には、さらにDMAとDSAの適用によってGDPRと同様に包括的なEUデジタル規制が課せられ、プラットフォーム環境が一層強化されることになる。

本稿の目的は、第1に、EUのデジタル戦略やデジタル政策の変遷を跡づけ、オンライン・プラットフォーム規制の特性と課題を考察することにある。第2に、DMAやDSAを根拠とするEUデジタル・プラットフォーム政策に焦点を当て、デジタル市場規制の狙いや問題点を明らかにする。第3に、新たなデジタルサービスの規制手法を考察し、「アルゴリズム」の透明化をめぐるDSAによる規制の意義と特質を考察する。これらを通じてEUデジタル市場において、EUとその加盟国、民間企業と個人がSDGsの課題に取り組む意義がどこにあるのかを検討する。また、EUデジタル・プラットフォーム規制の日本への影響、含意や示唆を得ることとしたい。

第1節　欧州デジタル戦略とデジタル・プラットフォーム規制へ至る背景

1　欧州デジタル戦略とEUデジタル・ガバナンス構築の歴史

2000年代に入り、デジタルサービス分野では、ネット上のビックテック仲介事業者が世界中の膨大な個人や法人のデータ、デジタル・コンテンツを集積し、これを活用して収益を拡大してきた。デジタル技術には経済活動を活性化させる大きな役割がある。Eメール、SNS、物販マーケットプレイス、ビックデータ、コンテンツやアプリケーションの売買、旅行予約サービス、マッチング・サービス、金融・保険サービス、遠隔教育、遠隔医療・福祉・介護など多方面でデジタル・プラットフォームが活用されている。しかし、こうした情報基盤は、ユーザーの利便性を向上させるだけでなく、フェイク・ニュース（偽情報）、ヘイト・スピーチ、著作権、知的財産権の侵害、違法なコンテンツの発信や違法な物品・サービスの取引手段ともなり得るため、その規制方法が国際的にも課題ともなってきた。

欧州委員会のジャン・クロード・ユンケル委員長（2014～2019）は、2014年の就任に際し、デジタル技術を活用する観点から「連結されたデジタル単一市場（Connected Digital Single Market）」の創設を訴えた。2015年9月欧州委員会は「デジタル単一市場（Digital Single Market: DSM）」戦略を発表し、個人や企業によるオンライン・アクセスを改善することを目標とした。2015年以降、EU理事会や欧州理事会も、EUの「戦略的自律性（Strategic Autonomy）」を強化する観点から、デジタル分野の脅威に対するサイバーセキュリティの強化を訴え、「EUデジタル主権（EU's Digital Sovereignty[(7)]）」の重要性を強調するようになった。さらに2016年5月欧州委員会は「オンライン・プラットフォームとデジタル単一市場－欧州にとっての機会と挑戦[(8)]」と題する報告書を発表した。これは、デジタル経済における不公正な規制の撤廃とｅコマース部門における不正競争をなくし、適切な競争環境を形成することを目標としている。すなわち、①デジタルサービスの公平な競争条件を確保する、②オンライン・プラットフォームが責任を持って行動することを保証する、③信頼と透明性の醸成と公平性の確保、④市場を開放的かつ非差別的に保ち、データ駆動型市場を促進する経済の実現を図ることを目的とした[(9)]。2016年4月欧州委員会は、「欧州クラウド・イニシアティブ」を発表し、2018年5月からEU「一般データ保護規則（GDPR[(10)]）」の適用を開始した。

2019年12月欧州委員会のフォン・デア・ライエン委員長は就任に際し、EUの新成長戦略として「グリーン」と「デジタル」を両輪とする報告書[(11)]を発表し、欧州産業のデジタル変革（Digital Transformation: DX）の方針を打ち出した。2020年2月欧州委員会は、『欧州デジタル未来の形成[(12)]』のためのデジタル戦略、デジタル政策の方針を示す報告書を公表した。このデジタル戦略は、①人々のためのテクノロジー、②公正で競争力のあるデジタル経済、③民主的で持続可能な開かれた社会、の構築を目指すものであった[(13)]。こうしたEUの取り組みの背景には、法の支配、人権、民主主義などEUが重視する価値観を維持しつつ「戦略的自律性」を確保するために、世界の情報空間における米国デジタルと中国デジタルの勢力圏の飛躍的拡大への対応と近年の地政学的環境の変化への配慮もある。米国マイクロソフトの Windows-OS やアップルの iOS 支配、GAFAM（Google、Amazon、Facebook、Apple、Microsoft）によるデジタル・プラットフォームの支配があり、他方で中国の「一帯一路：デジタルシルクロード(14)」構想の下、巨大な内需と安価な労働力、国家補助金や投資支援などを後ろ盾とする中国国営企業の工業生産力と BATH（Baidu、Alibaba、Tencent、HUAWEI）などの民間企業の接合による強靭な国家資本主義によるグローバル化と影響力の拡大がある。経済・貿易と安全保障の両面で米中間の覇権争いと対立は激化する方向にあった。

EU デジタル政策は、欧州デジタル市場において EU が米・中の板挟みとなるのを避け、覇権国による支配や覇権国系企業への過度の依存を減らし、EU デジタル主権を探求し、デジタル分野における EU の主体性を確保する狙いがある。なぜなら総務省の『情報通信白書』によれば、2020年度の売上高で米国企業 GAFAM５社で、EU 域内で米国企業がクラウド市場で大きなシェア（57%）を持ち、中国デジタル企業（Alibaba　5％）も域内で国境を越えるサービス提供を拡大しつつある現実があるからである(15)。特に欧州クラウド市場は、米国や中国のプラットフォームに大きく依存しているため、サイバー空間におけるハッキングやサイバー・テロにも脆弱性があった。それゆえ欧州諸国の機密情報や個人データを保護し、各産業分野の知的財産権の保護のみならず欧州安全保障を確保する観点からも喫緊の課題として EU によるデジタル対応が要請されてきた。

特に2020年２月以降の新型コロナ危機（Covid-19）(16)によってデジタル変革は、EU においても喫緊の課題となり、促進された。越境感染症の制御と経済復興にデジタル技術が大きな役割を演じるとの認識から、2020年６月欧州理事会は「EU デジタル戦略」に積極的に取り組むことに合意した。新型コロナ禍からの回復、経済復興と経済成長へと繋げるための財源として、欧州理事会のミシェル常任議長は、EU の長期予算・経済復興パッケージに関する新提案「欧州の復興計画に力を与える EU 予算」（COM（2020）442 final(17)）を発表し、同年７月欧州理事会で、7500億ユーロの「コロナ復興基金」創設

（最終合意）に漕ぎ着けた[18]。その財源調達方法は、欧州委員会が債権を発行し、金融市場から資金調達する方法がとられ、その債務も加盟国全体で共有することが合意された。EU 緊急コロナ危機対応策としては、EU 経済復興と成長戦略のための７カ年に及ぶ中期予算計画（2021～2027年）の制度化にも成功した。こうして総額では、２万3643億ユーロの巨額の費用が投入されることになった[19]。この EU 多年次財政枠組み（MFF）・欧州復興基金は、ポスト・コロナの新しい成長戦略である「欧州グリーンディール」計画により、欧州産業を循環型経済へと転換させ、国連 SDGs の目標４（教育）と目標９（産業・技術革新基盤）分野の優先課題でデジタル技術による対応が不可欠であり、「誰一人取りこぼさない」包摂的社会を実現する新成長戦略の起爆剤として期待されている。

フィオット（EU 安全保障研究所）やショパン（リール大学教授）は、欧州委員会が、GAFAM 等の米国系企業のデジタル分野での活動（競争、課税、個人データ、コンテンツ）規制を行うことを歓迎し、EU が地政学的競争において中国とも対等に闘うために、EU レベルで国家主権がプールされる必要があると勧告した[20]。また EU が国際社会で自立した、自律的なプレイヤーとなるために、産業競争力や重要医薬品へのアクセスに関する戦略的自律性を高め、単一デジタル市場と資本市場同盟を完成させ、デジタル主権を強化することが不可欠である[21]、と指摘した。これらの勧告を受け、EU の「デジタル主権」や「戦略的自律性」確保のために、2019年欧州理事会は、独仏を中心とした欧州デジタル基盤インフラとなる「GAIA-X」（ソブリンクラウドスタック）を構築することを決定した。この GAIA-X プロジェクトは、次世代のクラウドインフラとサービス（CIS）に関する欧州共通利益に関わる重要施策として欧州産業界からも期待が寄せられている。また欧州委員会のブルトン（Thierry Breton,）域内市場担当委員は、「技術的基準は戦略的に重要である。欧州が技術的主権を握り、対外的依存を減らす能力、EU の価値を保護するのは、（EU デジタル技術基準の）グローバルな標準設定者になる能力にかかっている[22]」と指摘した。EU の成長戦略と EU の利益保護に鑑みれば、EU のデジタル規制が「ブリュッセル効果」を発揮し、EU デジタル基準をグローバル・スタンダードへと波及・転化させることができるか否かが極めて重要になる。ブラッドフォードによれば、このような「ブリュッセル効果」が生じる条件は、① EU27加盟国４億５千万人の「市場規模」、② EU 規制の制定とその遵守を確保する立法、行政、司法による「規制力」の存在、③生活水準の高い EU 諸国消費者が、健康、安全、環境などの厳格な EU 基準による公的規制を支持し、④ EU 域内の消費者に販売される商品・サービスに関する EU の健康や安全規制が全ての輸出企業・生産者に拘束力を持って課せられ、⑤域内で活動する企業がコスト低減や技術的制約の結果として、EU の厳格なデジタル規制に従うことを余儀なくされる場合である。他方でビックテックの多国籍企業が域外諸国や自国内においても自発的に EU 基準を適用し、グローバル市場のルールへと転化・波及させていくことを挙げている。

欧州デジタル空間においてサイバー攻撃を受ける頻度とその深刻度が高まってきたため、「ネットワークおよび情報システム指令（Network and Information Systems Directive: NIS Directive(23)）」が2016年７月採択され、同年８月から施行された。この NIS 指令（2016年）に加え、2018年５月「サイバーセキュリテイ法（Cybersecurity Act: CSA(24)」が採択され、2019年から施行された。同法は、加盟国ごとに異なっていた製品、プロセス、サービス提供におけるセキュリティ基準から、EU 統一のサイバーセキュリティの基準に切り替え、「欧州ネットワークおよび情報システム・エージェンシー（European Network and Information Systems Agency: ENISA）」に恒久的に権限を付与し、EU 認証制度を確立することで、安全で信頼性の高い EU サイバー空間を構築する試みである。さらに、2021年「データガバナンス法（Data Governance Act: DGA(25)）」が導入され、産業データの共有、個人情報のＢ２Ｇデータ共有を可能にする法的枠組みにより、相互運用可能で標準化可能なソフトウエアと公共部門へのデータアクセスを可能にした。この DGA は欧州経済全体に利益をもたらすソリューションを提供するため、公共機関から民間企業、消費者に至るまで大きな影響を与える。ユンカー委員会で EU のデジタル戦略の文脈における提起から５年を経て、2020年12月欧州委員会は、「DMA 案」と「DSA 案」をパッケージにして欧州議会と EU 理事会に法案を提案した。

デジタル・プラットフォーム市場において、デジタル市場法（以下、DMA）、デジタルサービス法（以下、DSA）、NIS指令及びサイバーセキュリティ法、GDPRおよびデータガバナンス法の全てを包摂できる欧州クラウド「GAIA-X」基盤が、EUのデジタル主権への「ハイウエイ」として期待されている。このEU共通デジタル基盤インフラの下で、EUは、データ共有とデータ保護のためのデジタル法令基盤と組み合わせる「マルチプロバイダークラウド戦略」をとり、前述の「デジタルコンパス計画」と呼応して、域内のイノベーションと競争を促進しながら、欧州デジタル市場における俊敏性、安全性を確保しつつ、AWSなどのクラウド自動化サービスの提供が可能となる。前述のGAIA-Xプロジェクトは、EUデータ主権を確保する第一歩であると見做されている。EUデジタル基準には、公開性、相互運用性、透明性及び信頼性の確保が含まれ、侵入テストを含む事後監査によってサービスの信頼性も評価される仕組みもあり、ユーザーにとっての安心感も高められる(26)。

さらにGAIA-Xでは、EU企業のGAFAMへの過度の依存を打破し、EUデジタル市場の安全性と独立性を担保することになる。同時にGAIA-Xは、非プライベートデータとプライベートデータを安全に交換するための枠組みでもある。EU規格に基づく公開データプラットフォームとして、患者の医療データ交換などの重要度の高いデータとそれほど重要ではないデータとを峻別する。デジタルデータ主権と戦略的自律性は、保存されているデータがどこにあるのか、移動中のデータはどこに流れているのか、使用中のデータを（一次保存と処理される場所と事後監査によって）保護することで確保される仕組みである。

多くの企業は、顧客データがデジタル化されるとデータを集積、分析、処理することによって利益を得ようとする。クラウドモニター社の最近の調査によれば、2019年現在ドイツ企業の4分の3（75%）が既にクラウドサービスに完全に移行しているという(27)。そこで域外国法の影響を受けない「機密コンピューティング」などの欧州クラウドサービス市場におけるデータの安全性、公平性、透明性を確保するためには、欧州デジタル市場のEU独自のプラットフォーム規制が必要となった。

2 「デジタル主権」の探求とEUプラットフォーム規制の要請

EUがデジタル経済やプラットフォームを規制しようとする目的はどこにあるのだろうか。主権国家は、国際社会において独立国家として承認され、その国民に対し行政権と管轄権を行使している。しかしデジタル技術のグローバル化に伴い、デジタル空間、サイバースペースにおいては、各国政府の主権はビックテックからの挑戦を受け、国家（政府）、企業、個人が自律的に行動できる範囲が狭まりつつあるのも事実である。それでは「デジタル主権」とは何か。

デジタル主権の主体となるのは、①「法的アプローチ：国家主権」、デジタル主権は「国家の主権」であると捉える立場、②「経済的・社会的アプローチ：経済事業者の主権」、プラットフォーム事業者であるビックテックと呼ばれる巨大IT多国籍企業の主権であると捉える立場、③「リベラルなアプローチ：ユーザーのデジタル主権」は、データの持ち主である個人の主権であると捉える立場に分けられる[(28)]。それではEUとしては、デジタル主権をどのように捉えているのか、またいかにして戦略的自律を確保できるのであろうか。近年、デジタル経済分野では、影響力あるビックテック企業が国境や各国の法令を無視し、独自のルールを作り、暗号通貨を持つことにより「デジタル国家」誕生の様相さえ呈してきた。そこで2009年フランスの内務大臣ミシェル・アリオ・マリーが「デジタル主権を保証する」必要があると述べ、「デジタル空間への法の支配」の必要性を訴えた。

9・11米国同時多発テロを契機に、米国政府機関がビックテック企業の収集した個人データを「テロとの闘い」名目で合法的に取得・収集できる法令を制定し、テロ対策や犯罪捜査に用いるようになった。2021年秋ケンブリッジ・アナルティィカ社がフェイスブックから不正に入手した個人情報をもとに政治広告を行い、アメリカ大統領選挙プロセスに介入してトランプ政権の誕生に貢献したとされるケースはよく知られている[(29)]。このようにして世界的規模で人権、個人の自己決定権への侵害の懸念が高まるなかで、欧州では2010年代前半に「デジタル主権」概念が生成され、「主権の回復」をめぐる議論が始まった。2012年国際電気通信会議でも「デジタル主権」という用語が使用され、特にネットワーク管理に対する「主権」を確保し、より良く責任を分担するための国際条約の策定が検討された。その後、アメリカ安全保障局（NSA）によるフェイスブックのデータの収集・盗聴を暴露した2013年のスノーデン告発事件[30]が起こった（スノーデンは2022年ロシア国籍を取得）。2014年には、フランスのピエール・ベランジェが「デジタル主権」の概念を定義づけ、『新しい主権』（2014）を出版した。さらに2018年 Facebook －ケンブリッジアナリティカ社（コンサルテイング企業）事件[31]（後述）を経て、ビックテックによる個人データの不正利用や国家権力による情報収集と監視が問題視されるようになった。デジタル主権の概念は、デジタル政策において国家、企業、個人によるデジタル自己決定権をどのように捉えるのかをめぐって議論が行われてきた。特に、近年のデジタル主権の議論では、中国・ロシア等の権威主義国家と対峙する日・米・欧Ｇ７諸国の自由民主主義国家群のデジタルネットワークを守る地政学的観点からなされている。EU デジタル主権、戦略的自律性の強化の議論もその延長線上にある。

2020年 Covid-19パンデミックを契機として欧州企業においても国境を越えるクラウドサービスへの依存度が高まった結果、EU の「デジタル主権」と「戦略的デジタル自律性（Strategic Digital Autonomy）」が欧州の戦略的利益に大きく関わると認識されるようになった。デジタル主権は、個人のプライバシーに関わる銀行口座・保険情報、財務データ、e コマースのデータ、閲覧履歴データ、健康情報などを保護する場合にも不可欠となるため、政府のみならず、企業の有する自社データや顧客データを適切に管理する必要がある。なぜなら、すべての個人データには、常に第３者によって改変されたり、悪用されたりするリスクがあるからである。顧客データを有する企業がそのデータを外部に流出させたり、広告主や政治的動機のある組織へ販売したりする可能性があるが、最近までビックテックが管理するプラットフォームの気密性を現実に保証する手段はなかった。そのため巨大IT 企業が、デジタル空間を支配し、本人の知らないうちに個人の検索・閲覧履歴、購入履歴などに基づくデータを AI で分析・処理して「ターゲット・マーケテイング」などの広告・販売に利用されるようになった。経済のグローバル化に伴い、このようなビックテック企業の権力や影響力はさらに増大し、営利目的から国家権力と癒着したり、国家権力に挑戦したり、競合したりする度合いを強めてきた。

デジタル主権が、国家の主権の一部またはその拡張であると捉えれば、EU は、27加盟国の国家主権をプールして共有し、共同行使する国際制度であることから、「EU デジタル主権」が存在するといえる。EU のデジタル主権、戦略的自律性は、もはや防衛問題のみにとどまらず、サイバー攻撃、スパイ行為、技術移転の強制、選挙妨害、新しいデュアル・ユースなどの産業政策とも密接に関わっている。2022年２月 EU がその価値と経済的利益を守り、戦略的自律性を確保する観点から、「欧州建設ーデジタル主権会議」が開催された。この会議では、EU のデジタル主権を、域外法に対する防波堤として、EU 域内サイバー空間における市民、公共サービス、および企業のセキュリティを保護する力として捉え、EU の役割を、次の４つの課題として示した。

第１に、EU が欧州のリスクヘッジ機構としての役割を果たすために、サイバー空間における市民、公共サービス、企業のセキュリティを強化し、域外法に対する EU の防波堤となる産業データ戦略を定めなければならない。

第２に、EU の中核的価値を支える基準設定者としての役割を確保するため、EU は民主的制度を強化し、デジタル単一市場における企業の公正な競争を促進し、ハイテク企業の説明責任を強化する新たな規則や規制を打ち出す必要がある。

第３に、EU がイノベーションの推進力としての役割を確保するため、外国の投資家と人材を誘致し、世界レベルの欧州ハイテク企業が創出される環境を醸成しなければならない。

第４に、EU が開放的な機構としての役割を果たすために、自由で開かれたデジタル標準化とグローバルなデジタルコモンズにおいて公開・共有される物理的インフラとソフトウェア・インフラの構築を促し、そうした努力を技術的・財政的に支援する必要がある[(32)]。

これら EU デジタル主権を確保するための課題に応えるためには、どのようなデジタル戦略や関連政策が要請されるのであろうか。『実際のデジタル主権－新しい世界経済を形成する EU の推進力（2022年）』と題する報告によれば、EU デジタル主権を強化するために、次の３つの施策を提案している。

第1に、欧州経済のより広範なデジタル化に向けた研究のみならず産業界へのより大きな支援を通じて、新興技術における EU 固有の能力開発のための資源と政策面での大きな支援、第2に、GDPR の経験を活用して、デジタル技術の規制と標準化におけるグローバルな規範、「黄金の基準（gold standards）」を作るという明確な野心、第3に、EU 域外の関係者の EU 市場へのアクセスを制限し、EU 域内での域外事業者の活動範囲を制限することで外部の意思決定者（企業、政府を問わず）の目に触れる機会を減らす「EU と加盟国の両レベルの規則の策定」、などの手段によって、EU デジタル主権を探求する[(33)]、としている。

これらの施策は、デジタル技術を駆使して政府の行動を正当化し、世論に対する統制を強化したり、反体制勢力を監視したりすることを目的とする中国、ロシア、トルコなどの権威主義的国家のデジタル主権とは対象的である[(34)]。EU デジタル主権は、政府にデジタル技術やデジタルデータへの特権的なアクセスを認めず、デジタル経済に対する政府の統制を強化させるものでもない。むしろ EU 域内の個人や企業の利益を保護することを企図しており、欧州デジタル経済を管理する「主権者」の能力を高めるために、EU と加盟国双方が域内を保護する措置を活用する方向にある。EU デジタル単一市場は、世界のデジタル標準を設定する能力を既に持っており、EU とその加盟国の規制により、第3国や非 EU 企業に、EU 基準を採用させたり、EU 市場へのアクセスを放棄させたりすることも念頭においた戦略をとることを意味している[(35)]。

新しいデジタル技術を活用することで、ネットワーク効果もあり、オンライン・プラットフォームには大きな市場力が蓄積されるが、デジタル市場は限られた非 EU 企業のプレーヤーのみに高度に権力が集中されてきた。このような課題に応える観点から、欧州では「EU によるオンライン・プラットフォームに対する規制のあり方」をめぐる議論が重ねられた。欧州デジタル市場のゲートキーパーとして機能するオンライン・プラットフォーム提供企業を規制し、中小事業者との競争とイノベーションを促進するためのプラットフォーム規制の法的根拠となる EU のデジタル市場法（DMA）とデジタルサービス法（DSA）の制定が要請されるに至ったのである。

表1　EUデジタルイニシアチブ

主導権	目的	状態
一般的なデータ保護規制	EU域内に所在する個人データの収集、処理、転送を管理	2018年5月に施行
デジタル単一市場における著作権に関する指令	コンテンツがオンラインで使用された場合、クリエイターとパブリッシャーに情報を提供することをオンラインプラットフォームに義務付け	2019年6月 指令発効
EUサイバーセキュリティ法	サイバーセキュリティ認証フレームワークを確立し、EUのサイバー機関であるENISAの権限を拡大	2019年6月に施行
欧州データ戦略に関するコミュニケーション	EUのイノベーションと競争力を可能にするデータの単一市場を創設する欧州委員会の計画の概要を説明2020年2月に発行	
欧州の新産業戦略に関するコミュニケーション	グリーンおよびデジタルへの移行を利用して、EU産業のグローバルな競争力を高め、EUの戦略的自律	2020年3月公開
データガバナンス法	EUでのイノベーションを強化するために、公共部門の非個人データの共有を促進	2022年6月に施行
ヨーロッパの民主主義 行動計画	選挙を含む民主的なプロセスを保護することを目的とし、政治広告およびその他の規則を管理する法律の予想される提案の概要を説明	2020年12月公開
デジタルサービス法（DSA） オンライン	プラットフォームに対する中程度の責任保護を保持しますが、プラットフォームのコンテンツモデレートおよびレポート要件に関する共通ルール	官報10月 2022年
デジタル市場法（DMA）	「ゲートキーパー」として識別される大規模なデジタルプラットフォームに特化した競争ルール	官報10月 2022年
人工知能法は、AIの開発と使用を規制することを目的	人間中心の信頼できるテクノロジーを確保するためのAI	2021年4月に提案
無線機器における一般的な充電器の規則 指令	消費者の福利厚生を改善し、廃棄物を削減するために、携帯電子機器のメーカーに共通の充電ポートを確立	2022年6月指令暫定合意
セキュリティに関する指令 ネットワークと情報 システム（NIS 2）	オンラインマーケットプレイス、検索エンジン、クラウドサービスなど、重要なインフラストラクチャとサービスを提供する企業のサイバーセキュリティとレポートの要件を更新	指令暫定合意2022年5月
データ法	非個人的な産業データの市場を開拓することにより、EUのイノベーションと競争力を刺激することを目的	規制案 2022年2月
欧州チップ法	政府の補助金と公的および民間の投資により、EUの半導体能力を開発	規制案 2022年2月
サイバーレジリエンス法	メーカーやベンダー向けのコネクテッド製品やサービスに関するサイバーセキュリティ規則	規制案 2022年9月
製造物責任指令 改正	デジタルおよびグリーンへの移行に関連する製品リスクに関する責任規則を更新	2022年9月に提案
人工知能 責任指令	AIシステムによって引き起こされた損害の民事責任に関する統一規則	2022年9月に提案

（出典）Atlantic Council (2022), EUROPE CENTER Digital Sovereignty in Practice: The EU's Push to Shape the New Global Economy, p. 16.

第2節　EU デジタル市場法（DMA）の目的・対象範囲・機能

1　EU デジタル市場法（DMA）・デジタルサービス法（DSA）の制定過程

欧州のデジタル・プラットフォームが抱える問題について、欧州委員会は、ユーザーと仲介事業者を対象としたパブリック・コンサルテーションを実施し、デジタル・プラットフォームの課題について検討を続けてきた。ユンカー委員会で EU のデジタル戦略の提起から5年を経て、2020年12月欧州委員会は、「DMA案[(36)]」と「DSA案[(37)]」を一括して欧州議会と EU 理事会に提案した。「DMA 案」は、2022年3月欧州委員会、欧州議会と EU 理事会の間で基本合意に達し、7月欧州議会の修正案を EU 理事会が採択して、同年11月1日に発効した。デジタルサービスの分野は、限界費用が低廉かつ規模の経済効果やネットワーク効果を享受できるため、極めて利益率の高い業種となっている。DMA や DSA の法令形態は、各加盟国が立法を行う指令ではなく、EU ルールがトップダウンで適用される拘束力の強い規則である。

まずデジタル市場法の骨子から見てみよう。基盤となるプラットフォームを提供する大手事業者は、欧州委員会によって、域内エンドユーザーにサービスを提供する「中核プラットフォーム」提供事業者として指定される。これらの大手の事業者は、欧州デジタル市場を支配し、その優位性から後発の新規参入を困難か、不利な条件を課すことができる支配的地位にあり、そのユーザーも中核となるプラットフォーマーが定めるルールに従うことを余儀なくされる。

2　EU デジタル市場法（DMA）によるプラットフォーム規制の目的と対象範囲

DMA は、ビックテックによるプラットフォームの不当な条件設定やデジタル市場での違法な行為を事前に規制し、競争を促進する目的があり、事後的規制を行う既存の EU 競争法を補完する性格を持つ法令である。

EU 域内における現行のデジタル市場は、EU 競争法と各加盟国法令により規律されてきた。EU運営条約（TFEU）第101条で共同市場において競争を損なう可能性のある反競争的協定や協調行為を禁止し、第102条で企業の支配的地位の濫用を禁止している。プラットフォーム規制を目的として提案されたDMAは、デジタル・プラットフォームの公正性、透明性、説明責任の強化によって、デジタル市場の公正な競争を確保することを狙うものである（DMA第1条1項）。

DMAは、2023年1月1日から施行された。DMAの規制対象となる事業者はいかなるものか。それは、①オンライン仲介サービス（Amazon等の物販、オンラインモール、iOS、Androidアプリストア等）、②オンライン検索エンジン（Google等）、③オンライン・ソーシャルネットワーキング・サービス（Facebook, Twitter等のSNS）、④動画コンテンツ共有サービス（Youtube、Netflix等）、⑤番号非依存型の個人相互間コミュニケーションサービス（WhatsApp）、⑥オペレーティングサービス（Windows, iOS, Android等のOS）、⑦クラウド・コンピューティングサービス（AWS, GCP等）、⑧音声等による命令、作業、質問の処理、その他のサービスへのアクセスや物理的装置のコントロールを可能とする「仮想アシスタント」、⑨オンライン広告サービスを提供する事業者（Google, Facebook等の広告）が適用対象となる（DMA第2条2項、12項、第3条1項）。このような中核となるデジタル基盤（コアプラットフォーム）サービスを産業界や消費者に提供し、運営している事業者は「ゲートキーパー」と呼ばれ、欧州委員会から指定を受ける。EU域内に拠点があるビジネス事業者、もしくは域内のエンドユーザー、コアプラットフォームサービスがDMAの適用対象となる（DMA前文（29）、第1条2項）。ゲートキーパーの指定を受けた事業者は、DMA第5条の定める①個人データ統合の禁止、②販売チャネル制限、③ビジネスユーザーによるプラットフォーム外取引の許容、④エンドユーザーによるプラットフォーム外へのアクセスや利用の許容、⑤公的機関への苦情申し立て制限の禁止、⑥付属サービス利用強制の禁止、⑦他のコアプラットフォームサービスの利用強制の禁止、⑦広告主に対する情報提供、⑧媒体社に対する情報提供、などの義務が課せられる。

さらに欧州委員会は、ゲートキーパーに対し、①競争のための非公開データの利用禁止、②アプリのアンインストール、OS等デフォルト設定変更の容易化、③アプリのインストールの容易化、④ランキングによる自己優遇の禁止、⑤ソフト間切り替え制限の禁止、⑥相互運用性の確保、⑦パーフォーマンス測定ツール提供、⑧データポータビリティの確保、⑨データへのアクセス可能化、⑩検索関連データへのアクセス可能化、⑪アプリストア等へのアクセスに関する公正、合理的かつ無差別な条件（FRAND）許容、⑫不当な解除条件設定（追加料金等）の禁止、などDMA第6条が規定する義務が課せられる。さらにDMA第7条が規定する「メッセージングサービスの相互運用」を可能とすることも義務付けられる。

DMAが適用されると、大手のプラットフォーム事業者は、小規模競合企業のサービスも受け入れることを求められ、大手事業者が自社のアプリやサービスのみを優先させることが困難になる。ビックテックのオンライン・プラットフォーム提供者は、ユーザーのデジタル履歴についてAIを媒介にして本人が気付かないうちに個人データを収集・分析し、活用してきた。グーグルは、サーバーに蓄積されるユーザーの各サイトの利用履歴から、個人の包括的プロファイリングを行い、個人の指向性や行動を予測し、特定の商品を売り込む（ターゲット・マーケテイング）手法を開発したのみならず、さらに投票行動のような個人の政治的意思決定にまで介入し、人間行動の修正や行動変容を起こさせる力があることを発見し、これを商品化していった。

EUは従来から、競争政策の下でグーグルやアマゾン、アップルなどのビックテックの不公正なビジネス慣行や支配的地位の濫用に対して高額の制裁金を課して事後的規制を実施してきた。しかしこのようなEUの規制方式では、EU行政側、欧州委員会に挙証責任が生じるため、欧州官僚による長期にわたる調査等が必要であり、取引コストが高かった。そこでEUは、DMAによってプラットフォーム事業者側に責任を担わせる方式へと転換した。2018年に発効したEUのデジタルプライバシー保護法令であるGDPRは、EU域内インターネットユーザーのみならず、域外においても適用される事実上のグローバルなデジタルスタンダードとなっており、これをブラッドフォードは、「ブリュッセル効果[(38)]」と呼んだ。GDPRは、EUが事実上、市場メカニズムを通じてその規制をEU域外に適用することによって生じる一方的なEU規制のグローバル化の代表例となった。ブリュッセル効果を通じて、規制対象となる大手デジタル企業は、さまざまな理由からEU域外であってもEUデジタル法規制を遵守することになる。EUは、DMAに続いて、DSAにおいても2024年からの段階的実施を予定しており、GDPRと同様にグローバルな包括的デジタル・プラットフォームの「事実上の（de facto）」標準から、「法令上の（de jure）」の国際規制基準となることが予想される。

欧州委員会が「ゲートキーパー（門番）」として指定する大手プラットフォーム事業者に対し、中小規模競合企業のサービスをも受け入れることを求め、ビックテックは自社のアプリやサービスのみを優先させることが困難になる。それでは欧州委員会は、いかなる基準でどのようにしてゲートキーパーを指定するのであろうか。DMA第3条では、欧州委員会がゲートキーパーを指定する基準として、①域内市場で重大な影響力を持ち、②プラットフォームの運営、門番としての機能を果たし、③現在から将来にわたり永続的地位を享受しうる立場にあるという3条件、および①所定の売上高または所定の時価総額を超え、②アクティブな企業ユーザーやエンドユーザーの数、③②のユーザーが3会計年度継続する、という3閾値がある。これら3条件と3閾値を満たす場合、事業者は欧州委員会に届け出をして、欧州委員会による指定が行われる。あるいは、3条件または3閾値のいずれかを満たす場合、欧州委員会が市場調査を行い、指定するか否かを判断するという手続きが取られる（DMA第3条第6項）。

DMAでは規制の対象が、時価総額が750億ユーロ以上（日本円でおよそ10兆円）、もしくはEU域内での年間の売上高が75億ユーロ以上、または1か月間の利用者が4500万人以上いる大手IT企業などである。この規制により、同業他社も利用する自社のサイトで自社のサービスを優先的に表示することや、利用者の同意なしにサイトの閲覧履歴などをもとにその興味や関心に沿った広告を配信することなどを禁止できることになる[39]。DMAは、欧州委員会が、情報提供要求、面談・聴取、検査等を行うことを通じ履行確保が行われる。欧州委員会は、DMA第5～7条の義務違反を認定されたゲートキーパーに対して、前会計年度の年間売上高の最大10%にあたる課徴金を課すことができる。さらに同一のコアプラットフォームで違反を繰り返す場合、前会計年度の世界全体での売上高の20%を超えない範囲で課徴金を課すことができる。DMA 第5条では、①プラットフォーム上のデータと他から得たデータと突合禁止、②プラットフォーム上の条件と異なる条件での他の外部プラットフォームでの販売を抑制することの禁止、③企業ユーザーにプラットフォーム上で得たエンドユーザーとのプラットフォーム外での取引を認め、消費者の選択肢を制限しないこと、④企業ユーザーによる公的機関への苦情申立を禁止しないこと、⑤企業ユーザにプラットフォーム利用条件として他のプラットフォームへの登録等を要件としないこと、⑥広告主が支払った対価と媒体社が受領した報酬に付いての情報開示など、ビジネス事業者に対する事業活動の制限を課している。

以上のようにデジタル市場法は、中核プラットフォームを提供するビックテックとこれを利用する他の事業者が最終利用者にアクセスする経路の管理で継続的に強固な地位を維持する「中核ゲートキーパー」事業者を規制し、EU 域内デジタル市場で公平で開かれた競争条件を確保することを狙うものである。次に、EU デジタル・プラットフォーム規制において、EU デジタル市場法と対をなす EU デジタルサービス法の特質について検討してみよう。

第3節　EU デジタルサービス法（DSA）の特質

1　EU デジタルサービス法（DSA）の制定背景とその目的

EU 域内におけるデジタルサービスの提供に関する法的規制は、2000年6月「e コマース指令[(40)]」が端緒となっている。その後20余年間にデジタル技術も飛躍的に発展し、域内・域外のデジタルサービスの内容も提供環境も激変した。

EU デジタル戦略的自律性を確保するには、図1のように、デジタル・プラットフォームにおいては、個人データ保護から、貿易のルール、投資や輸出管理、公共調達、サイバーセキュリティ、産業イノベーション政策に至るまでの全体的アプローチが不可欠な時代となった。これは EU 諸国や日欧のような同盟関係にある諸国との強固なコンセンサス枠組みなしには機能しな

図1　デジタル分野における戦略的自律性

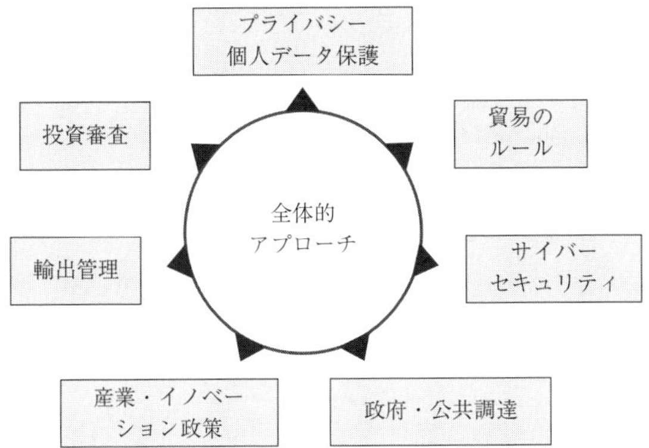

(出典) https://op.europa.eu/en/publication-detail/-/publication/889dd7b7-0cde-11ea-8c1f-01aa75ed71a1/language-en, 30 Jan., 2023

いが、EUデジタルサービス法（DSA）の文脈においては密接に関連している。

欧州デジタル産業の育成には、欧州の諸価値、民主主義に基づくEUデジタル政策、強力な社会的・政治的結束と関連するDSAによるプラットフォーム規制の役割が大きく、長期的な協力関係と持続可能なイノベーション志向のデジタル戦略とデジタル政策を持たなければならない。そこでDSAは、①偏狭な保護主義にはならず、②データネットワーク、サイバーセキュリティに関する強力な規制要件、③通信事業者がデジタルインフラの展開に一層協力できるように通信市場の規制を見直し、④公共政策、経済産業政策への産業界や学界からの強力な支援の提供と国際協力、交渉における産学官における信頼関係構築と強化が不可欠である(41)と指摘している。

EUデジタルサービス法（DSA）案は、2020年6月パブリック・コメント手続きが実施された。2020年7月「EUオンライン仲介サービスの公正性・透明性の促進に関する規則案(42)が提案され、2022年4月欧州議会とEU理事会の間での機関間合意に達した。同年7月欧州議会の修正案がEU理事会に送付され、10月EU理事会での採択を経てEU官報掲載後20日後に施行され、15ヶ月後もしくは2024年1月1日のいずれか遅い日に発効することになる。

DSA は、EU 域内において予測可能で信頼できるオンライン環境、透明かつ安全にアクセスできるデジタル空間を提供することを目的とし、プロバイダーに課する義務や免責要件を定めている。具体的には、インターネット・サービス・プロバイダーやクラウドサービス・プロバイダー、デジタル・プラットフォーム仲介事業者をその規制対象としている。以上の分析から、DSA の目的は、EU 域内デジタル市場において社会的リスクを高めるような違法コンテンツの交換・売買やヘイト・スピーチ、虚偽情報等の流布・拡散を阻止し、欧州基本権憲章に定める欧州市民の基本的権利を保護し、安全かつ予測可能で信頼できるオンライン・デジタルサービス環境を確保することにあることが浮かび上がった。

2　EU デジタルサービス法によるプラットフォーム事業者の義務と特徴

DSA の骨子は、以下の通りである。まず適用対象となるのは、サービス提供事業者の場所、所在に関係なく、EU 域内に拠点を有するサービス利用者あるいは EU 域内に拠点がない場合にも、EU 域内に所在するサービス利用者に提供される仲介サービス事業に適用される（DSA 前文 7、8 項、第 1 a 条 1 項）。

DSA の規制対象事業は、図 2 に示すように、(a) 仲介サービス（DSA 第 2 条（f））、(b) ホスティングサービス（DSA 第 2 条（f））、(c) オンライン・プラットフォーム・小規模オンライン・プラットフォーム（DSA 第 2 条（h）、第16条）、(d) 超巨大オンライン・プラットフォーム（VLOP）（DSA 第25条）・超巨大オンライン検索エンジン、に 4 分類されている。

(a) 仲介サービスの提供事業者の義務は、さらに、①単なる導管（DSA 第 3 条）、②キャッシング（DSA 第 4 条）、③ホスティング（DSA 第 5 条）に 3 分類される（DSA 第 2 条（f）項、（ⅰ）～（ⅲ））。

単なる導管（供給するための管）サービス事業者は、①自身で送信しないこと、②送信先の受信者を選択しないこと、③送信される情報を選択・修正しないこと、という 3 条件をみたす場合、送信情報についての責任を負わなくてよい（DSA 第 3 条）。

図２　デジタル情報社会サービス

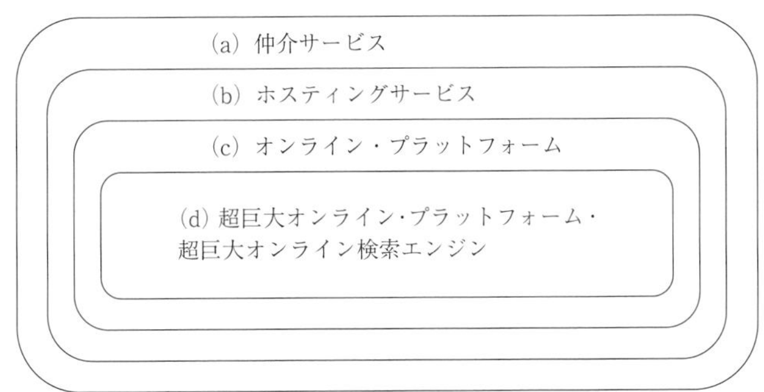

（出典） https://www.soumu.go.jp/main_content/000831952.pdf, 30 Jan. 2023から作成

キャシングサービス提供事業者は、①情報を改変しない、②情報のアクセスに関する条件を遵守、③情報の更新に関する業界ルールの遵守、④情報の利用に関するデータ取得のために、業界内での技術の合法的使用を妨害しない、⑤情報の削除・アクセス無効化された場合、保存情報を速やかに削除・アクセス無効化している場合、送信情報についての責任は負わなくてよい（DSA 第４条、電子的商取引指令第13条と同じ）。

(b) ホスティングサービスの一部は、「オンライン・プラットフォーム（DSA 第２条（h）項）として、EU 総人口の10％（4500万人）以上の月間ユーザーを有する超巨大オンライン・プラットフォーマー（DSA 第25条）と超巨大オンライン検索エンジン（DSA 第33a 条１項）事業者には、①全てのオンライン・プラットフォーム提供業者に課せられる義務、②ホスティングサービス提供事業者に加重適用される義務、および③巨大オンライン・プラットフォーム提供業のみに課せられる義務、④巨大オンライン検索エンジンに適用される義務からなる「デューディリジェンス（Due Dilligence）義務（DSA 第３条）」を仲介サービスの規模や種類に応じて重複して課せられる。人権デューデリジェンス（注意義務）は、企業における人権リスクを抑える目的がある。

(c) プロバイダーには、送信・保存する情報を監視する義務や違反行為を積極的に探す義務は課されない（DSA 第７条）が、犯罪行為が疑われる場合には法執行機関への報告が義務付けられている（DSA 第21条）。

（d）超巨大オンライン・プラットフォーム事業者や超巨大オンライン検索エンジン事業者等参加の場合のDSAの履行確保の方法は、欧州委員会が国際標準化団体による自主的な基準・義務規定に則り、DSA施行から1年以内にEUレベルの行動規範・基準を設定することとされている（DSA 第34条～36条）。DSAの管轄権は、原則としてサービス提供事業者の拠点があるEU加盟国にあり、排他的な監督・執行権限がある（DSA 第44 a条1項）が、デューディリジェンス義務違反の認定に関しては、欧州委員会が排他的権限を有する（DSA 第3章4節、5節）としている。以上のことから、デジタルプラットフォーム・サービス事業者がDSA規制によって課せられる義務のなかでも、AIのアルゴリズムやナッジに関する透明性や説明責任をめぐる問題が次に論点となる。

3　EUデジタル・プラットフォーム規制――DSAにおけるAIの透明性と説明責任の確保

デジタル経済社会では、デュアルユース技術が多方面で展開され、デジタルデータへのアクセスやアプリケーションの商品化や兵器化が容易かつ安価に可能になり、人権を侵害するリスクも高まってきた。また、ドローンをはじめとするデジタル技術製品もデュアルユースにより、軍事技術と民生技術の間の境界線も曖昧化しつつある（図1）。サイバースペースでは、非国家的行為主体、多国籍企業もその一翼を担い、不正なエージェント、民間人など、広範なアクターに強力なパワーを与える。デジタル・プラットフォームにAIが導入され、さらに新たなパワーと影響力の源泉となるにつれ、国家、テック企業、個人のデジタル主権も侵されつつある。

2020年2月欧州委員会は、『欧州デジタル未来の形成[43]』と題する報告を公表し、EUデジタル戦略とデジタル政策の指針を明確にした。すなわち、①人々のためのテクノロジー、②公正で競争力のあるデジタル経済、③開かれた民主的で持続可能な社会[44]、を構築し、法の支配、人権、民主主義などのEUの基本的価値を反映しながら「EUデジタル主権」の確立を目指すものであった。2022年欧州リベラルフォーラム（European Liberal Forum）の報

図3　デジタル時代の曖昧な境界線

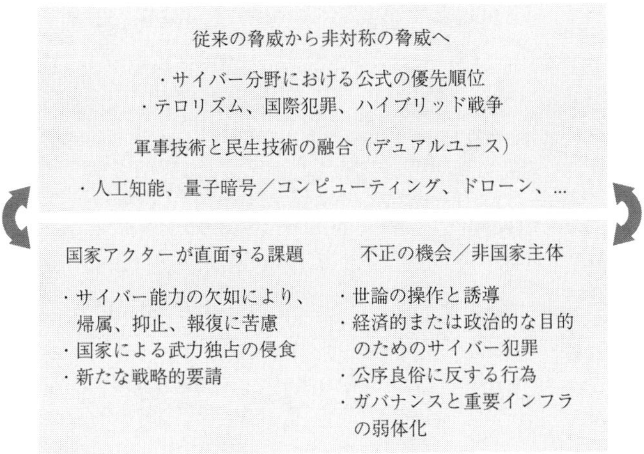

従来の脅威から非対称の脅威へ

・サイバー分野における公式の優先順位
・テロリズム、国際犯罪、ハイブリッド戦争

軍事技術と民生技術の融合（デュアルユース）

・人工知能、量子暗号／コンピューティング、ドローン、…

国家アクターが直面する課題

・サイバー能力の欠如により、帰属、抑止、報復に苦慮
・国家による武力独占の侵食
・新たな戦略的要請

不正の機会／非国家主体

・世論の操作と誘導
・経済的または政治的な目的のためのサイバー犯罪
・公序良俗に反する行為
・ガバナンスと重要インフラの弱体化

（出典）EPC, EPC Strategic Notes, No. 30, 2019, p. 2.

告書『EUデジタル戦略的自律性の解読[45]』によれば、「デジタル主権のない戦略的自律性はない」という立場から、また第4次産業革命の成功や自由民主主義や欧州市民の基本権を守る上で、安全保障の観点から、産業データ資源、人工知能（AI）、IoT（Internet of Things）がデジタル主権に果たす極めて重要な役割について強調している。その背景には、米国・中国に依存しない欧州デジタルの戦略的自立を目指す地政学的配慮があった。さらに「欧州データ戦略：DX一単一市場」と「欧州データ空間」を構築する戦略と呼応して、2020年2月『EU-AI白書[46]（『人工知能に関する白書―卓越性と信頼に対する欧州のアプローチ、White Paper on Artificial Intelligence）』を同時に公表した。

AI技術の飛躍的な発展に伴い、2018年頃から人権侵害への懸念が高まってきたため、「AI倫理ガイドライン（Guideline for Trustworthy AI）」を作成し、開発技術者やプラットフォーム事業者等に注意を喚起してきた。AI白書では、人間中心アプローチを取り、AI利用で考慮すべき7要件としてEUのAIガイドラインにおいて特定された、①人間による活動と監視、②透明性、③テクノロジーの堅牢性と安全性、④プライバシーとデータガバナ

ンス、⑤多様性・無差別と公平性、⑥社会的・環境的福利、⑦説明責任（アカウンタビリティ）[47]を再掲し、推奨している。さらに翌2021年４月欧州委員会は、「AI 規則案[48]」を策定し、プラットフォームにおける AI 規制に関する法案を公表した。AI 法案の目的は、AI が人の健康、安全、基本権などに及ぼすリスクに対処するリスクベースのアプローチをとり、AI の導入、AI への投資、AI によりイノベーションを促進することにある。その AI 規制法案は、EU 加盟国と域内外の AI 事業者が統一的に直接適用される規則の法形態をとり、EU 域内のみならず、GDPR と同様に日本も含めてグローバルに適用されるルールとなり、これを開発者や事業者が遵守しないとリスクが高いことを世界中に認識させるような戦略をとる。

適用対象となる AI は、ディープラーニング（機械学習）によるアプローチ、論理・知識・統計ベースのアプローチで開発されたソフトウエアが人間の定めた一定の目的のために、相互作用するコンテンツ、予測、推奨、決定などを生成する広範な分野に及んでいる。GDPR では、AI が生成する決定のもとになる個人データ取得の際に、プロファイリングを含む「自動化された意思決定規定」についての規定（GDPR 第４条、第22条）があり、①「もっぱら自動化された取り扱いに基づいた決定」、②当該データ主体に対して法的効果を発生させるか、同様の影響を及ぼす場合、当該行為を原則禁止している（GDPR 第22条１～３項）。さらに2022年９月製造物責任指令改正案におい

表２　EU-AI 規制法案における AI リスクレベル

リスクのレベル	AI の利用範囲	対象となる AI
容認できない AI（第５条）	利用禁止	EU の価値観に反する AI の禁止（第５条）
高リスク AI（第６条）	許可（要件への事前適性評価を条件）	規制対象製品の安全要素（附属書２） 特定分野の AI（附属書２）
限定的リスク 透明化義務を負 AI（第52条）	許可（情報・透明性の義務を条件）	透明性義務が適用される AI（第52条）
極小リスク AI リスクなし AI	制限なし	以上以外の AI

（出典）European Commission (2022), COM/2021/206 final.

ても AI への配慮が追加された。DSA によるデジタル・プラットフォーム規制では、GDPR 規制を補完してユーザーの基本的人権の保護を強化している。オンライン仲介事業者は、ユーザーの個人情報を取得し、AI を利用してユーザーの意思決定に介入する。そこで DSA は、事業者に主たるパラメーターの提示などの透明性を確保することを求める。従来はブラックボックスとされてきた Twitter、Instagram や TikTok などの SNS を含むプラットフォームの「アルゴリズム」に関する設計内容、リスク評価の具体的基準、および AI による自動的な意思決定の「ナッジ」の仕組み等に関する情報開示をプラットフォーム事業者に義務付けたことが重要である。ナッジとは、「いかなる選択肢も閉ざすことなく、人びとの経済的インセンティブも大きく変えず、その行動を予測可能な範囲に改める選択アーキテクチュアの全様相[(49)]」（Richard Thaler & CassSunstein, 2008）と定義される。行動経済学の知見を活かして、人間の無意識の行動バイアスを利用して、設計者の価値判断を前提にして特定の方向に導くよう行動変容させる「働きかけ」であり、公共政策における規制手法、意思決定の補助[(50)]の一つとして注目されている。

DSA では、超大規模サービス事業者に対して、透明性の確保や説明責任に関する義務を課している。超大規模オンライン・プラットフォーム（VLOP）・超大規模オンライン検索エンジン（VLOSE）に対して、DSA は透明性の確保や報告の追加的義務を課し、データへのアクセス、「アルゴリズム（淘汰性）」の説明や情報公開、関係者による情報アクセス権、独立監査など、事業者の規模に応じて透明性や説明責任の義務を課している（DSA 第13条、第23a 条、第24a 条、第28条、第33a 条、第33b 条、第35条、第36条、第36a 条）。

人工知能（AI）を実装させる場合、コンピュータにおける計算方法であるアルゴリズムを従来は「ブラックボックス（内部が不明の箱）」とされてきた。しかし DSA は、AI による優先順位の決定基準や選択の「やり方」についての透明化や説明責任をプラットフォーム事業者に義務付けている。これは、AI 選択のための制度設計の全体像を示すことにより、選択の自由とより良い厚生へと導こうとする目的がある。サービスプロバイダーに対し、目的合理的かつ倫理的な意思決定支援ナッジ「説明可能な AI（Explainable

AI:XAI)」を実装させ、人間が予測・推定結果のプロセスについて、理解・説明可能な機械学習モデル（ホワイト・ボックス）にする[51]ことを要請するものである。このDSAは、ビックテック企業によるデジタル・プラットフォーム市場の支配を規制し、欧州企業の法人データや欧州市民の個人データのデジタル主権をバランスよく保護し、同時にEUデジタル主権を確立することにも繋がる。

おわりに

以上のように、DMAやDSAを根拠とするEUデジタル・プラットフォーム政策に焦点を当て、その規制の狙いや問題点を検討した。欧州委員会のこれまで競争政策の実務では、手続きに比較的長い時間がかかっていた。しかし、デジタル市場は非常にダイナミックに発展しており、大規模なオンライン・プラットフォームのいかなる行動も、消費者の商品やサービスへのアクセスに直ちに影響を与えるため、是正措置は迅速であることが求められる。彼らのビジネスパートナーもエンドユーザーも、様々な理由から、テック企業に大きく依存している。デジタル市場経済においては、大規模なデータセットを持つ大規模プレーヤーは、しばしば大多数のユーザーに膨大な財やサービスを提供し、情報交換をするため、その立場は独占的なものとなる。さらに、AIによる機械学習、アルゴリズムなど多様なソフトウエア・ツールを用いて、ビックテックはその独占的な地位を意図的に強化しようとする[52]。

欧州委員会による迅速かつ効果的なプラットフォーム規制の法的課題は、①透明性・公正性の確保、②プラットフォーム事業者の責任範囲の特定、③一極集中の是正、④縦割り規制から機能別規制への転換などであった。DMAの履行は欧州委員会が担い、情報提供、面談・聴取、検査・実査などを要求する権限を行使することで確保できる。EU域内でゲートキーパーに指定される中核プラットフォーム事業者と取引があるEU域内に拠点を持たない日本企業も今後はDMA履行義務の実施状況を注視する必要がある。DMAの事前規制に留意して、透明かつ公正な競争環境の確保が不可欠であり、日本の独占禁止法でも同様の支配的地位の要件や公正な取引方法等に関する規制があり、デジタル経済分野でEUのDMAとの制度的ハーモナイゼーション（調和化）が課題となろう。他方、DSAの役割は、ビックテックの支配的地位の濫用を、事後的規制ではなく、事前に規制し、是正したり、排除したりすることにある。DSAが適用されれば、安全でアクセスしやすい、予測可能で信頼できるオンライン・デジタル環境の整備につながる。欧州基本権憲章に定める基本的権利を確保する観点から、DSAによってオンライン・プラットフォーム・サービス提供事業者にその規模とサービス内容に応じた義務を課すことが可能となる。

2020年12月日本もEUと同様に、2050年気候中立に向けて「グリーン」と「デジタル変革」を基礎とする新成長戦略を公表した。「Society 5.0」では、SDGsの目標9（産業・技術革新基盤）との関連もあり、①信頼性の高いデータフリーフロー（DFFT）、②商取引の透明性・信頼性の高いデジタル・プラットフォームに適用するグローバルなルール形成、③信頼できるデータ処理を最適化するインターネット構造を構築し、個人データ保護とプラットフォーム企業による支配的地位・優越的地位の濫用を防止することを狙っている。日本のデジタル戦略は、「欧州データ戦略：EUデジタル単一市場」構想と共通する部分も多い。SDGsの規範、持続可能で公正なデジタル競争環境の整備は、日欧が今後も継続して協力することで実現可能であり、双方の共通利益にも繋がる。国連SDGsの気候変動、人権、労働問題などの地球規模課題の目標に、グローバルなデジタル・プラットフォーム規範の形成と競争ルールの履行確保において日欧の相互協力が期待できるであろう。

(1)　福田耕治（1996）「EU行政の情報化と情報公開・個人情報保護の制度化」『同志社法学』同志社法学会編　第48巻1号（247号）1996年5月

(2)　Regulation (EU) 2016/679 (General Data Protection Regulation: GDPR) OJ L 119, 04.05.2016; cor. OJ L 127, 23.5.2018

(3)　Regulation (EU) 2018/1807 of the European Parliament and of the Council,

(4)　https://eur-lex.europa.eu/legalcontent/EN/TXT/PDF/?uri=CELEX:52020PC0842&from=EN, 30 Jan., 2023

(5)　Proposal for a Regulation of the European Parliament and of the Council on a

Single Market For Digital Services (Digital Services Act) and amending Directive 2000/31/EC COM/2020/825 finalhttps://eur-lex.europa.eu/legal-content/en/ALL/?uri=COM:2020:825:FIN, 30 Jan., 2023

(6) Bradford, Anu (2020), *The Brussels Effect: How the European Union Rules the World*, Oxford University Press.

(7) Frances G. Burwell and Kenneth Propp (2022), Digital Sovereignty in Practice: The EU's Push to Shape the New Global Economy, Atlantic Council,Europe Center, https://www.atlanticcouncil.org/wp-content/uploads/2022/11/Digital-sovereignty-in-practice-The-EUs-push-to-shape-the-new-global-e, 30 Jan., 2023

(8) European Commission (2016), Communication on Online Platforms and the Digital Single Market Opportunities and Challenges for Europe, COM (2016) 288, 25.5, 2016.

(9) Ibid., COM (2016)288, 25.5, 2016, pp. 6-13.

(10) https://eur-lex.europa.eu/EN/legal-content/summary/general-data-protection-regulation-gdpr.html, 30 Jan., 2023

(11) European Commission, Ursula von der Leyen, (2019), Union that strives for more My agenda for Europe, POLITICAL GUIDELINES FOR THE NEXT EUROPEAN COMMISSION 2019-2024

(12) European Commission (2020), Shaping Europe's digital future: Digital Rights and Principles: Presidents of the Commission, the European Parliament and the Council sign European Declaration,

(13) Ibid.

(14) 持永大（2022）『デジタルシルクロード―情報通信の地政学』日本経済新聞出版

(15) IDCA (2023), "Alibaba opens yet another data center in Europe, risking increased scrutiny" https://idc-a.org/news/industry/Alibaba-opens-yet-another-data-center-in-Europe-risking-increased-scrutiny/67ad0d7e-548d-43e1-8cf8-2e0a165ea33d, 31 Jan, 2023.

(16) Yasue Fukuda, Shuji Ando, Koji Fukuda (2021), Knowledge and preventive actions toward COVID-19, vaccination intent, and health literacy among educators in Japan: An online survey, PLOS ONE, Yasue Fukuda, Koji Fukuda (2022), Educators' Psychosocial Burdens Due to the COVID-19 Pandemic and Predictive Factors: A Cross-Sectional Survey of the Relationship with Sense of Coherence and Social Capital", PMID: 35206324

(17) European Commission (2020), The EU budget powering the recovery plan for Europe, COM (2020) 442 final, 27.5.2020

(18) Ibid.

(19) Ibid.

(20) 福田耕治（2021）「EUの戦略的自律性と欧州ガバナンス」JFIR World Review,

Vol. 4, 2021年6月、110頁。

(21)　同上、Frances G. Burwell and Kenneth Propp (2022), op.cit.

(22)　European Commission (2022), New approach to enable global leadership of EU standards promoting values and a resilient, green and digital Single Market, https://ec.europa.eu/commission/presscorner/detail/en/ip_22_661 Press release 2 February 2022Brussels, 30. Jan, 2023.

(23)　The Directive on security of network and information systems (the NIS Directive), https://digital-strategy.ec.europa.eu/en/policies/nis-directive, 30 Jan., 2023

(24)　The Cybersecurity Act strengthens the EU Agency for cybersecurity (ENISA), https://digital-strategy.ec.europa.eu/en/policies/cybersecurity-act, 30 Jan., 2023

(25)　European Data Governance Act, https://digital-strategy.ec.europa.eu/en/policies/data-governance-act, 30 Jan., 2023

(26)　Koji Fukuda (2021), "Creating a Sustainable and Fair Competitive Environment through Digital Transformation (DX): Opportunities and Challenges for EU-Japan Cooperation" Global Forum of Japan

(27)　https://eumag.jp/behind/d0521/, 30 Jan., 2023

(28)　Republique Francaise (2020), "Definition et enjeux de la souverainete numerique", *Vie publique*, 9.14, 2020

(29)　https://acompany.tech/privacytechlab/cambridge-analytica-and-facebook-brexit-privacy-protect/, 10.1, 2023.

(30)　Frances G. Burwell and Kenneth Propp (2022), op.cit., p 4.

(31)　Bradford, Anu (2020),op.cit., pp.131-132., アニュ・ブラッドフォオード（庄司克宏監訳）『ブリュッセル効果・EUの覇権戦略』白水社、194頁、203頁。

(32)　https://presidence-francaise.consilium.europa.eu/en/news/the-building-europe-s-digital-sovereignty-conference/, 30 Jan., 2023

(33)　Frances G. Burwell and Kenneth Propp (2022), op.cit., p. 2.

(34)　Ibid., p. 3.

(35)　Ibid.

(36)　European Commission (2020), "Proposal for a Digital Market Act" 15 December 2020, COM/2020/842final, https://eur-lex.europa.eu/legal-content/EN/ALL/?uri=COM:2020:842:FIN, 30 Jan., 2023

(37)　European Commission, (2020), Proposal for a REGULATION OF THE EUROPEAN PARLIAMENT AND OF THE COUNCIL on a Single Market For Digital Services (Digital Services Act: DSA) and amending Directive 2000/31/EC COM/2020/825 final.

(38)　Anu Bradford (2020), op.cit., pp.25-26, 37-41.

(39)　DMAの別表に中核プラットフォームサービスのアクティブユーザーの算定方法

が示され、欧州委員会がその判定基準となる定量的基準についての制定・改廃等の権限は欧州委員会にある。前文（20）、（22）、３条６項・７項。

（40） “Directive 2000/31/EC of the European Parliament and of the Council of 8 June 2000 on certain legal aspects of information society services, in particular electronic commerce, in the Internal Market (‘Directive on electronic commerce’)”https://eur-lex.europa.eu/legalcontent/EN/ALL/?uri=CELEX:32000L0031), 30 Jan., 2023

（41） https://liberalforum.eu/publications/technopolitics/, 30 Jan., 2023

（42） Regulation (EU) 2019/1150 of European Parliament and of the Council of 20 June 2019 on promoting fairness and transpearrency for business users of online intermediation services, OJ L186, 2019.7.11.

（43） European Commission (2020),Shaping Europe's digital future: Digital Rights and Principles: Presidents of the Commission, the European Parliament and the Council sign European Declaration,

（44） Ibid.

（45） Gerard Pogorel Antonios Nestoras Francesco Cappelletti (2022), Techno-Politics Series 1-Decoding EU Digital Strategic Autonomy: Sectors, Issues, and Partners. Liberalforum.eu,

（46） European Commission (2020) White Paper on Artificial Intelligence: a European approach to excellence and trust, 19 February 2020 COM (2020) 65 final.

（47） Ibid., p. 9.

（48） European Commission (2021), Proposal for a Regulation of the European Parliament and of the Council laying down harmonized results on artificial intelligence (AI Act) and amending certain union legislative acts. COM/2021/206 final.

（49） Richard Thaler & CassSunstein (2008), Nudge, Yale University, p. 6. 遠藤真美訳（2009）『実践行動経済学』日経 BP、吉良貴之（2022）「ナッジは行政国家に何をもたらすか」『法律時報』94巻、３号、13頁。

（50） 坂井岳夫（2022）「規制手法としてのナッジ」『法律時報』94巻、３号、19-21頁。

（51） https://atmarkit.itmedia.co.jp/ait/articles/1908/19/news022.html, 2, 9 Dec.2022

（52） Luis, Cabral, (2021), “Merger Policy in Digital Industries”, Information Economics and Policy, 54 (2): 100866.

第3章

高等教育の無償化とフランス、EU、国連SDGs
――フランス文学と人文学の視点から――

岡山　　茂

はじめに

フランスでは初等教育は1882年に義務化されたときに無償化され、中等教育も同じ理由によって1933年に無償化された。そして1946年10月27日の憲法（第四共和国憲法）に「すべての段階における無償かつライックな教育の保障は国家の義務である」[(1)]という文言が記されたことによって、高等教育も原則として無償であらねばならないことになった。国際連合が「社会権規約」（1966）[(2)]を定めて、「高等教育の漸進的無償化」を求めることになるのはその20年後のことである。

高等教育は義務教育ではないのに、どうして無償であらねばならないのだろうか。初等・中等教育を義務として受けた者には、特典として高等教育を無償で受ける権利が生じるというのだろうか。それとも、ライシテと無償化が対になって語られていることからすれば、1905年の政教分離法によって確立されたライシテを公教育において徹底するためには、高等教育の無償化が必要であったということか。しかしこの憲法が1946年に公布されていることを考えると、未曽有の世界大戦を起こしてしまったことへの反省がそこに込められていたはずである。それまで高等教育がすべての者に無償であったためしはなかった。ドイツやフランスやイギリスのような「帝国的社会」の高等教育は、奨学生となったわずかな者を除いてつねに有償であったがゆえに、民衆は高等教育にアクセスすることができなかった。フランスは日本のように「戦争の放棄」を憲法に書き込むことはなかったけれども、「高等教育の無償化」をいわば不戦の誓いとして1946年の憲法に書きこんだのかもしれない。ランジュヴァンとヴァロンという、レジスタンスの闘士であり共産党員でもあった二人の知識人が中心となって1944年に国に提出した教育改革案には、「すべての段階における教育の無償性」という言葉がみられるが、その改革案は1947年までお蔵入りになっていた。1946年6月2日に立ち上げられた憲法制定議会では、MRP（人民共和運動）が共産党を僅差で上回って第一党になった。冷戦が始まろうとするなか、アメリカ合衆国への配慮は必要だった。ジョルジュ・ビドー内閣が作成した憲法案は、MRP、共産党、そしてSFIO（労働者インターナショナルフランス支部）の妥協の結果であったと言われる。

大学は13世紀前半にヨーロッパで生まれている。ボローニャ、パリ、オックスフォードに遠方からやってきた学生たちは、異郷の地で肩身の狭い思いをすることがないようにと、出身地域ごとに「ナチオ」と呼ばれる「同郷団」を形成した。それらの「ナチオ」は互いに抗争するようになったため、複数の「ナチオ」の合議体としての「ウニヴェルシタス」が創られた。十字軍やカタリ派の追討があり、それを命じたローマ教皇のもとでヨーロッパが一つになろうとしていたときである。教皇の庇護をえた大学は発展し、16世紀には60を超えるほどになった。

国家なるものがまだ明確な輪郭をもたない時代に、それぞれの地域語で話していた人たちが大学のある都市に集まり、ラテン語をつかって議論をし、ローマ教皇の権威がおよぶ所ならどこでも通用する学位をえて、ふたたび地方に散らばってゆく。ラテン語の翻訳や通訳にも耐える「国語」もそれぞれの地域で形成される。こうして、「ナチオ」とは異なる「ネイション」（国民＝国家）も誕生したのである。「ヨーロッパ」は大学とともにあったと言ってもよい。しかし「ネイション」が成立すると、国家あるいは君主が大学を設立することになり、学位もその地域でしか通用しないものとなる。「ペリグリナチオ・アカデミカ」（大学巡礼）も廃れて、18世紀には大貴族の子息が「グランド・ツアー」を愉しむだけのものになってしまう。そうした古いヨーロッパは、18世紀末にフランスで革命が起こり、20世紀に二つの世界大戦が起こることで自壊した。戦後にあらたなヨーロッパを立ちあげるときに、大学が近代の「帝国的社会」のなかで果たした役割も反省されたはずである。EU はヨーロッパに戦争のない世界をもたらすために創られたけれども、そこでも「ボローニャプロセス」をとおして「欧州高等教育圏」が創られ、学位が統一され、「エラスムス計画」が学生や教師の国外留学を支援することになる。欧州議会は現在つぎのように語っている。「2018年4月、欧州議会はボローニャプロセスに関するあらたな決議文を採択した。議会はそこにおいて、同年の5月にパリで開催される EEES（欧州高等教育圏）の閣僚会議がボローニャプロセスの批判的評価を行うことを求めた。そして同様に、教育の社会的側面を改善することの必要性を強調し、ハンディキャプあるいは恵まれない階層出身の学生の高等教育へのアクセスの具体的な展望を予測した。欧州議会はさらに、奨学金や留学補助をよりたやすくより平等に受けられるメカニズムを作るように提言した。そして最後に、EU そしてその加盟国にたいして教育予算を増やし、すべての人のための、無償で、上質で、公的な高等教育を保障するように求めた」(3)。この文章の最後に「無償」gratuit という語があることからもわかるように、欧州議会もまた「高等教育の無償化」という戦後の「誓い」を守ろうとしているのである。

しかし戦後に学生数は急激に増えた。ボローニャプロセスには、ロシアやベラルーシやウクライナのような EU に加盟していない国も含まれることになった。また2020年冬以来の「コロナ危機」のなかで、大学ではインターネットによる遠隔授業が急速に普及し、「デジタル空間」が誕生したことで、留学や授業料の意味も問いなおされつつある。「高等教育の無償化」をどこまで実現可能な未来と捉えるかは、フランスにとっても EU にとってもいまや切実な問題である。フランスでは大学以外の高等教育機関で有償化が進み、2019年には EU 圏外からの留学生に対してより高額な学費を徴収することが認められた（博士課程は除く）。この論文ではまず、フランス、EU、そして国連 SDGs が、高等教育の無償化にどのようにとりくんでいるのかを見た上で、フランスの文学や人文学が「大学の無償性」についてどのように問いかけているかを示してみる。

第1節　フランスにおける高等教育無償化の現状

1　フランス高等教育省のホームページ

フランス高等教育省のホームページには、学生向けに次のようなメッセージが掲げられている。

「フランスでは高等教育の公的機関の登録料（学費）は低く抑えられていますが、それは教育のためのコストの大部分を国家が負担しているからです。一人の学生が学ぶためには、世界の他の国々と同じように年間10000ユーロほどの費用がかかります。しかしフランスではその大部分を国家が負担しているのです。あなたがフランス、EU 圏、欧州経済圏、スイスの出身者である場合、あなたの学習費用の大部分はこれからもフランスが負担します。2022／2023年度の登録料は、2018／2019年度と変わらず、学士課程で170ユーロ、修士課程で243ユーロ、高等教育省のもとにある技師養成コースで601ユーロ、博士課程で380ユーロです。ただしリール、リヨン、マルセイユ、ナントの技師学校（エコール・サントラル）や、ナンシー鉱山学校は2500ユーロとなります。また防衛省、経済省、農業省の管轄の技師学校の登録料は別に決められていますので、それぞれの学校のサイトで確認してください。

あなたが EU 圏外からの留学生である場合、フランスはあなたの教育のための費用の3分の2を負担します。あなたが支払う登録料は、学士課程で2770ユーロ、修士課程で3770ユーロ、博士課程は380ユーロとなります」。（訳注：1ユーロ＝138円で換算すると、学士課程の登録料170ユーロ＝2万3460円、EU 圏外の留学生の学士課程登録料2770ユーロ＝38万2260円）」[(4)]

ここから分かることは少なくとも三つある。①フランス高等教育省の管轄下にある高等教育機関の登録料はかなり低く抑えられている、②しかしそのなかでも「技師学校」のようなところは高めの設定となっている、③欧州圏外からの留学生には博士課程をのぞいて別体系の料金が課せられる。ここではまず、3番目の EU 圏外からの留学生への別料金からみてみよう。

2　EU圏外からの留学生への有償化

2018年11月にフランス政府は、「フランスへようこそ」という名のもとに世界から50万人の学生（当時の留学生数は32万4000人）を呼びこむ戦略プランを発表した。そしてそのなかでEUとスイス以外の国からの留学生にたいする学費有償化の方針を打ち出した。それが2019年4月19日の省令（アレテ）で具体化すると、それに反対する学生と教員のいくつもの団体が反発して国務院[5]に訴えた。国務院は憲法評議会[6]に検討をゆだね、19年10月11日には「1946年10月27日の憲法前文13条」が高等教育にも適用されることを確認するという憲法評議会の報告書が出ている。ただし憲法評議会はそこに、「高等教育においては、学生の経済的な重荷とならない範囲で、ごくわずかな負担を求めることはできる」という解釈を付け加えた。

憲法評議会のこの判断は、高等教育の有償化へと向けて舵を切ろうとしているマクロン政権にとっては不都合であると同時に、外国人留学生にたいする登録料を値上げすることに可能性を残すものだった。つまり「学生に経済的な重荷とならない範囲」であれば、登録料の値上げは許されるのである。外国からの留学生は（奨学金をもらう者を除いて）裕福な家庭の出身者である場合が多い。少しぐらい高額でも彼らにとっては「こくわずか」modiqueであるかもしれない。もとより彼らの親はフランスに税金を払っていない。フランスにはそのような学生にまで無償の教育をおこなう余裕はないと考える有権者や議員も増えている。

国務院はこの憲法評議会の決定を受けて、2020年7月に外国人学生にたいする有償化の政策を承認した[7]。コロナウィルスが蔓延するなか、学生や労働者が街路での大規模なデモを繰り広げることができないでいるあいだに、それは決まってしまった。マクロン大統領は2022年1月に全国大学学長会議で次のように述べている。「私たちは今のシステム、つまり高等教育がほとんどすべての学生にとって無償であり、学生の3分の1が奨学金をもらっており、それにもかかわらず学生の非正規雇用は深刻であり、国際的な競争に立ち向かうために世界のどこよりも公的資金に頼っているモデルを財政支援するのに国が困難を抱えているシステムに、私たちはいつまでも留まっているわけにはいかない」[8]。エマニュエル・マクロンはその後、極右の候補者マリーヌ・ル・ペンを破って大統領に再選されている。

3　大学以外の高等教育機関における有償化

フランスにおける高等教育の有償化は、フランスやEU出身の学生に対してもすでに始まっている。会計検査院が2018年11月に出したレポート[9]には、「登録料の値上げの動きは、数年前から、EU圏外からの学生への対応とはまた別に、高等教育省の管轄にはない学校で始まっている。最近では高等教育省の学校においても始まっている」と書かれている。

この動きがとりわけ顕著なのが技師学校（エコール・ダンジェニユール）である。技師学校とは、バカロレア取得後に５年間で大学の修士に相当する技師免状が取れる理工系の学校であり、国立・私立あわせて200校以上ある。そのなかにはエコール・ポリテクニーク（理工科学校）のような由緒ある学校（グランドゼコール）も含まれる。技師学校の人気ランキングをおこなっている民間のサイトにはこう書かれている。「技師学校の学費は10000ユーロを超えるところもある。私立の方が高いといわれるが、国立の技師学校のなかにむしろ大きな開きがみられる。つまり601ユーロしか徴収しない技師学校が100ほどある一方で、数千ユーロを徴収する学校もある」[10]。

有償化の傾向は「商業・経営学校」（ビジネス・スクール）にも確認できる。最初に引用した高等教育省の学生向けメッセージには次のように書かれていた。「私立学校の登録料はとりわけ商業学校において、公立（国立）の機関よりずっと高くなっています。一般的にそれは3000ユーロから10000ユーロのあいだです。詳しくはそれぞれの学校のサイトで確認してください。フランスでは18％の学生が私立学校で学んでいます[11]。私立とはそれが国家によって創られたものではないということであり、国家による財政支援も一様ではありませんが、国家によって認定されると修了者に国家免状を出すことができます。その場合、国家はそこで行われている教育への監視権をもち、そうすることで提供される教育の質を保証します。たとえば五つのカトリック学院（パリ、リール、アンジェ、リヨン、トゥールーズ）や一部の商業学校と技師学校がそれに当たります」。たとえば私立のパリ高等商業学校（HEC）は、パリ商工会議所によって設立され、国家による認定をうけているグランドゼコールであるが、登録料は2750ユーロから１万9650ユーロとなっている。

さらにフランスには「グラン・テタブリスマン」Grand établissement と呼ばれる高等教育と研究のための施設があり、1743年に創設された土木学校（ポンゼショセ）や学位を出さないコレージュ・ド・フランスのような伝統のある機関にこの呼称が許されている。現在29あるこれらの施設にはさまざまな特例が認められている。たとえばパリ政治学院（シアンスポ）は親の収入によって登録料を変動させることで学費を上げるようになった。その平均は学士で5350ユーロ、修士で6750ユーロ、EU 圏外からの留学生にたいしては学士で13190ユーロ、修士で18260ユーロとなっている。パリ・ドフィーヌ大学とロレーヌ大学はそれぞれ2004年と2011年にグラン・テタブリスマンへの移行が認められたが、前者は2010年から登録料を上げはじめ、いまでは修士課程で6600ユーロとなっている。

このように、フランスの高等専門学校やグランドゼコールにおいて、登録料はすでに「ごくわずか」とはいえない額となっている。もちろんそれらの学校のなかには、大革命さなかの1794年に創設されたエコール・ポリテクニックや高等師範学校のように、学生に準公務員としての給与を支給しているグランドゼコールもある（高踏師範学校では月に1250ユーロが４年間にわたって支給される）。しかしそれらに入学するにはリセ（高校）を出た後にリセに付属するグランドゼコール準備級で２年ほど受験準備をし、きびしい入学試験に合格しないといけない。ふつうの技師学校や商業学校にも入学試験はあるが、そこでは学力ばかりでなく親の経済力も試されているようなものである。それでもこれらの学校に人気があるのは、卒業後の就職と地位が保障されているからにほかならない。

かくしてフランスにおいて、「大学」は高等教育無償化の最後の砦となっている。フランスの大学は、すべて高等教育省の管轄下にある国立の機関で、2020年度には高等教育全体の57％の学生を受け入れている。バカロレアを持つ者（高卒者）なら入学試験なしにだれでもどこかの大学には登録できる（20校まで出願できる）ようになっており、ほぼ無償であるということもあって、失業者となるかわりにとりあえず大学に登録する者さえいる。2016年に入学した学生のうち、３年あるいは４年間で学士号を取得して卒業した者の割合は42％にすぎない（ほかの58％は進路を変えるか「蒸発」している）。

貧困学生には奨学金の給付があるけれども、学生はたいていアルバイトをしている。親から離れて自律して生きることができる大学での「モラトリアム」の時間は、学生にとって貴重なものであり、そうであるがゆえに学費値上げの話が起こると、学生の労働組合はかならずデモを起こして政府の計画をとん挫させてきたという歴史がある。

第2節　EUと国連の無償化への取り組み

1　世界における高等教育無償化の現況

先に引用したフランス会計検査院のレポートによれば、世界における高等教育への投資には「リベラル（自由主義的）な体制」と「社会・民主的な体制」という二つの傾向がみられる。「リベラルな体制」とは、「イギリス、カナダ、オーストラリア、アメリカ合衆国、チリ、日本、ニュージーランドのように、私的投資が公的投資を大幅に上回っている体制」である。他方、「社会・民主的体制」とは、「スカンジナビア諸国（スウェーデン、ノルウェー、フィンランド、デンマーク）にみられるように、高等教育への投資がおもに公的資金（つまり税金）によって賄われている体制である。そしてこれらの二つの体制のあいだに、それらを折衷することによって独自の投資をしているさまざまな国々がある。レポートから引用する。

「アングロサクソンの国々では、高等教育システムへの公的資金の投入は抑制されたものだが、それは高等教育の受益者たちがコストの大きな部分を担っているからである。高等教育を受けることはきわめて収益性の高い投資とみなされている。かくしてイギリスでは、高等教育財政高等審議会が、大学に与える公的資金を2011－2012年度の67億リーヴルから2017-2018年度の36億リーヴルへと減らした。資金の配分は専攻分野によって差異化されている。

それとは反対に、スカンジナビアの国々では高等教育は公共財とみなされ、より高い社会的収益をもたらす投資と受けとめられている。個人がそのコストを負担しないのは、高等教育を受けることが社会の全体にとっての利益となるからである。課税の高い水準がこのような公的支出の社会化を許している。

以上の二つのシステムはたいへん異なっているとはいえ、二つの点において一致している。つまり公的資金と家計をふくめた全体での高等教育への投資ははきわめて高いレベルにあること、そして次に、高等教育を受けるにあたってはきびしい選抜がなされていることである。スウェーデンでは、2012年に25万7000人が高等教育に登録したが、希望者は40万3000人であった。

それ以外の国々は、この二つのモデルの中間に位置する。それらの国々に共通する特徴は、公私をあわせた高等教育への支出はおおむね少ないが、公的資金がその半分以上を占めていることである。しかし登録料（学費）の徴収のしかたはそれぞれの国によって大きく異なっている。

イタリアでは、公的支出が維持されているためぞれぞれの大学の財政のなかで学生が払う学費の割合は少なくなっている。学費は高等教育機関ごとに定められているが、それによる収入は大学が受ける公的資金の20%を超えてはいけないことになっている。

ドイツでは2006年までは高等教育の無償性の原理が守られていたが、2006年にはそれぞれの州が独自に学費を定めることができるようになった。学費を上げる州もみられたが、その試みは少しずつ放棄された。2014年にバス・ザクセン州が学費を廃止するという決定をして以降、もはやドイツにおいてはいかなる学費も要求されなくなっている。いくつかの州でわずかな手数料を払うのみである。

東欧の国々（ラトビア、リトアニア、ハンガリー、ルーマニア、ボスニア・ヘルツェゴビナ、セルビア）では混合型が行われている。つまりそれぞれの大学のなかに国家の資金で無償の教育が受けられる学生がいる一方、学費を払わねばならない学生もおり、その額はかなり高くなっている。国家の支援は、学生の成績や優先される学問領域に応じて決められる。恩恵を享受しているのは、平均して学生の半分ほどである。国の支援のない学生の学費は、大学が自由に決めている。

オーストラリアでは学費は高いが、その額の決定のしかたはむしろ功利主義的な論理でなされている。つまり教育のコストだけではなく、労働市場の需要を考慮しながら教育の分野ごとに定められ、経済的に一定の需要がみとめられる分野には低い学費が設定されている。」(12)

さらに同レポートによれば、学費の設定には次のような5つのタイプがある。①国による制限なしに大学が自由に学費を決めるタイプ（スイス、ラトビア、リトアニアでは国が支援しない学生に対してこのタイプが適用されている。ポルトガル、連合王国の修士課程、そしてリュクセンブルクも同様である）。②国と大学がともに学費を設定するタイプ。それぞれの割合は国が決める（イギリスとポルトガルの学士課程、ハンガリーあるいはイタリアがこれにあたる）。③国が学費を決めるタイプ（フランス、ベルギー、オランダ）。④地方がそれぞれ学費を決めるタイプ（スペイン）。この場合には同じ国のなかで異なる学費が設定されることになる。⑤高等教育は無償とされ大学が学費を要求できないタイプ（スウェーデン、フィンランド、ノルウェー、デンマーク、ドイツ、オーストリア、ポーランド、チェコ）。

2　EU と国連の取り組み

このように高等教育の無償化の状況が国ごとに異なるなか、教育の分野において加盟国の主権を尊重している EU が、統一した無償化を一方的におし進めることはむずかしいと言わざるをえない。だからこそ EU は、ブローニャプロセスをとおして単位互換のための LMD（リサンス、マステール、ドクトラ）や、「エラスムス」とか「エラスムス・プラス」と呼ばれる留学支援制度を導入することに力を傾注し、「無償化」については各国の努力をうながすに止めてきたのだろう。しかしそれでは、二度と戦争は起こさないという戦後の誓いから生まれたはずの「高等教育の無償化」は、EU レベルではお題目ということになりはしないか。イヴ・ゴドメによれば、「高等教育の無償化」そのものがその根拠においてあやふやなものであり、形成過程もはっきりしない「場違いな発明」invention malvenue である(13)。憲法評議会が2019年に、そのあやふやな1946年の憲法前文を根拠にして高等教育の無償性を確認したのは、彼のような論者にとっては誤りである。しかし EU 加盟国はそれぞれ、国連の「社会権規約」を批准しているはずだから、EU としても「高等教育の漸進的な無償化」には努めねばならないのではないか。

国連では1948年12月10日の総会で「世界人権宣言」が決議されている。その26条には、「すべての者は、教育についての権利を有する。(…) 高等教育は、能力に応じてすべての者に対して均等に機会が与えられるものとする(…)」。とある。さらに1966年12月16日には「経済的・社会的及び文化的権利に関する国際規約（社会権規約）」が国連総会で採択され、1976年１月３日に効力を発生している。その第13条２c には次のように記されている。「高等教育は、すべての適当な方法により、とくに、無償教育の漸進的な導入により、能力に応じ、すべての者に対して均等に機会が与えられねばならない」。さらに国連の経済社会理事会は1985年に、締約国が「社会権規約」をどのように実施しているかを検証するために「経済的、社会的、文化的権利委員会」を設置した。18人の専門家から構成されるこの委員会は、締約国が規約第16条にしたがって定期的に提出する報告書を検討し、政府の代表と話しあって必要な勧告を行うことになっている。2021年８月の時点で、この社会権規約に署名している国は71、規約を批准している国は172となっている。国連への最大の出資国であるアメリカ合衆国は規約を批准していない。

国連は2000年のミレニアム・サミット（Millennium Summit）で「国連ミレニアム宣言」を採択した。この「宣言」は、2015年までに達成すべき八つの目標を「ミレニアム開発目標（Millennium Development Goals: MDGs）」として掲げている。極度の貧困と飢餓を撲滅すること、初等教育の完全普及を達成すること、ジェンダーの平等と女性のエンパワーメントを促進すること、幼児死亡率を下げること、妊産婦の健康を改善すること、HIV/ エイズ、マラリア、その他の疾病と闘うこと、環境の持続可能性を確保すること、開発のためのグローバル・パートナーシップを発展させること、が挙げられている。しかし「高等教育の漸進的無償化」は MSDs に含まれていない。2015年９月には「持続可能な開発のための2030アジェンダ」で17項からなる「持続可能な開発目標（Sustainable Development Goals: SDGs）」が採択され、2016年１月１日から施行された。これらの17の SDGs は、先進国、開発途上国、また中所得国を問わずすべての国に適用されるとされるが、その実現には国家の発展や能力の度合いも考慮されている。「貧困を終わらせるには経済成長を確立し、教育、保健、社会的保護、雇用の機会など、広範にわたる社会的ニーズに取り組み、それと同時に気候変動や環境保護の問題に取り組む必要がある」と述べられている。

SDGs のうち教育に関する SDG 4 には、「すべての人に包摂的かつ公正な質の高い教育を確保し生涯学習の機会を促進する」とある。しかしここでも「高等教育の漸進的な無償化」が目標とされているわけではない。MDGs のなかにあった「初等教育の完全普及」の目標が達成できなかったために、高等教育は先送りされたとも考えられるが、「社会権規約」にある「漸進的無償化」は初等教育から順にという意味ではなく、「少しずつでも着実に」という意味ではないのか。

3　イギリス、ドイツ、フランス

イギリスでは1970年代からサッチャー首相が新自由主義的な高等教育改革を始め、EU に留まっているあいだも独自路線を歩んだ。トニー・ブレア首相（当時）は1999年６月18日にロンドン大学のスクール・オブ・エコノミクスでの講演で次のように述べている。

「教育・訓練の面でイギリスの海外輸出額は年間およそ80億ポンド（当時のレートで換算するとおよそ１兆5000億円）に相当する。その資金は、イギリスの高等教育機関につぎ込まれ、より多くの人々に教育の機会を広く提供しようという我々の目標達成を助けている。イギリスの若者たちもそれによって利益をえている。（…）我々は、連合王国が、国際的な学生たちに質の高い学修を提供するためにも、彼らを歓迎するためにも、（世界で）第一の選択肢（a first choice）になるよう、より長期的な戦略を立てることにした。」(14)

ここでブレアは、イギリスが国内外で提供する教育や訓練を「輸出産業（外貨獲得手段）」と呼んでいる。そしてその収入が日本円にして年額１兆5000億円に上るといい、「教育を国際産業化戦略の重要な政策課題として明確に位置づけ」(15)ている。また国内においてもイギリス政府は、高等教育の有償化に積極的だった。学費を３倍値上げするにともない、学生ローンを導入し、返済は卒業後に一定の収入が得られるようになってからでよいとした。

しかしそれは学生を借金漬けにすることにほかならない。不良債権となった場合には国家が買い取るといっても、学生は自己破産の負い目を一生背負わされることになる。

オックスフォード大学はおそらく1970年代に、自国のエリートではなく世界のエリートを育成する方向に舵を切った。外国からの学生を招きいれることは、伝統あるこの大学にとって難しいことではなかったし、政府から「改革」を迫られるなか、留学生がもたらしてくれる資金は経営の助けとなったことだろう。アングロサクソン系の国々の多くの大学は、英語が母国語であることのメリットを生かして、それにならった。

ところでオックスフォード大学では、シェークスピアは基礎的な教養であったはずである。しかし留学生たちにとってはそうではない。彼らには母国語の文学があるから、シェークスピアを読むことは英文学を学ぶことではあっても、それが自らの文学の経験となるにはかなりの時間がかかる。グロバリゼーションのための英語と、シェークスピアの英語は深いところでつながっているとはいっても、そこまで下りるには時間がかかる。だからそれを志すような本物のエリートは、人文系でさえ稀なのである。するとイギリスの文化のなかで育ったイギリスのエリートたちは、教師であれ学生であれ、シェークスピアを共有しない留学生と対話するにあたって大きな困難を抱え込むことになる。というより困難な対話は避けるようになる。オックスフォード大学を有名にしたその人文学の伝統も、こうして大きな変容を迫られたのである。

しかしオンラインで授業が受けられるのであればもはや留学の必要はない。パンデミックが終わった後もオンライン授業が続くのであれば、オックスフォードの美しいキャンパスは廃墟となるかもしれない。廃墟さえ取り壊されると、大学の「イデア」も塵となって消えるだろう。

ドイツは1970年に無償化された後、一時期だけ有償化を試みたが、ふたたび無償化に戻っている。その経過について長島啓記は次のように述べている。

「同法案（ヘッセン州高等教育機関の財政的自律性の強化に関する法案－岡山注）は、2006年10月5日、キリスト教民主同盟の賛成多数で可決され、2007／

2008年冬学期から、すべての学生を対象とする授業料が徴収されるようになった。しかし、2008年１月の州議会選挙によりキリスト教民主同盟は過半数を取ることができず、政治的混乱が続いた。そのような中、2008年４月４日、社会民主党と同盟90／緑の党は一般的授業料徴収を廃止する「ヘッセン州高等教育機関における機会均等の確保に関する法案」を提出、同法案は６月17日に可決された。ヘッセン州での一般的授業料徴収は、2007/2008年冬学期と2008年夏学期に行われただけに終わったのである。

一般的授業料を徴収した州は最大７州までになったが、ヘッセン州ほど極端なかたちではないにしろ、大規模な抗議活動や州政府の政権交代などにより、授業料廃止に踏み切る州が増えた。2013年２月にニーダーザクセン州が授業料廃止を決定したことにより、一般的授業料を徴収する州はなくなった。現在、州により、学籍登録料・除籍料や長期在学者からの授業料が徴収されている。」(16)

1970年にドイツの学費が無償化されたことの背景には、1966年に国連の「社会権規約」が制定され、連邦政府がその「漸進的無償化」の条項を受け入れたことのほかにも、学生の運動があるだろう。ドイツでは学年にこだわらずに長く大学に留まる学生が多い。それゆえ学生の平均年齢は高く、働きながら学び続ける彼らの主張は、州に決定権のある地方自治にも反映されやすいし、政党もまたそうした学生の意見に敏感である。

有償化へと傾いたイギリスはEUから離脱し、ドイツは一度有償化したあと無償化へと戻った。そしてすでに見たように、フランスは有償化と無償化のあいだで揺らいでいる。憲法評議会が高等教育の無償性を確認したにもかかわらず、マクロン大統領は有償化を望んでいる。フランスとドイツはEUの高等教育政策において何を望むのだろうか。そして欧州議会はそれにどう答えるのだろうか。

第３節　高等教育の無償性をどう問うか

高等教育の無償化は、フランスが第四共和政の憲法に「すべての段階における」という文言を記載することによって可能になった。そこには政党間の妥協もあったが、廃墟から立ち上がろうとする人々の希望もそれを後押ししていた。いまやかつての「帝国的社会」ドイツ、フランス、イギリスの代わりに、アメリア、中国、ロシアというあらたな「帝国的社会」が世界の覇権を争っている。EUや国連はそうした争いを調停し、世界に平和をもたらすために創られたが、「列強」はあいかわらず自らの主権を主張してゆずらない。日本は社会権規約のなかの「高等教育の漸進的無償化」条項の批准を永らく留保した後、2012年にその留保を撤回した。アメリカ合衆国は社会権規約そのものをいつ批准するのであろうか。

月や火星への移住を考えるまえに、まだ地球で生きられるうちにそうならないようにするための方策を考えるのがSDGsである。人文学や社会科学もその議論に貢献しないといけない。歴史学は第一次世界大戦がどうして起きてしまったのかを語るだろう。哲学は無償の大学の不可能性を逆手にとって「条件なき大学」について語るだろう。社会学は「普遍的なものへのアクセスを普遍化する」ための方法を考えるだろう。フランス文学研究の視点からは何が言えるか。ここでは、文学がどのようにして、「帝国的社会」を支えるだけの大学とは異なる、「大学／文学」というイマジネールな大学を構想したのかを考えてみることにする。

1　「帝国的社会」と大学

19世紀にはドイツ、フランス、イギリスに「帝国的社会」が成立している。大学はいずれの国でもその社会の成立と維持に貢献した。ドイツの「フンボルトの大学」しかり、イギリスのオックスフォード大学とケンブリッジ大学しかり、フランスの「帝国大学」しかり。本来ならば大学は、国家や教会あるいは社会からさえも自立した存在であり、学問の自律性を保ちながら「帝国的社会」にたいしても批判的に働くはずのものであった。しかしそうはならなかったのはなぜか。

ドイツ（プロイセン）では1810年にフンボルトらによってベルリン大学が創設されている。それは「上級ブルジョワジーあるいは貴族階級の卓越した人間を養成する」(17)ための大学であり、それ以降ドイツでは、地方にも拡がる大学のネットワークを通じて「ドイツ帝国」が形成されてゆく。イギリス（イングランド）では、中世からあるオックスフォード大学とケンブリッジ大学が「国家と教会の魂」のように大切にされており、そこで養成される「ジェントルマン」が「大英帝国」の発展を支えた。フランスの「帝国大学」は、名前からして「帝国的」だが、ナポレオンは革命以前あるいは革命のさなかに創られたグランドゼコールと「帝国大学」を組み合わせることで、自らの「帝国」をさらに強固なものにしようとしたのである。それはクリストフ・シャルルによれば、ナポレオンの軍隊そのままだった。つまりグランドゼコールで「若いうちに選抜したエリートを参謀本部の将校にまで育てあげ」る一方、大学では「戦場で生き残った下士官を少しずつ上級幹部に登用した」のである。このディコトミー（二分法）は今も存在しているという(18)。

1806年に創られた「帝国大学」は、グランドゼコールへと進学するエリートを育てるリセ（中等高等高校）を中核とした、初等から高等までの教育のシステムだった。復活したかつてのファキュルテ（学部）は、全国に散らばったまま、教育と研究の場というよりは職業教育のための有償の施設として機能した。

ともに1821年生まれのボードレールとフロベールは、1830年代にリセで学ぶが、この「帝国大学」のシステムにはなじめなかったようである。二人とも卒業まぎわにリセを放校になり、個人でバカロレアを取得して法学ファキュルテに進学するが、そのファキュルテも中退している。彼らはリセで徹底した教育を受け、ラテン語をはじめとする古典的教養を身につけた（ボードレールはルイ大王校という超エリート校で学び、全国学力コンクールで表彰されている）。しかしむしろ、そこでも読み親しんでいたロマン主義文学の世界で自己実現（ビルドゥング）を果たしたのである。1857年に彼らが出版した『ボヴァリー夫人』と『悪の華』は、風俗を紊乱したとして裁判沙汰になり、第二帝政下のフランス社会を少しは揺るがすのに貢献している。こうして文学は、文字は読めるようになったけれども大学で学ぶことができない人たちにとっての、イマジネールな大学となった。一世代下のゾラやマラルメ、そして彼らのさらに一世代下のプルーストやペギーは、その「大学」の学生となるだろう。

19世紀後半のフランスには「人民大学」も生まれている。義務教育が始まる以前に子ども時代を送った大衆層は、公教育の恩恵に浴することはなかった。そこでそういう人たちのために民間団体が各地に「人民大学」を立ち上げた。その最盛期はドレフュス事件と重なり、極端な反ユダヤ主義に対抗して一般大衆を啓蒙するうえで重要な役割を果たしたといわれる(19)。

しかし第三共和政はこの「人民大学」を公費によって充実させようとはしなかった。1896年にはドイツに留学したデュルケムなどの意見を入れて、フランスにも大学が復活する。地方ごとにファキュルテがまとめられ、全国で15の大学（革命前には22があった）が復活し、ナポレオンの「帝国大学」は解体されたが、こうしてできたあらたな大学も無償ではなかった。政府はむしろ、壮麗な新ソルボンヌの建物を造って、帝国としてのフランスの威光を世界に向かって示そうとしたのである(20)。

2 「文学基金」とドレフュス事件

ゾラとマラルメは1870年代の初めにマネのアトリエで出会ったが、ボードレールの「モデルニテ」の美学に導かれてマネが起こした「象徴革命」（ピエール・ブルデュー）の証人となった（マネの『草の上の昼食』や『オランピア』も「帝国的社会」のなかでスキャンダルとなった）。1890年代に詩人そして小説家として有名になった彼らは、「帝国的社会」に向かって発言もするようになる。マラルメが1894年に新聞に発表した「文学基金」はさほど反響をよばなかったが、ゾラが1898年に新聞に発表した「私は弾劾する」は、ドレフュス事件を全国的どころか国際的な「事件」とすることに貢献した。

マラルメの「文学基金」は、詩人がオックスフォード大学とケンブリッジ大学で講演したときに、その中世以来の美しいキャンパスに深い印象をうけ、フランスに戻ってからフランスにも同じようなものが必要だとしてフィガロ紙で提唱したアイデアである。それは建物やキャンパスをもつ普通の大学ではなく、「ファンド＝基金＝土地」として文学者の創作活動を支えるイマジネールな大学だった。

文学作品のような著作物は、著者の死後50年経つと著作権が消滅するが、著作権が消滅した後の著作権料に当たる部分は、マラルメによれば出版社によって横領されている。つまり払わなくともよくなった著作権料を、出版社はそのまま自分の儲けにしている。マラルメはその一部を積み立てて「ファンド」とし、次世代の詩人や作家を育てるための奨学金にすればよいと考えた。これが「文学基金」である。出版業界の協力があればそれは可能なはずだった。次世代の文学者が「基金」のおかげでよい作品を書いてくれれば、出版業界も潤うわけだから、反対する理由はないだろうと彼は考えた。しかしこのマラルメのアイデアは、出版業界からも、政府からも、アカデミー・フランセーズからも無視され、結局実現しなかった。

「文学基金」は、いわば「書物」が大学の代わりになるようなものである。文学を学ぶには本を読めばよいのだし、本が買えなければ図書館に通えばよい。作品を書くには紙と鉛筆があればよい。お金はほとんどかからない。しかも代々の作家や詩人がもたらした作品の著作権料は、文学がもたらす果実にほかならないから、このイマジネールな大学は、国家にたよらずとも次世代の作家や詩人を育成することができるようになるはずだった。

ところでドレフュス事件は、マラルメが「文学基金」の提言をした1894年に起きている。アルフレッド・ドレフュスという若いユダヤ系のエリート将校がスパイの濡れ衣をきせられ、筆跡鑑定だけで有罪になって南アメリカ仏領ギアナ沖の「悪魔島」に流刑になった事件である。ゾラが1898年に「私は弾劾する」という共和国大統領あての公開質問状を新聞に書いたことで、この事件はフランス全体を巻き込む論争となった。

しかしこの「ドレフュス事件」を最初に公的に語ったのは、マラルメのサロン「火曜会」にも出入りしていたベルナール＝ラザールというサンボリストである。もしもマラルメの「文学基金」が実現していたら、彼もまた詩を書き続けたかもしれなかった。しかしそうはならなかったために、彼はジャーナリストとなったのである。そしてドレフュス家からドレフュスの救済を依頼され、１人で調査をしてその無罪を確信し、『裁判の誤り』という小冊子を書いてブリュセルで刊行した。「知識人たち」（反ドレフュス派のモーリス・バレスが「有名でもないのに少しは学のあることをよいことに生意気なことをいう輩」とよんだ若い世代の詩人やジャーナリスト）が動きだすのは、それからのことである。彼らはすでに有名な小説家になっていたゾラを担ぎだし、「ドレフュス事件」を起こすことになった。

ドレフュス事件によって確認されたことは、真実こそが正義であらねばならないということである。そして真実が正義であるためには、ジャーナリズムがきちんと機能しないといけないということである。ドレフュス事件の場合、真実（あるいは真理）とは、ドレフュスがドイツのスパイではなかったということだ。しかしそれを知っているのは、ドレフュスとスパイ本人、あるいはドイツ大使館の関係者だけだった。それ以外の者はドレフュスの言うことを信じるか、あるいは状況証拠を探して、その有罪か無罪かを証明しなければならない。ベルナール＝ラザール、シャルル・ペギー、プルースト、そしてゾラなどのドレフュス派の「知識人」は、軍法会議や参謀本部がその手続きをないがしろにしてドレフュスを有罪としたことの不正義を訴えた。つまり裁判における「正義」も、科学における「真理」と同じ手続きによって明らかにされねばならないと主張したのであり、そのことにおいて彼らは、「プラトン以来の西欧の選択」（リオタール）に忠実だった。そこにはドイツとフランスの対立はありえない。

しかしシャルル・ペギーによれば、そうしたドレフュス主義も勝利の後には変質してしまうのである。ドレフュス派であったクレマンソーは、ドレフュス事件と政教分離法（1905）で分断されてしまったフランスを一つにするために、ドイツを敵にして愛国心をあおるようになる。クレマンソーやジョレスを批判したペギーは、第一次世界大戦がはじまるとすぐに塹壕戦で戦死した。しかしマルセル・プルーストは、銃後のパリにとどまって『失われた時を求めて』を書きつづけ、それを完成させて1922年に死去している。ボードレールとフロベールが生まれた1821年からプルーストが亡くなるまでの100年間に、フランスにおいては、帝国的社会を相対化しうるような「大学／文学」が確立されたとみなすことができる。キャンパスはどこにもないが、本を開けばそこに教室が拡がる。文庫本一冊の値段はごくわずかである。「文学」は限りなく無償に近いイマジネールな大学となるだろう。

3　「条件なき大学」

マラルメの「文学基金」は、イギリスの「国家と教会の魂」のようなオックスブリッジをフランスに移植しようとするものだった。しかしライシテの理念で「国家と教会の分離」を考えているフランスに、それを移植することは不能だった。一方哲学者のジャック・デリダは、21世紀の初めにドイツのカントの大学論にもとづきながら、どこの国にもありえない「条件なき大学」を構想している。そこには「権力批判」の場としての近代の大学のイメージがあるが、デリダはカント的な「批判」を超えて「脱構築」のための大学を考えている。それは「ドグマティックかつ不当なあらゆる権力」を批判するに止まらず、それと闘う「レジスタンスの場」となるだろう。

そのような大学がありえないことをデリダは知っている。「じっさいこの条件なき大学は存在しません。そのことを私たちは知りすぎるほどよく知っています。しかしそれは原理的に、そしてその果たすべき役割に照らして、またその明らかなメリットのゆえに、ドグマティックかつ不当なあらゆる権力への最後の批判の――そして批判を超える――レジスタンスの場として、あり続けるべきなのです。」そう語るデリダの主張には、1946年の第四共和政憲法に影響を与えたランジュヴァンとヴァロンの声が重なるかもしれない。またカントの『永遠平和のために』が国際連合の前身である国際連盟の設立に影響を与えたように、デリダの『条件なき大学』もまた今ある国連やEU のような国際機関に、高等教育の無償性とは何かを伝えようとしているのである。

デリダは「グロバリゼーション」の時代にふさわしい大学ではなく、「グロバリゼーション」そのものを問い直すことのできる「条件なき大学」を考えている。国境を越えた資本の移動が国家の枠組みをあやふやにするなかで、「人類 humanité」のすべてに関わること（人間の本質、人間の権利、人道に反する罪など）について「無条件」に考え、問い、提案する場こそが大学であり、そのなかでもとりわけ「人文学 humanités」であるというのである。この人文学の理念が、EU や国連のそれとつながるものであることは言うまでもない。

デリダは「来るべきデモクラシー」を考える。彼にとって学生とは「デモス」（民衆）である。未来を担う彼らに対して、大学は「条件なきもの」かつ「無償のもの」であらねばならない。そして「そこにおいては、学問の自由と呼ばれるもののほかに、問うことと提案することにおける無条件の自由、さらに真理に関する研究、知、思考が必要とするすべての事柄について、公的に述べる権利」が保証されていなければならない」(傍点はデリダ)。なぜならそれこそがデモクラシーの「条件」であるからだ。「条件なき大学」はすべての人に開かれている。もとより市民社会においては、市民一人一人が自らの判断で行動できねばならない。判断が分かれ、多数決によって裁定しなければならないようなときでも、その集団が不正義をなすと思えば、人はそこから離れることができる。国家が法に背いていないかどうかは司法が判断するが、その司法に訴えるのも、そして司法の判断を検証するのも市民である。「条件なき大学」はそういう自由な市民と、その責務を率先して担う人たち(法律家、官僚、医師、教師、研究者、ジャーナリスト、エンジニアなど)を養成する。

ボードレールとフロベールの「大学／文学」、マラルメの「文学基金」、デリダの「条件なき大学」は、いずれも無償あるいはほぼ無償の「大学」だった。それは「帝国的社会」を支えるのではなく、それを終わらせるための「大学」だった。それゆえ、「高等教育の無償化」は、戦後の理想主義のなかで僥倖のように到来したイデーではないし、偶然の産物でもない。それは、19世紀以降の文学の歴史と、二つの世界大戦というカタストロフの後に、ようやく見いだされたイデーである。それは根拠のないものではない。文学は地上にある言語の数だけ存在する。それは翻訳によってその言語が読めない人にも理解しうるものとなるが、翻訳不可能性もまたそれぞれの文学の魅力となっている。文学においては、すべてを言わないこと、沈黙することも保障される。人間は英語によって理解しあえることだけでつながっているのではない。文学は大地に根ざしたものであるゆえに、互いの理解しがたさを尊重しながら共存する。それはデジタル空間のなかではありえない出会いを可能にするだろう。書物は扇となって精神に風を送る。また翼となって精神を飛翔させる。それはアナログな空間であるが、かつての「キャンパス」では同じようにして、オンラインではありえない身体をとおした個人、サークル、学会での交流が行われていた。EUは高等教育の無償化の実現に向けてより積極的に議論すべきではないか。たしかに高等教育を無償化するには膨大な費用がかかるが、議論するにはお金はかからない。

おわりに

フランスは高等教育まで含めたすべての段階における教育の無償化を国家の義務とした。EU と国連は国際機関として、諸国間の利害の対立を乗り越え、民主的で戦争のない世界の実現をめざすとともに、域内そして世界の高等教育の無償化を推進しようしている。しかし上に見てきたように、フランスでは「高等教育の無償化」の理想が切り崩されつつあり、EU でもエラスムス計画で留学できるのは５％ほどの学生にすぎず、学位の統一はそれぞれの国における学生の生活のリズムを狂わせ、ドイツのように長い修学期間の伝統のある国を混乱させた。国連の MDGs そして SDGs は、初等教育の無償化を完成させることを優先して「高等教育の漸進的無償化」を目標に取り上げてはいない。国際機関の役割が重要なのは、「高等教育の無償化」や「戦争の放棄」は一国のレベルでは実現できるものではないからだ。軍事費をすべて教育費に回せば、どこの国でも高等教育の無償化はできる。しかし他の「帝国的社会」が紛争をしかけてくる脅威があるため、軍事費や防衛費は減らせないと政治家たちはいうだろう。また高い授業料を徴収する大学が世界大学ランキングの順位を競い、優秀かつ富裕な学生の奪い合いを始めているが、そこには「帝国的社会」の縮図があるだけではないか。じっさいに戦争はやらないにしても、世界の国々はサッカーなどの国際試合、オリンピック、ノーベル賞受賞者数、そして世界大学ランキングで威信を競い合っている。たしかに平和な戦いかもしれないが、そこにはかつての「帝国的社会」と同じ構造がある。EU や国連はそうした構造そのものを変容させるためにも、「高等教育の無償化」と「戦争の放棄」へと向けてイニシアティブをとらねばならない。しかし歴史学者のクリストフ・シャルルは2022年の10月に東京でおこなった講演[(21)]で、ウクライナ戦争をふくめた今の世界の緊張状態の唯一の敗者は EU であると述べている。「いまの緊張のなかでの唯一の敗者は EU です。西欧のかつての帝国的社会（ドイツとフランス）は、国内事情と EU の間で身動きがとれないでいます。東欧と南欧の、かつて支配されていて今ではEUに加盟している国々では、かつてと同じように麻痺作用をもつ危険な賭けが行われ、民主的な気がかりや配慮を欠いたEUの大国はそれを最大限に利用しています。今年（2022年）からすべてが、1912年から1914年までのときのように、悪い方向に向かって加速しています。その結末はだれもが知る通りです。」EUが「唯一の敗者」であるのは、それが「帝国的社会」のあいだで争うためではなく、「帝国的社会」を終らせるために創られたものであるからだ。

（1）　1946年10月27日憲法（第四共和国憲法）前文の第13条。「国は子どもと大人の教育、職業教育、そして文化への平等なアクセスを保障する。すべての段階における無償かつライックな教育の組織化は国家の義務である」。この「前文」は1789年の「人権宣言」とともに現在の第五共和国憲法の一部をなしている。
（2）「経済的・社会的及び文化的権利に関する国際規約」（社会権規約）。
（3）　Parlement européen, « Fiches thématiques sur l'Union européenne, Enseignement supérieur »https://www.europarl.europa.eu/factsheets/fr/sheet/140/enseignement-superieur (10 january, 2023)
（4）　Le coût des études supérieures en France-Campus France, https://www.campusfrance.org/fr/cout-etudes-superieures-france-frais-inscription (20 january, 2023)
（5）　国務院（コンセイユ・デタ）は政府の行政・立法の諮問機関。最上級行政裁判所の役割を兼ねる。
（6）　憲法評議会（コンセイユ・コンスティテュシオネル）は法案などの合憲性の審査を行う機関。憲法評議会が違憲を宣告すれば、法律は公布されず施行もされない。
（7）　« Universités : le Conseil d'Etat valide des frais d'inscription plus élevés pour les étudiants étrangers », *Le Monde*, le 1 er juillet, 2020.
（8）『ラ・クロワ』2022年１月14日。https://www.la-croix.com/France/Emmanuel-Macron-envisage-fin-gratuite-luniversite-2022-01-14-1201194962
（9）　Cour des comptes (2018), « Les droits d'inscription dans l'enseignement supérieur public », Communication à la commission des finances, de l'économie générale et du contrôle budgétaire de l'Assemblée nationale, novembre 2018, p. 45, https://www.ccomptes.fr/fr/publications/les-droits-dinscription-dans-lenseignement-superieur (20 january, 2023)
（10）　https://www.letudiant.fr/classements/classement-des-ecoles-d-ingenieurs.html (15 january, 2023)
（11）　高等教育省の統計『フランスにおける高等教育、研究、イノヴェーションの状況』（pdf版p.34）によると、私学で学ぶ学生の割合は18％ではなく23％となっている。« l'État de l'Enseignement supérieur, de la Recherche et de l'Innovation en France », enseignementsup-recherche.gouv.fr (20 january, 2023)

(12) Cours des comptes (2018), op. cit. p. 61-63.

(13) Yves Gaudemet (2020/1), « Gratuité de l'enseignement supérieur? Une invention malvenue », *Commentaire*, numéro 169. https://www.cairn.info/revue-commentaire-2020-1-page-139.htm (8 january, 2023)

(14) 苅谷剛彦（2017）、『オックスフォードからの警鐘、グローバル化時代の大学論』、中公新書ラクレ、189頁から引用。The Prime Minister's Office, 2003。

(15) 同上、190頁。

(16) 長島啓記（2020）、「高等教育の「無償化」をめぐって—ドイツの状況を踏まえて」『日本教育学会年報』第27号、20頁。

(17) ジャック・ヴェルジェ、クリストフ・シャルル（2009）、『大学の歴史』（原著1994）、クセジュ文庫、136頁。

(18) 「ほんの少しの一般教養で味づけされた初歩的専門教育を大衆のために行う大学」と、「上質で世界へと開かれた職業教育をエリートのために行うグランドゼコール」という基本的な不平等がフランスにはある。アレゼール日本編（2003）『大学界改造要綱』、藤原書店、240頁。

(19) シャルル・ペギー（原著1932、邦訳2019）、『クリオ、歴史と異教的魂の対話』、宮林寛訳、河出書房新社、399頁の訳者による注を参照。

(20) フランスにおける高等教育への進学者の同年齢層（19歳から22歳まで）人口に占める割合は、1875～76年には0.5%、1930～31年でも2.9%にすぎない。社会的な階層からみると、「専攻領域によってかなり差はあるものの、ブルジョワジーの学生が支配的である」。ヴェルジェ、シャルル（2009）、127頁。

(21) クリストフ・シャルル『帝国的社会、昨日から今日へ、いくつかのテーズ』、日仏教育学会40周年記念大会での講演。2022年10月29日、東京日仏会館。

第4章

EUの難民支援とSDGs
——シリア難民への高等教育支援——

鈴 木 規 子

はじめに

欧州連合（European Union: EU）およびその構成国は、世界最大の政府開発援助（ODA）の供出国（以下、ドナー）として、2000年に国際連合（United Nations: UN、以下、国連）が途上国における人々の生活改善および貧困削減のために定めた、ミニレアム開発目標[(1)]（Millennium Development Goals: MDGs）に向けた開発支援策を進めてきた。2015年に国連がMDGsの後継として発表した「持続可能な開発のためのアジェンダ2030」では、2030年までに17の「持続可能な開発目標」（Sustainable Development Goals: SDGs）の実現が設定され、現在では世界共通の合意として、先進国、途上国を問わずすべての国に行動が求められている。SDGsは政府およびあらゆるレベルの利害関係者（市民、市民社会、民間セクターなど）を動員したグローバル・パートナーシップによって支えられている（European Commission 2015a; European Commission 2015b）。EUもSDGsに沿って開発政策を実施しているが、どのように進められているのか。本稿では、難民支援を例に挙げ、なかでもシリア難民の高等教育進学のための支援に着目し、EUがどのように政策を遂行しているのか、欧州委員会とEU構成国の連携について明らかにする。

日本政府も、2016年5月に、最大150人のシリア人留学生の受け入れを発表し、日本の政府開発援助（ODA）を担う独立行政法人国際協力機構（Japan International Cooperation Agency: JICA）によって、「シリア難民の将来のための日本イニシアティヴ」（Japanese Initiative for the future of Syrian Refugees: JISR）が、UNHCR（国連難民高等弁務官事務所）と協力して行われている。シリアからの移民には高等教育レベルの資格を持った若者が多いことから、内戦後のシリア復興に役立つための人材育成を支援することが狙いである（JICA 2022）。

このように、日本ではシリア復興支援を目的とし、高等教育におけるシリア難民の受け入れが、教育政策主管である文部科学省ではなくJICAを通して実施されているわけだが、EUでも開発政策としてシリア難民への高等教育政策が実施されているのだろうか。また、EU構成諸国ではEUの政策と並行して、構成国独自でもシリア難民支援策が実施されていることから、政策立案機関である欧州委員会が、限られたEU予算の中で構成国と重複する政策を行うことは考えにくい。はたして、EUでは構成国との間でどのように連携や調整をしながら政策を立案し実施しているのだろうか。

本稿では、EUがSDGsに沿ってシリア難民への高等教育支援をどのように行っているのか、政策の位置づけや、構成国との関係性を明らかにしながら、EUの特徴を見出し、その実態を明らかにすることを目的とする。そこで、第1節では、シリア難民の流入をめぐるEUおよび構成国の対応について概観する。第2節では、SDGsに沿ってEUの開発援助政策の戦略およびその特徴がどのようなものなのか概観する。第3節では、シリア危機への国際社会の対応の中で、EUがどのような役割を担ったのか、とくに「シリア危機対応EU地域基金」（Madad基金）の設立とその仕組みについて説明する。第4節では、同基金の中でシリア難民への高等教育支援がどのように立案されているのか、そしてEU構成国とはどのように政策連携し、欧州委員会内部でどの総局（Director General: DG）が担っているのか明らかにする。第5節ではEUとは別に構成国が独自に行っているシリア難民の高等教育支援についてドイツとフィンランドを事例に取り上げ、EUの政策の特徴を見出す。

第1節　EUおよびEU諸国のシリア難民への対応

1　EUおよびEU諸国の出入国管理政策ならびに庇護政策について

人の出入国管理については、国際法上、出入国政策は国家が管理するが、1985年にシェンゲン条約が締結されて以降、EU諸国間では国境管理の撤廃が進められてきた。このように、EU 構成国の間では人の自由移動を促進する一方、EU 圏内に出入りする人の管理を厳格化する方針をとるため、出入国管理を共通政策化することにより EU で統一的な政策を実施してきた。

難民の受け入れについては、国連が定めた1951年の「難民の地位に関する条約」ならびに1967年の「難民の地位に関する議定書」を EU 諸国が批准して対応している。この国連難民条約に基づき、EU 諸機関は、第三国国民にとって安全な国において、ノン・ルフルマン原則に従って庇護を行う内容を定めた欧州共通庇護政策を1990年に開催されたダブリン欧州理事会で制定した。この通称「ダブリン条約」は1997年に発効された。しかし、第三国国民または無国籍者が EU 構成国の１つに国際庇護を申請した後、審査されるまでに他の EU 構成国に移動して再び申請する事態が後を絶たないという問題が起こったため、最初に入国した安全な国を「庇護審査責任国」と決定する基準とメカニズムを導入し、EU 諸国間で審査のたらい回しや二重庇護申請を防止しようとした。

以上のように、EU 諸国では出入国管理および庇護政策については、国家単独ではなく EU と共同で対応していた。しかし、ダブリン条約の定めた規則に基づく欧州共通庇護体制は、シリア難民の大量流入によって変更を余儀なくされた。

2　シリア難民への対応

2010年にチュニジアで始まった民主化運動（「アラブの春」）の影響を受けて、シリアで起こった反政府運動による内戦の激化から、シリアから避難民が出国した。UNHCR（2022）の統計によれば、シリア難民の国外への流出は2013年１月から確認できるが、2015年１月にはすでに300万人にのぼり、2016年夏までに約478万人に達し、2018年には550万人を超えて高止まりしている。避難民のうち、難民キャンプに登録している人は少なく、大半はキャンプ以外の都市や周辺都市、地方都市などに住んでいるという。

シリア人の流れはトルコや地中海沿岸諸国を経由して EU 諸国へ向かうため、2015年以降、EU 諸国にとって大きな社会問題となった。難民の漂着が集中したギリシャやイタリアでは、受け入れ能力を超え、ダブリン規則に基づいて難民を管理・収容できなくなってしまった。

この状況に対して、2015年4月に開かれた欧州理事会は、域内の連帯と責任を強化することを決定した。とくに、難民受け入れ最前線のEU構成国に対する緊急支援を強化し、構成諸国の間で自発的に難民を緊急的に移転させることを検討し始めた。欧州議会でも2015年4月28日の決議で、EUは連帯および公平な責任分担に基づいて対応する必要性を強調し、多くの庇護申請者を受け入れている構成国に対する取り組みを強化した。さらに、2015年6月に開かれた欧州理事会は、難民の「再配置（relocation）／再定住（resettlement）、帰還（return）／再入国（reentry）／再統合（reintegration）、出身国や通過国との協力」を並行して進めることを決定した。緊急事態を前に、EUは連帯と責任を呼びかけ、国際的庇護を明らかに必要としている4万人の難民をイタリアおよびギリシャから他の構成国へ、2年間にわたり一時的かつ例外的に移転することにすべての構成国が参加することに合意した。（Council Decision（EU）2015a; Council Decision（EU）2015b）

その後、イタリア、ギリシャ、そしてハンガリーにおける難民受け入れにかかる負担を軽減するため、他の構成国へ移される国際的庇護申請者の数は12万人追加された（European Commission 2015c）。メルケル独首相（当時）は、ドイツに100万人の難民の受け入れ表明とともに、他の構成国にも連帯して難民の分担を受け入れるよう訴え、欧州委員長には分担人数を増やすよう要請した。これにスウェーデン政府は支持を示したが、ポーランドやハンガリー、チェコなどは構成国への割当て義務は受け入れがたいと反応した結果、難民受け入れ分担の数は構成国の自発性に基づくものとなった（Harding 2015）。ハンガリーのオルバン首相は、難民の割当てを迫るメルケルに対して「モラルによる帝国主義」だと批判した（France24 2015）。

このEUの決定で、ギリシャ・イタリアから難民を他のEU諸国へ再配置したことで、ダブリン規則が一時停止されることになった。それと同時に、難民の分担受け入れをめぐる考え方の違いがEU構成国内での対立となって表れた。

3　難民分担をめぐるEU構成国の反応とEUの対応

庇護申請者の受け入れを分担するというEUの決定に対して、世論はどのような反応を示しただろうか。欧州議会の世論調査（European Parliament 2015）によると、EU構成国国民の平均78％が賛成したものの、国によってかなり異なった。ドイツでは97％、スウェーデンでは94％が賛成した一方で、スロヴァキアでは31％、チェコでは33％と、これまで難民をあまり受け入れてこなかった国々では賛成が少なかった。

今回の難民分担は、各国政府ではなくEUによって決定されたことから、構成国のEUに対する信頼が政策への支持に直接つながったと考えられる。反対に、EU懐疑主義傾向が強い国では、難民の分担受け入れに反対する傾向がみられることが統計的な分析からも明らかになっている（中井・武田2018: 49-64）。

このように、EU構成国に難民分担を求めたEUであるが、構成国におけるEU支持の低下および構成国の間で生じる分断を回避しなければ、政策運営に支障をきたす。そのため、これ以上のシリア難民の流入を阻止したい欧州委員会は、2015年10月、トルコ政府と交渉し、EUの非正規移民をトルコへ送還する代わりに、EUがトルコへ経済支援およびEU渡航のためのビザ免除の手続きの加速を提案した。こうして「EUトルコ共同行動計画」は翌11月に「EUトルコ声明」として発表され、2016年3月にEUトルコ首脳会議で合意された（岩坂2019: 455）。

この合意のもと、シリア難民をEUからトルコへ送還することによって、EUへのシリア難民の流入はトルコで食い止められることとなった。その結果、表1のように、トルコは2020年時点で368万人を超すシリア難民を受け入れ、他のシリア近隣諸国も大きく引き離した。また、ヨーロッパ最大の受け入れ国であるドイツの61.6万人と比べても、トルコの受入数はその6倍にも達している【表1参照】。

2022年11月3日時点で、シリア内戦から逃れた人の総数は5,552,982人に達し（UNHCR 2022）、その多くがシリア近隣諸国に避難している。受入数が最も多いのは相変わらずトルコで、トルコ政府発表によれば3,603,724人と、シリア難民全体の64.9％を占めている。次いで、レバノンが825,081人

表1　シリア難民の受入れ国上位10位（2020）［人］

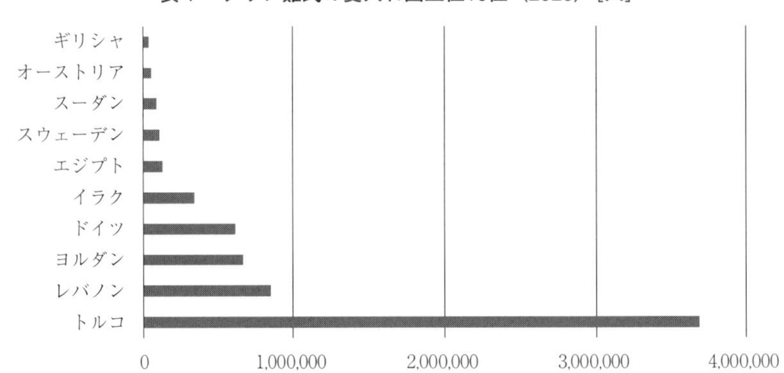

（出典）Statista, "Ranking of the largest Syrian refugee-hosting countries in 2020" より筆者作成

（14.9％）、ヨルダンが676,621人（12.2％）、イラクが261,046人（4.7％）、エジプトが144,768人（2.6％）、その他には北アフリカ諸国が41,742人（0.8％）を受け入れている（UNHCR 2022）。

しかしながら、難民受け入れと引き換えにEUが約束した、トルコ人へのEU渡航のためのビザ免除は進んでいない（岩坂2019: 455）。もう一つの約束であるトルコへの経済支援はどのように行われているのか。この点については後述する。

第2節　SDGsのためのEUの戦略およびその特徴

1　SDGsのためのEUの戦略

EUは、「国連アジェンダ2030」に積極的に貢献するため、すべての政策の中にSDGsを反映し、EU構成国をその方向に向かわせてきた。2021年には、執行機関である欧州委員会と、外交・安全保障を担当するEU上級代表部は、ヨーロッパの新しい戦略として「グローバル・ゲートウェイ」（Global Gateway）を設定した。これは、2021年から2027年にかけてデジタル、エネルギー、交通の分野で「スマート、クリーン、安全」を促進し、健康および教育・研究のシステムを世界との間に構築することを戦略目標としている。

この戦略の下、EUは、欧州投資銀行（EIB）、欧州復興開発銀行（EBRD）を含むEU諸機関と、構成国をつなぐ「チーム・ヨーロッパ」を構成し、3000億ユーロの投資を行う計画を発表した（European Commission 2021a）。

上記の戦略のためのパートナーシップを築くうえで、欧州委員会は6つの原則（①民主主義的価値および高い基準、②グッドガバナンスおよび透明性、③平等なパートナーシップ、④グリーンと環境、⑤安全重視、⑥民間投資の促進）を掲げている。これはSDGsに沿った内容である。そしてEUとして、5つの重点領域（①デジタル・セクター、②気候およびエネルギー、③交通運輸、④健康、⑤教育および研究）に支援している(2)。

2　EUの開発援助政策とその特徴

この戦略の原則から、EUの規範パワーを開発政策に及ぼそうとする考えが表れている。元田結花（2012）によれば、EUは対外政策の重要な領域として開発援助政策を位置付けている。関連する欧州委員会の構成は、外務安全保障担当上級代表（以下、上級代表）兼EU副委員長、開発担当委員、国際協力・人道援助・危機対応担当委員、拡大・近隣政策担当委員と多岐にわたっている（駐日欧州代表部2012）。その欧州委員会内部の調整と政策立案およびその執行は、リスボン条約によって設立された欧州対外行動庁（EEAS）に任されている（元田2012: 221-240）。

開発援助政策の予算には、第1にEU予算から拠出される政府開発援助（ODA）予算、第2にEU構成国が国内総生産（GDP）の規模に応じた額で積立てる欧州開発基金（EDF）、第3にEU構成国独自で行う二国間ODAがある。その援助額の合計は、世界の援助総額の半分を占めていることから(3)、EUは世界最大のドナーと言われている。

開発援助政策を進めるうえで、EUは、人権、民主主義、法の支配などの規範的な価値を追求しながら援助している点が指摘されている（元田2012: 221-240）。MDGsによって、各国とも国際開発援助政策において具体的な行動が求められるようになる中、EUは2005年12月に定めた「開発についての欧州合意」に基づき、持続可能な開発の実現を通じた貧困削減とMDGsの達成を掲げている。つまり、貧困削減に加えて、新自由主義的な経済改革と、民主化やガバナンス改革といった政治改革が、被援助国へ援助を供与する際に付随するコンディショナリティとなってきた。EU が目指しているこれらの課題は、世界銀行や国際通貨基金（IMF）が進める国際的な開発援助政策と重なり合っている（元田2012: 221-240）ため、国際的な援助機関とともに開発援助政策を進めていくうえで、EU は主導的な役割を果たしてきた。

規範パワーを交渉相手国に対して及ぼす手法として、EU は交渉相手国だけでなく、その国の市民社会アクターに対して EU 規範を受け入れるよう促すことで、被援助国の国内議会に影響を与えて EU 規範に沿って手続きをすることを可能にしている（福井2015: 65-80）。そのため、アジェンダ設定の独占的権限をもつ欧州委員会は、市民社会組織との協議を制度化しており、市民社会アクター側も政策形成に大きな影響力を行使する機会となっている。とくに欧州委員会内の人道支援総局や開発総局では、市民社会アクターは伝統的に特別な地位を占めており、両者のパートナーシップが不可欠となっていると指摘されている（明田2015: 136-151）。

第 3 節　シリア危機への EU の対応

1　国際社会との連携

EU およびその構成国はシリア紛争が始まって以来、どのように関与してきたのだろうか。ここでは 2 つの段階を指摘したい。

まず、国連は、2013年 1 月にシリアにおける人道的危機に対して15億ドル以上の支援を呼びかけ、クウェートで誓約国会議の開催を決めた（Reuter 2012）。2015年12月には、国連はシリアおよびその周辺国に対する総額約77億ドルの人道支援アピールを国際社会に対して発出した。2016年 2 月には、国連とクウェート、ドイツ、ノルウェー、イギリスがロンドンで「シリア危機に関する支援会合」を開催し、約70カ国が出席した。その会合で、EU およびその構成国は30億ユーロ（約33億ドル）の支援を表明したほか、EU 構成国も独自に拠出を表明した(4)。

次に、こうした国連主導の枠組みの中で、EU が次第に積極的な役割を果たすようになったのは、2017年の「シリアと地域の未来を支えるためのブリュッセル会議」（the Future of Syria and the region in Brussel）以降であると考えられる。これは、上記の2016年のロンドン会議で約束された国際社会の支援の履行状況を確認するため、2017年４月５日に EU がブリュッセルで開催した会議で、ドイツ、クウェート、ノルウェー、カタール、英国、国連とともに共同議長を務めた。このブリュッセル会議では、シリア情勢に関する国連安保理決議2254の枠組み、およびジュネーブ・コミュニケ（2012年）に基づき、包括的かつシリア主導の政治移行プロセスを通じて、国際社会がシリア紛争の持続的な政治解決をいかに支援できるかが議論の焦点となった（European Council 2017）。EU はこの会議で、2017年に56億ユーロ、そして2018-20年に34.7億ユーロの援助をすることを決め、EU 理事会が採択した。この中で、EU は、教育の提供や雇用創出などへ弾力的な支援を継続すること、さらに、シリア紛争が近隣諸国に及ぼす影響を認識し、過去数年間にわたり何百万人ものシリア難民を受け入れてきたヨルダン、レバノン、トルコならびにイラク、エジプトへ支援を提供することを確認した。こうして、EU はヨルダンおよびレバノンとの間で合意（EU Compacts）および EU トルコ声明の実施のための支援を開始した（Council of the European Union 2017）。

この「ブリュッセル会議」は翌2018年４月24-25日に２回目の会議が EU と国連の共同で開催され、それ以来、毎年開催されている。新型コロナウイルス（COVID-19）のパンデミック禍で、2021年３月29-30日に開催された第５回ブリュッセル会議では、2021年、2022年およびそれ以降にかけて、国際社会が51億ユーロの支援を拠出することが誓約された。2022年５月９-10日に開催された第６回ブリュッセル会議では、2022年以降に、国際社会が64億ユーロを拠出し、このうち約半分にあたる31億ユーロを欧州委員会が、17億ユーロを EU 構成国が分担することになった。このように、シリア難民と彼らを受け入れている周辺諸国に対する支援について、EU と EU 構成国とがそれぞれ拠出している結果、EU および構成国はシリア危機が始まって以降、シリア及びその周辺地域への支援機関としては最大のドナーとして、総額274億ユーロを拠出している（EEAS Homepage）。

2 「シリア危機対応 EU 地域基金」（Madad 基金）設立の経緯

EU が2016年ロンドン会議で表明した支援はどのように実現しているのだろうか。公約実現の重要な手段となっているのが、EU 信託基金（EU Trust Fund, EUTF）の仕組みである。

シリア内戦による危機に対して、2013年 9 月にアメリカやドイツなどが創設したシリア復興信託基金（the Syria Recovery Trust Fund）に、人道的支援や開発支援を行う国々が参加した[5]。翌10月には EU 外相理事会もこれを歓迎する決議（Council of the European Union 2013）を発表し、12月には欧州理事会は、「EU が引き続き、包括的な援助戦略に基づいて適切な資金を動員するというコミットメントを確認し、EU の支援の有効性を向上させるためのさらなる措置を求める」と決議をした（European Commission 2022a: 2-3）。これをうけて、2014年 4 月14日の EU 外相理事会は、「EU が、危機への対応として人道および開発援助の動員を継続し、パートナーに対してシリア難民およびホストコミュニティへの財政支援を継続的に提供するよう奨励する」（European Commission 2022a: 3）とコメントした。これらの決議をうけて、欧州委員会は、EU 信託基金をシリア危機に適用する方針について、外務・安全保障上級代表との共同コミュニケで発表した」（European Commission 2022a: 3）。

EU 信託基金とは、2013年 1 月から EU 予算に適用される新しい財務規則が施行されたことによって[6]、欧州委員会が対外活動分野でこれを設置、管理する権限を付与された。この信託基金は、多数のドナーによる拠出金であり、自然災害、紛争など緊急事態によって引き起こされる特定のニーズに対応するために設計されている（DG-IP Homepage）。

この EU 信託基金の最初の適用が、2014年12月に設立された「シリア危機対応 EU 地域信託基金」（the EU Regional Trust Fund in Response to the Syrian crisis, "MADAD Fund"[7]、以下 Madad 基金）である。同基金からシリア難民への人道的支援および彼らを受け入れている地域への開発支援として約22億ユーロが拠出された。欧州委員会は、同基金の管理にあたり、他機関との協定に署名する権限を拡大担当総局（2015年 1 月以降は、拡大・近隣諸国政策担当総局）に与えた（European Commission 2022a: 4）。

3　EUのシリア難民支援の活動

Madad基金の内規を定めた構成合意文書（European Commission 2022a）によれば、緊急の人道的支援を提供し、被災者にサービスを提供している国やコミュニティの受け入れ能力を支援するため、これらのコミュニティにおける教育、保健、水や廃棄物処理などの基本的なサービスを提供している。EUの様々な制度やEU諸国の活動プログラムはすべて、多様な二国間チャンネル（国連専門機関、非政府組織（Non-Governmental Organisations: NGO）、国内専門機関、ホスト国政府）を通じて、並行して機能している（European Commission 2022b: 2）。

それらの活動は、次の4つの枠組みで活動計画が形成・選考されている（DG-NEN 2022）。

①　Madad基金は、政府機関、ドナー、国際機関、地域関係者、市民社会組織とともに、支援する難民や受け入れ社会におけるニーズや、活動の実現可能性を特定する

②　欧州委員会の本部と各国代表団が、Madad基金の戦略に沿って資金調達の対象となる活動を策定

③　Madad基金が、活動計画を運営会議へ提出

④　運営会議にて、活動を承認する

2014年から2021年までに、Madad基金には21のEU構成国とイギリスとトルコが参加し、合計23.8億ユーロを拠出している。2021年3月には新たに、国連、52の国々、8つの地域機関、国際金融機関、人道支援機関などが加わった（DG-NEN Homepage）。

同基金によって、シリア難民と、彼らを受け入れている周辺諸国（レバノン、ヨルダン、イラク、トルコ、西バルカン諸国、アルメニア、エジプト）およびシリア国内の避難民（internally displaced people）、合計840万人に対して、シリア難民のニーズに応えながら受け入れ社会の行政を支援するため、23.6億ユーロに相当する120のプロジェクトが実施された（European Commission 2022b）。

なぜシリア周辺地域への支援も含まれているかというと、実際にはシリア難民は560万人以上がシリア周辺諸国に避難しており、難民キャンプで暮らしているのは27.5万人（その3分の1以上は12歳以下の子ども）に留まり（European Commission 2022b)、大半がシリア周辺国のコミュニティで生活していることから、多くの負担を強いている受け入れコミュニティのニーズに応えることが必要なのである。

支援活動プロジェクトには次の 7 つが挙げられる。

① 72万人以上の子どもへの基礎教育の提供
② 6700人以上の学生に対して高等教育で学ぶための奨学金の支給
③ 600万人以上の患者への医療ケアおよび健康サービスの提供
④ 92.4万人以上の人びとの生活の向上
⑤ 29万人以上の人びとへクリーンな水と衛生サービスの提供
⑥ 54万人以上の経済的・社会的困難を抱えた弱い人々への支援サービス
⑦ 190万人以上の人びとが社会結束サービスから恩恵を得られること

以上のように、Madad 基金を通じた EU の支援活動から、次の特徴を見出すことができる。第一に、人道支援や開発支援の主要なドナーから資金を調達するために国際的な働きかけを積極的に行っていることがあげられる。第二に、そうした国際的な人道支援や開発支援と、ホスト国のニーズに対応する計画をよりよく結びつける国連主導の地域的な包括的戦略枠組みを推進することによって、国際的対応の費用対効果を向上させていることがあげられる。

第 4 節　Madad 基金の中の高等教育支援政策

1　EU の中での高等教育政策の位置づけ

ここでは、Madad 基金の支援活動の中でも高等教育で学ぶための奨学金支給（上記②）を取り上げる。同基金については、拡大・近隣諸国政策担当総局（DG-NEN Homepage）が支援策を執行していると先に述べたが、高等教育に関連する政策とどのように関連しているのだろうか。

まず、教育政策の中で、職業教育分野については EU に、初等・中等教育分野については EU 構成国に権限があるのに対して、高等教育・研究分野については補完性原則に則り、EU は構成国を補完する役割に留まっている

(その例として、学生の留学を促進するエラスムス・プログラム)。

その一方で、EU諸国がイニシアティヴを発揮して進めてきたのは、欧州高等教育圏（European Higher Education Area）構想である。1998年にパリのソルボンヌで開かれた会議で、仏独伊英の教育大臣が「一つのヨーロッパの大学に向けて」という共同宣言を出したことをきっかけに、翌1999年にボローニャで開かれた会議ではEU構成国を超える欧州29か国の教育大臣が「一つのヨーロッパ」として協調をうたう共同宣言（ボローニャ宣言）に署名した。こうして発表された欧州高等教育圏の創設に向けて、欧州諸国で異なる高等教育制度を調和化させる必要があり、その調整にあたったのが欧州委員会である。こうして高等教育の学位修得にかかる年数を統一させる制度（LMD制）を実現させる「ボローニャ・プロセス」を導入した。このようにEUは諸国間の調整にあたる補完的役割を果たしているのである。

2　近年の高等教育政策の領域的・政策的な広がり

ボローニャ・プロセスには、EU加盟を目指している近隣諸国も参加していることから(8)、欧州委員会内部で、拡大・近隣諸国総局も関わるように政策が重なりながら、欧州高等教育圏構想が進んできたと考えられる。2015年のエレバン会合で欧州高等教育圏への参加が47か国に増え、領域的に広がっている(9)。同会合では、移民の増加や人口構成の変化、国家間紛争などの深刻な課題についても共有された。2018年のパリ会合では、移民・難民問題やテロ等の問題解決に高等教育が役割を果たす内容のパリ・コミュニケが発表された（NIAD Homepage）。

このように、社会問題も近年では欧州高等教育政策のテーマとなる中で、2021年3月25日に欧州委員会が発表した「エラスムス＋2021-2027」には、「よりインクルーシブに・よりデジタルに・よりグリーンに」といった目標を掲げた新しいプログラムに、予算総額262億ユーロが計上された。これはEUのグローバル戦略に沿って、欧州委員会内部で教育局以外とも連携しながら教育政策が展開されていることを示している。つまり先述したグローバル・ゲートウェイ戦略の1つにも教育分野が挙げられており、これと「エラスムス＋」プログラムが関連しているのである（European Commission, “Erasmus +")。その背景には、COVID-19の影響が教育の現場において不均衡に表れ、とくに子どもや女性といった最も脆弱な人々を学ぶ環境から遠ざけるようになったことがEUでも重く受け止められたことから（European Commission 2021a)、教育・研究分野における優先目標として、教育の質、平等および公正の確保、そして技能と職のマッチングが挙げられた。さらに、教育分野に関してEUの近隣諸国との二国間協力を進め、「エラスムス +」のような地域基金や、気候変動、エネルギーなどと教育に関わるグローバルな基金への支援もEUが行うことが示された。

以上のような点を踏まえると、シリア危機対応のために高等教育支援が含まれた事情も理解できるだろう。Madad基金ではシリア難民に対する奨学金だけでなくキャリアガイダンスや、精神的サポートや労働市場で働くための活動なども含む、より幅広いプロジェクトが求められるようになっている。さらに、シリア難民に対してだけでなく、難民を受け入れているシリア周辺諸国のコミュニティの若者を雇用に結びつけるための活動も行っている。このように同基金には教育政策と地域開発政策の両側面がみられる。

この点に関して、「EUの開発協力政策が境界を接する分野では、それぞれの分野において途上国のための支援枠組みが形成されている。その枠組み形成の過程で運用権限をめぐるEU機関間の摩擦が生じている可能性が高い」（岩野2015：82）という指摘がある。Madad基金についても政策領域の重なりが確認できることから、同基金を所管する近隣地域・拡大総局を中心として、枠組み形成の過程で運用権限をめぐってEU機関間の摩擦が生じている可能性が高いことが予想される。

3　Madad基金による高等教育支援プログラムの事例

Madad基金が支援するプログラムは約120あるが、いくつかのタイプに分けられる【図1参照】。

第1に、Madad基金を通してEUが財政支援をし、国連専門機関が実施するプログラムである[(10)]。ここではUNHCRがEUのパートナーとして実施しているプログラム「トルコのシリア難民への高等教育への進学支援」（European Commission 2021b）を紹介する。このプロジェクトには、Madad基

図1　EU地域信託基金の活動の特定および枠組み（図は欧州委員会（2022b）より筆者作成）

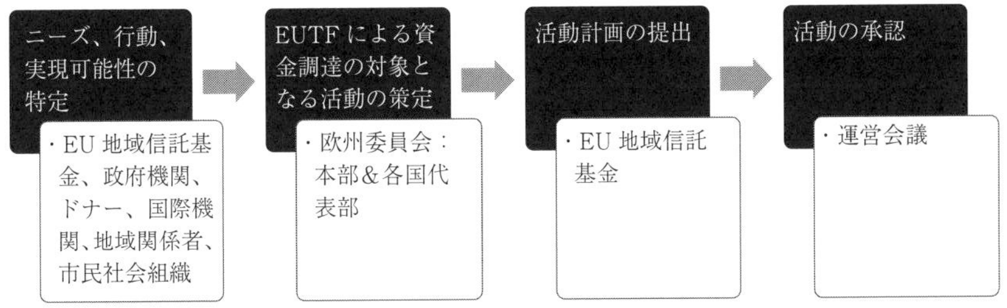

（出典） European Commission (2022b), EU Regional Trust Fund in Response to the Syrian crisis.

金から予算980万ユーロが拠出され、2018年7月から30か月間、トルコに避難しているシリア難民3,562人に奨学金が支給されている。その内訳は、まずトルコ語能力を向上させるためのプログラムに登録するための資金を1,783人に提供している。この内、1,425人に対して高等教育機関への進学基準に十分な言語能力を満たせるよう支援している。こうして大学に進学した学生186人に3年間の奨学金を支給し、大学院へ進学した168名に3年間奨学金を支給している。

第2のタイプは、EU構成国の国際学術団体が実施しているプログラムである。ここでは、「HOPES」プログラムを紹介する（European Commission 2021c; DAAD Homepage）。これは、ヨルダン、レバノン、イラク、エジプト、トルコといった近隣諸国に避難したシリア人に対して、現地の高等教育機関で学ぶことを支援するプログラムである。Madad基金より1,170万ユーロの予算が拠出され、2016年4月から52か月間にわたって300名の奨学金、4,000名の英語研修、11,650名の職業訓練コース、42,000名のカウンセリングが実施されている。活動を実施するパートナーはDAAD（ドイツ学術交流会），ブリティッシュ・カウンシル（British Council)、Campus France（仏政府留学局），オランダのEP-Nuffi（オランダ教育国際化協会）である（Ep-Nuffic Homepage）[(11)]。この4団体は、政府機関もあれば、政府から独立した非政府機関もあり、その中間的組織もあることから、政府との関係は多様であることがわかる。

第3のタイプは、非営利団体によるプログラムである。ここでは、西ヨーロッパでは難民として滞在している若者の教育、職業訓練、インターンシップなどの支援活動を行っている「SPARK」という団体によるプログラム「トルコにおける高等教育のための統合された進路」の例を挙げる（European Commission 2021d）。これは、一時保護下にあるシリア人および、彼らを受け入れている地域において困難な状況にある若者たちに、教育を通して雇用を得るための支援を提供している。同プログラムの概要は、2020年１月より開始され、40か月にわたって1,000万ユーロの予算が Madad 基金より拠出され、トルコにいる925人のシリア人難民とトルコ人の学生に学士課程のための奨学金や技術・職業教育訓練（Technical Vocational Education and Training: TVET）のための奨学金として提供されている。また、一時保護のシリア人の学生には、プログラム期間中、e コマースに重点を置いたブレンド学習のオプションが提供されている（SPARK Homepage）。このプログラムでは、第一に学生の能力が強化され、学業を無事終了し、社会的結束を向上させること、第二に労働市場へのアクセスや起業家精神の向上を促進するような雇用可能スキルを身につけること、第三にプログラム修了者が中小企業においてインターンシップや就職の機会が創出されること、が期待されている。なお、EU 近隣諸国・拡大総局によれば（DG-NEN 2020）、SPARK プロジェクトには、上記したトルコだけでなく、レバノンやイラクにおいてもシリア難民および現地の若者に対して、Madad 基金から2484人に総額約1,850万ユーロが支援されている。

第４のタイプは、大学によって実施されているプログラムである。ここでは、Madad 基金および EU 近隣政策（the Neighborhood Instrument, ENI）を通じて行われている一連のプロジェクトである EDU-SYRIA を紹介する。

EDU-SYRIA は、ヨルダンに避難しているシリア人とホストコミュニティを支援するため、主にシリア難民や経済的に恵まれていないヨルダン人の若者に奨学金を支給し、高等教育を受ける機会を与えるプログラムである。ヨルダンにある４つの大学がパートナーとなっている（ドイツ・ヨルダン大学（German Jordan University, GJU）、技術教育の学士号を授与する最初の大学として設立された私立のコミュニティカレッジであるルミナス工科大学（Luminus Technicak University College）、私立の総合大学であるザルカ大学（Zarqa University)、公立大学のヤルムーク大学（Yarmouk University)）。このうちGJUによって運営されていることから、「GJUプログラム」とも紹介されている（European Commission 2021d）。

EDU-SYRIAの主な目的は、高等教育および職業訓練において3,000人以上の奨学金を提供し、シリア難民とホストコミュニティの脆弱なヨルダン人に、労働市場にアクセスするために必要な知識と技能を身につけさせることにある(12)。

2015年12月に最初の資金として400万ユーロが、主にシリアでの学部教育を中断された学生を対象に390人分の高等教育での奨学金（学士号はザルカ大学、修士号はヤルムーク大学、職業訓練学位はルミナス工科大学と連携）として提供された（EDU-SYRIA I）。

その後、中断された学生だけでなく高等教育を受ける機会を奪われた若者への奨学金に対する要望が難民から多く寄せられた。そのため、2016年10月より1,100万ユーロの資金配分を増やし、シリアやヨルダンで中等教育を修了しただけの中断学生や生徒に1,000人分の高等教育奨学金が提供された（EDU-SYRIA II）。

さらに、2019年1月には、200人分の高等教育奨学金を追加するために、によって260万ユーロが基金総額に上乗せされた（「EDU-SYRIA II 追加」）。直近では2020年2月に、1,500万ユーロの資金で2,245人分の奨学生の支援が始まった（EDU-SYRIA III）。こうしてEDU-SYRIAプログラムの資金総額は3260万ユーロに達している。

現在では、現地および海外の9つのパートナーからなるコンソーシアムとなっており、初期の4大学に加えて、クイーン・ラニア教師アカデミー、ヨルダン科学技術大学、ムタ大学、そしてDAAD、Nufficが参加している。

4　考　察

以上のようにMadad基金によるシリア難民への高等教育機関への奨学金制度は、国連専門機関によるもの、国際学術交流団体、非営利団体、そして大学といった4つのタイプに分けられた。具体的な活動をみると、トルコへの開発援助としてかなりの資金が投じられていることから、EUトルコ声明によるトルコへの経済支援と考えられる。

なお、第4のタイプでは、コンソーシアムを運営しているGJUと、これにタイプ3で紹介した学術交流団体（DAADとNuffic）が参加していることは興味深い。というのも、GJUは、ヨルダンの高等教育・科学研究省とドイツ連邦教育・研究省（BMBF）との覚書に基づき、2005年に勅令により設立された公立大学である。その設立にあたっては、BMBFおよびDAADとの密接な協力の下、大学設立の資金はBMBFおよびDAADの「海外におけるドイツ留学プログラム」から拠出された（GJU Homepage）。つまり、BMBFとDAADと密接な関係をもつGJUが、EDU-SYRIAの運営にあたっているのである。このことから、タイプ4は、実際には現地の大学は奨学金の受け入れ先にすぎず、ドイツ政府の関与が大きいプログラムではないかと考えられる。

Madad基金によるプログラムは、【図1】でみたように、受け入れコミュニティのニーズに合わせて、シリア難民とその地域の若者の両方を対象に、上記の多様なアクターが連携しながら支援している様子がわかる。こうした多様なアクターの提案を調整しているのが、EUであり、EU内部においても担当部局との間や構成国代表との間で調整が行われている。こうした多様なアクターとの調整力の高さは、開発政策分野でのEUの大きな特徴の一つであるといえる。

第5節　EU構成国によるシリア難民の高等教育への支援

1　ドイツの事例

EU構成国が独自の予算で行っているシリア難民への高等教育について、まず、2015年にメルケル首相が難民の受け入れを表明したドイツの事例を紹介する（Sieg and Streitwieser 2019）。

人口減少と労働力の高齢化によってドイツでは2030年までに300万人の熟練労働者が不足すると予測される中、シリアからの新たな難民を統合するという課題に直面した。2015-2016年にかけてドイツに到着した難民のうち、半数以上が25歳未満で、教育を必要としている（あるいは受ける）資格がある人たちだったことから、政府は十分な支援と投資によって、彼らがドイツの労働力の一部となるように対応した。

こうして2015年からDAADによって資金が提供され、難民の大学進学を支援する目的で、BMBFとDAADのイニシアティヴで進められてきた。2016年にBMBFはDAADを通じて、難民の大学進学を支援する「インテグラ」(Integra)と「ウェルカム」(Welcome)という新しいプログラムの開発に1億ユーロを提供した。インテグラは、言語や科目別のコース設置のほか、地元の大学生と留学生がメンターとメンティーとしてペアになる「バディ・プログラム」を組織的に提供するプログラムである。ウェルカムは、地元の学生が中心となって、文化イベントの開催や難民との間で互いの言語で交流を図るものである。

この背景には、難民の社会統合のためには「言語能力」、「住居」、「雇用・教育」という3つの基準がある。すなわち、語学力は教育や雇用につながり、資金源が確保されれば難民は住居を得ることができる。資格社会ドイツで仕事を得るためには、ドイツ語は不可欠であるため、政府、大学、市民社会は、庇護申請者が教育を受けられるように連携している。具体的には、政府が亡命を許可された人にドイツ語コースを無料で提供しているが、亡命が認められるまでの期間を市民社会組織が、一時避難の住居に住む地域住民のためにドイツ語コースを開き、その穴を埋める。また、政府の語学講座では中級レベルに達するが、大学では、欧州言語共通参照枠組み(CEFR)に従ってC1という非常に高いスコアが要求されるため、多くの大学では、難民の学生やこれから進学しようとしている若者に語学準備コースを無料で開放し、大学入学に必要な高いレベルのドイツ語力を身につけられるようにしている。

つまりドイツ語ができれば、難民は大学で学ぶことができ、学位や資格を取得した卒業生は、同じ学位と資格を持つドイツ人と同じ立場で就職することが可能になる。そうすれば、経済的にも、本人や家族、地域社会だけでなく、広くドイツに大きな影響を与えると考えられている。

このようにドイツのシリア難民支援プログラムは、高等教育進学のために語学習得に重点が置かれ、その後の就職や社会統合を目的とした内容となっている。この経験を生かして、難民の背景を持つ学生だけでなく、留学生や国内の学生も支援できるプログラムを試験的に実施しようとする動きに発展している。そのため、当初2020年までだった資金提供だが、一部の助成金は2021年まで延長されている。

2　フィンランドの事例

フィンランドも、2015年にシリア危機に際して人口わずか550万人に対して0.6％にあたる約３万3000人の移民が流入するという記録的な数の亡命希望者を受け入れた。フィンランドの高等教育機関はまず、国内各地の受け入れセンターに収容されている移民に対して、人道的支援とフィンランド語講座を提供した。同センターで行われた亡命者との面接の結果、フィンランド到着時点で、高等教育の学位を一部または全部取得した人たちが相当数いて、学問への復帰を熱望し、不安を抱えていることが判明したという。というのも、庇護申請者の多くが、学位証明書やそれまでの学業を証明する書類を持たずに故郷を離れなければならなかったので、フィンランドの教育機関で受け入れられる道筋をつけるのは容易ではなかったからである。（Grönlund 2019）

こうして、教育文化省はユヴァスキュラ大学とメトロポリア応用科学大学に対して試験的にプロジェクトに多額の投資を行うことを決定した。「フィンランドの高等教育における移民支援」（Supporting Immigrants in Higher Education in Finland, SIMHE）と命名されたこのプロジェクトでは、高等教育の学位を取得した移民や、高等教育を受ける資格を持つ移民に対して、個々の状況に応じたガイダンスやカウンセリングのサービスを展開し、これまでに受けてきた学習認定を行った。現在、SIMHE プログラムを実施している高等教育機関は６つに拡大し[(13)]、政府から戦略的資金援助を受けている。（Grönlund 2019）

SIMHE ネットワークの中でとくに応用科学系大学が、さまざまな経歴を持つ移民のための効果的な高等教育進路プログラムをいち早く開発した。しかし課題は、フィンランドで外国の高等教育機関での学習や専門的な資格を承認してもらうためには、高度なフィンランド語能力を必要とすることであった。言語と学習してきた内容を統合し、市民生活で、あるいは社会人として必要とされるスキルを身につけるためのプログラムが必要とされたため、ユヴァスキュラ大学の多言語学術コミュニケーションセンターで、インテグラ（Integra）と名付けられた教育モデルが開発された。これは、大学レベルの言語とコンテンツを統合した教育モデルの開発に焦点を当てており、省庁の資金提供によるプロジェクトに発展した。このモデルは、高等教育を修了した、またはその資格を有する移民が、フィンランドの資格要件に準拠して、中断していた学位研究を修了したり、または以前の学位を補完したりすることを目的として使用されている。インテグラは、移民の社会への統合や、多言語能力および大学の教授法の発達を促進することを目的とし、最終的な目標はフィンランドのすべての高等教育機関で適用できる恒久的な教育モデルを構築することである。（Grönlund 2019）

3　考　察

ドイツとフィンランドの例では、教育レベルの高いシリア難民が高等教育での学習を継続できるようにするため、ひいては移民の社会統合のため、ホスト国の言語習得の機会を提供し、大学への進学をサポートしていた。そのために、政府が予算を出して高等教育機関においてプログラムが開発されていた。とくに、ドイツとフィンランドに共通したインテグラ・プログラムは、フィンランドの事例で説明したように、シリア難民がすでに取得した大学レベルの学習内容を受け入れ社会の言語に置き換えるための多言語プログラムである。難民にとって、受け入れ国で学位認定されることは非常に困難なため、受け入れ国の資格要件に準拠して、中断していた大学での学びや研究を継続できるようにすることは重要な意味を持つ。

これについては、日本で実施しているシリア難民への奨学金プログラムでは、受け入れの必要書類に学位証明書類の提出が示されている（JICA 2022）。こうした違いの他に、ドイツとフィンランドではシリア難民の社会統合を目的としているのに対して、日本ではシリアの復興のために役立つ人材を育てることを目的としていることも気になった。つまり、日本はシリア難民の帰国を念頭にした奨学金支給の形をとっているのだ。これらの点の背景に、日本とヨーロッパ諸国の間に難民受け入れ政策の違いが映し出されていると考えた。

おわりに

本稿では、シリア危機に関連した対応として、EU の高等教育へのシリア難民支援について論じてきた。EU は、シリア危機が起こった当初から関与し、支援金の拠出額も世界的に多い。SDGs 戦略の下で、EU 予算から Madad 基金を創設し、欧州委員会を中心に EU 内部および構成国との間で政策を立案してきた。さらに、国連専門機関や国際社会、市民社会組織にも呼び掛けて調整しながら、支援活動プログラムを実施していた。このように、EU の政策立案力や多様なアクターとの調整力の高さが特徴として見出せた。

他方、EU の構成国も独自にシリア難民に対する高等教育支援を実施していた。EU がシリア及びその周辺地域に避難しているシリア難民および、受け入れ社会の若者に対する高等教育機関への奨学金や職業訓練などのプログラムを実施しているのに対して、ドイツおよびフィンランドでは、自国に避難してきたシリア人を高等教育機関で学習できるようにするためのサポートを実施していた。とくにホスト国の言語習得に重点が置かれていて、大学で学習できるレベルの語学力を習得できるようにすることで、ホスト社会の若者と同じように高等教育の学位を習得し、就職して、経済的に自立することを目的としていた。つまり、難民の社会統合が目的である。そのために、支援策には、シリア難民たちが学習してきた学位や資格を認証したり、学習言語とコンテンツをホスト国の言語で理解できるようにしたりするための教育プログラムも開発されていることがわかった。

このように、EU とその構成国において、シリア難民の高等教育支援が当事者たちのニーズに合わせて、多様なアクターが関わり、多様なレベルで、多様な資金が投じられて、EU 内と近隣諸国双方で実施されていることがわかった。

とくに、国によるシリア難民への高等教育支援として、ドイツ・フィンランドと日本の例を比較した際に考えさせられたのは、シリア難民をホスト社会に統合していくか否かの違いである。ドイツ・フィンランドが導入したインテグラ・プログラムは、シリア難民支援として開発されたが、その経験をほかの移民の社会統合のために活用させていく方針であった。つまり、難民支援プログラムに投じられた資金が移民の社会統合のために持続的に適用されるといえる。翻って、日本のプログラムは、将来のシリア復興に資する人材を育成することが目的の奨学金制度であることから、短期間で、かつホスト社会への統合は必ずしも求められていない。ロシアによるウクライナ侵攻以降、シリア報道が減ってしまったが、シリアの危機的状況は改善されておらず、シリア難民への支援は長期的展望が必要であろう。シリア難民の高等教育支援は多様な形態が存在するが、SDGsの観点から難民が長期的に安心して生活できることを展望できる支援の在り方が必要であるだろう。

(1)　国連は2015年までに8つの開発目標を実現しようと宣言した（ミレニアム宣言）。目標1「極度の貧困と飢餓の撲滅」、目標2「初等教育の完全普及の達成」、目標3「ジェンダー平等推進と女性の地位向上」、目標4「乳幼児死亡率の削減」、目標5「妊産婦の健康の改善」、目標6「HIV/エイズ、マラリア、その他の疾病のまん延の防止」、目標7「環境の持続可能性確保」、目標8「開発のためのグローバルなパートナーシップの推進」。

(2)　その戦略の活動例として、「グローバル・ゲートウェイEUアフリカ投資パッケージ」がある。これは、EUと国連によるアフリカにおける「グリーン・エネルギー」に関する協力を促進するための活動で、環境保護の促進、デジタル化への移行、持続可能な成長および安定した雇用の創出、医療体制の強化、教育と職業訓練の改善を支援している。その投資額は2027年まで1500億ユーロが計上され、これはグローバル・ゲートウェイ戦略の予算全体の半分があてられている。EU戦略の5つの重点領域に目配りしつつ、アフリカへの開発協力に向けた投資をSDGsに関連付けて実施していることがわかる。

(3)　2010年の合計金額は約538億ユーロで、世界の援助総額の50%を占めている。駐日欧州代表部（2012）。

(4)　これと別に、会合に参加したEU構成国の新規支援額は次の通り（断りのない限り金額は2016年の支援額）。ドイツ23億ユーロ（約25億ドル）（2018年まで）、イギリス約20億ドル（2020年まで）、フランス10億ユーロ（約11億ドル）（2018年まで）、イタリア約4億ドル（2018年まで）、オランダ1.25億ユーロ（約1.4億ドル）、デンマーク約1億ドル、ベルギー7,700万ユーロ（約8,200万ドル）（2017年まで）、オーストリア6,000万ユーロ（約6,500万ドル）。ちなみに日本は約3.5億ドルの支援を表明した。以上、外務省（2016）。

(5)　この後、フィンランド、スウェーデン、日本、イギリス、クウェート、フランス、イタリア、オランダ、トルコが続いて参加した。

(6)　EU の一般予算に適用される財務規則に関する欧州議会及び理事会の規則（EU, Euratom）No 966/2012の適用に基づく。

(7)　この基金は、アラビア語で「持続する」あるいは「強化する」と訳される“Madad”とも呼ばれている。

(8)　トルコは2001年のプラハ会合、ウクライナは2005年のベルゲン会合より参加した。

(9)　ロシアも参加していたが、2022年にウクライナへ侵攻したため除名された。

(10)　例として、国連女性機関（UN Women）のプログラム「イラク、ヨルダン、トルコにおけるシリア人女性・少女とホストコミュニティのレジリエンス強化」（“Strengthening the Resilience of Syrian Women and Girls and Host Communities in Iraq, Jordan and Turkey”）や、国連開発計画（UNDP）と国連人間居住計画（UN Habitat）が進める「シリア及びイラク危機の影響を受けた国々における地方行政機関の長期的なレジリエンスの強化」（Headway Programme）などがある。前者は SDGs 目標５「ジェンダー平等」に関するプログラムで、総額約1300万ユーロが多国間で拠出され、うち550万ユーロは対外活動のための EU 信託基金（EUTFs）とトルコの難民支援施設（FRIT）に対する2014年から2020年までの資金でトルコに配分される（EU Delegation to Türkiye Homepage）。後者は目標８「ディーセント・ワークと経済成長」に沿ったプログラムで、2019-20年に Madad 基金から1,130万ドル提供された。

(11)　DAAD はドイツ連邦共和国の大学が共同で設置している機関であり、ブリティッシュ・カウンシルは非営利団体で、英国政府により設立された公的な国際文化交流機関である。Campus France は、海外にてフランスの高等教育機関への留学を推進する公的機関である。EP-Nuffic はオランダにある高等教育における国際協力のための組織で、独立した非政府組織である（Ep-Nuffic Homepage）。

(12)　EDU-SYRIA プログラム名称は2020年から、EDU-SYRIA/EDU-JORDAN と紹介されるようになっている（EEAS 2020）。

(13)　３つの大学（ユヴァスキュラ Jyväskylä、ヘルシンキ Helsinki、トゥルク Turku）と３つの応用科学大学（ヘルシンキのメトロポリア、ヨエンスーのカレリア Karelia、オウル Oulu の OAMK）である（Grönlund 2019）。

参考文献・資料

【和文】

明田ゆかり（2015），「規範政治と EU 市民社会」，臼井陽一郎編『EU の規範政治』ナカニシヤ出版，pp. 136-151.

岩坂将充（2019），「第22章トルコ」，松尾秀哉・近藤康史・近藤正基・溝口修平編『教養としてのヨーロッパ政治』ミネルヴァ書房，p. 455.

岩野智（2015），「EU における開発協力政策と共通外交・安全保障政策のリンケージ―「アフリカ平和ファシリティ」の運用権限をめぐる機関間対立―」日本国際政治学会編『国際政治』No. 182, pp. 71-84.
外務省（2016），「シリア危機に関する支援会合」2016年 2 月 9 日.
駐日欧州代表部（2012）「世界に安定をもたらす EU の開発政策」，EU mag，Vol. 5, 2012年 6 月12日.
中井遼・武田健（2018），「難民の分担をめぐる欧州諸国の世論分析」日本国際政治学会編『国際政治』No. 190, January 2018, pp. 49-64.
福井英次郎（2015），「域外からみた規範パワーとしての EU―その研究方法の再検討」，臼井陽一郎編『EU の規範政治』ナカニシヤ出版，pp.65-80.
元田結花（2012），「EU の国際開発援助政策に見る規制力の限界―利他性・規範性の後退」，遠藤乾・鈴木一人編『EU の規制力』日本経済評論社，pp. 221-240.

【欧文】

Council Decision (EU) (2015a), 2015/1523 of 14 September 2015, OJL239, pp. 146-156
Council Decision (EU) (2015b), 2015/1601 of 22 September 2015, OJL248, pp. 80-94.
Council of the European Union (2013), "Council conclusions on Syria", Foreign Affairs Council meeting, Luxembourg, 21 October 2013.
Council of the European Union (2017), "Council adopts EU strategy on Syria", Press release, 3 April 2017
EEAS [European External Action Service] (2020), "EDU-SYRIA/EDU-JORDAN Scholarship Programme Offers new setup of the scholarships", 16.09.2020. https://www.eeas.europa.eu/delegations/jordan/edu-syriaedu-jordan-scholarship-programme-offers-new-set-scholarships_ar?s=201 (Accessed 29 January 2023)
European Commission (2015a), "European Commission welcomes new 2030 United Nations Agenda for Sustainable Development", Press Release, 25 September 2015, Brussels.
European Commission (2015b), "Sustainable Development Goals and the Agenda 2030", Memo, 25 September 2015, Brussels.
European Commission (2015c), "Refugee Crisis: European Commission takes decisive action", Press release, 9 September 2015, Strasbourg.
European Commission (2019), "Agreement establishing the European Union regional trust fund in response to the Syrian crisis, 'the Madad Fund', and its internal rules", Ares (2019)1662639, 13/03/2019, p. 3.
European Commission (2021a), "Global Gateway: up to €300 billion for the European Union's strategy to boost sustainable links around the world", Press release, European Commission, 1 December 2021, Brussels. https://ec.europa.eu/commission/presscorner/detail/en/ip_21_6433 (Accessed 9 November 2022)

European Commission (2021b), "UNHCR Factsheet-Higher and Further Education-Turkey", General Publication, 12 February 2021.

European Commission (2021c), "HOPES Factsheet-DAAD-Higher and Further Education-Jordan, Lebanon, Iraq, Egypt and Turkey", General Publications, 12 February 2021.

European Commission (2021d), "SPARK Factsheet-Higher Education-Turkey", General Publications, 12 February 2021.

European Commission (2022a), "Constitutive Agreements", General Publications, 7 December 2022.

European Commission (2022b), "EU Regional Trust Fund in Response to the Syrian crisis", https://trustfund-syria-region.ec.europa.eu/index_en (Accessed 16 November 2022), p. 4.

European Council (2017), Council of the European Union, "EU, Germany, Kuwait, Norway, Qatar, the UK and the UN to co-chair the Brussels Conference on Supporting the future of Syria and the region on 5 April 2017", Press release, 7 March 2017.

European Parliament (2015), "European Parliament Eurobarometer" (EB/EP 84.1), Brussels, 14 October 2015, pp. 4-5.

France 24 (2015), "Hungary's Orban accuses Merkel of 'moral imperialism' over refugee quotas", 23 September 2015.

Grönlund, A. (2019), "How universities are supporting immigrant integration in Finland", 30 October 2019, European Association for International Education [EAIE]. https://www.eaie.org/blog/finland-universities-immigrant-integration.html (Accessed 29 January 2023)

Harding, L. (2015), "Angela Merkel: plan to share 160,000 refugees across EU may not be enough", *The Guardian*, 8 September 2015.

JICA (2022), "Japanese Initiative for the future of Syrian Refugees (JISR)", Accepting Application for 2022 from April 1 to May 31 2022.

Reuter (2012), "UN to convene pledging conference for Syria aid", 29 December 2012.

Sieg, M. and B. Streitwieser (2019), "Inclusion via education: integrating refugees in German society: Policy & Strategy", 28 August 2019, EAIE, https://www.eaie.org/blog/inclusion-via-education-integrating-refugees-in-german-society.html (Accessed 29 January 2023)

UNHCR (2022), "Refugees Situations", Figure: Trend of Registered Syrian Refugees, Operational Data Portal, Last Updated 3 November 2022.

【Homepage】

British Council

Campus France

DAAD, "Perspectives for Syrian Students: Higher Education Scholarships for Refugees", Brussels, https://www.daad-brussels.eu/en/events-archive/events-2017/perspectives-for-syrian-students-higher-education-scholarships-for-refugees/ (Accessed 16 November 2022)

DG-IP [The Directorate-General for International Partnerships], European Commission, "International partnership", Trust fund, https://international-partnerships.ec.europa.eu/funding/funding-instruments/trust-funds_en (Accessed 30 January 2023)

DG-NEN [The Directorate-General for Neighbourhood and Enlargement Negotiations], European Commission, "EU Regional Trust Fund in Response to the Syrian crisis", https://trustfund-syria-region.ec.europa.eu/index_en (Accessed 16 November 2022)

EDU-SYRIA, https://edu-syria.eu/about/ (Accessed 29 January 2023)

EEAS (European External Action Service), www.eeas.europa.eu.

Ep-Nuffic Homepage, https://fundit.fr/en/institutions/ep-nuffic (Accessed 9 November 2022)

European Commission, "Erasmus+". https://erasmus-plus.ec.europa.eu/erasmus-programme-guide (Accessed 30 January 2023)

European Parliamentary Research Service, "Implementation of the EU Trust Funds and the Facility for Refugees in Turkey".

EU Delegation to Türkiye, "Strengthening the Resilience of Syrian Women and Girls and Host Communities in Iraq, Jordan and Türkiye".

GJU, https://www.gju.edu.jo/content/about-gju-687 (Accessed 29 January 2023)

NIAD（大学改革支援・学位授与機構）https://qaupdates.niad.ac.jp/ (Accessed 29 January 2023)

SPARK Homepage, https://spark.ngo/ (Accessed 9 November 2022)

第5章

EUにおける医療人的資源のグローバルガバナンスとSDGs

福田 八寿絵

はじめに

医療人的資源は、医療システムの維持にとって不可欠である。これは、質の高い医療の実現や持続可能な医療サービスの提供にとって最も重要な要素となっている。Covid-19の大流行は、患者の治療のみならず効果的な感染防止の対応には医療人的資源の重要性を浮かびあがらせた。国連の持続可能な開発目標（SDGs）の目標3では、「あらゆる年齢のすべての人々の健康な生活を確保し、福祉を推進する」ことが掲げられている[(1)]。国家を超えた医療人材の流動性はグローバルな医療人的資源のガバナンスの必要性を提起している。医療に関わる人的資源の計画は国家の担ってきた役割であり、医療政策、教育研修政策とともに労働政策、財政政策という複合的な政策分野である。一方医療人材の地域、国家を超える流動化、医療人的資源の流出、流入という現象が進行しつつある。

EUでは、欧州地域での人的資源の流動化、国境を越えた人的資源の管理システム、ヘルスガバナンスを世界に先駆けた形で行ってきた。しかし、EU域内外における医療人的資源の移動は、各国の医療制度の効率性と公平性に影響を与え、加盟国家間での健康・医療提供の不平等の拡大につながる懸念もある。医療人材の流出国では、医療人材への昇給を行ってインセンティブを高めようと試みても、さらに報酬レベルが高い国で提供される給与には到底太刀打ちできない場合も少なくない。

本稿では、グローバルな医療人的資源戦略の現状と課題についてSDGsとEUの保健・医療政策における人的資源戦略について明らかにすることを目的とする。さらにCovid-19の経験やデジタルヘルス、AIの可能性を踏まえ、わが国における医療人的資源を考える手掛かりとしたい。

第1節　持続可能な医療人的資源のグローバル戦略、グローバルヘルスガバナンス

1　医療人的資源とSDGs

SDGsは、すべての人が健康、正義、繁栄を享受できることを目標としている。SDGs 3は、すべての人の健康的な生活を確保し、福祉を促進することが目指されている。しかし、健康と幸福は、疾病の治療のみならず、貧困、教育など社会的・経済的要因の影響を受ける。そこでまず、国際的な持続可能な医療人的資源のグローバル戦略の背景とSDGsとの関係について考えてみよう。

SDGs3.8では、すべての人々に対する財政保障、質の高い基本的なヘルスサービスへのアクセス及び安全で効果的かつ質の高く安価な必須医薬品とワクチンのアクセス提供を含むユニバーサル・ヘルス・カバレッジ（UHC）を達成することが必須であるとしている[(2)]。ここでいうユニバーサル・ヘルス・カバレッジ（UHC）とは、2005年に世界保健機関（WHO）総会で採択された目標であり、すべての人が負担可能な費用で適切な医療にアクセスできることである[(3)]。すべての人が適切な医療へアクセスするためには当然医療を提供する人材の確保が不可欠である。また、SDGs 3．cでも開発途上国における医療人材の確保について明記されている。WHOの2016年の「保健医療人材に関するグローバル戦略」の調査報告書によれば、医療の人的資源のグローバル戦略の全体目標として保健医療人的資源への普遍的な利用可能性、アクセス性、適用範囲、質を確保するために、健康、社会、経済開発の成果を向上させること、保健システムを強化するための適切な投資と、地域・国・世界レベルでの効果的な政策の実施による保健医療人材の確保が掲げられている[(4)]。

ユニバーサル・ヘルス・カバレッジの実現のためには、保健医療従事者が単に利用可能なだけでは不十分である。保健医療従事者が国家レベル、地域

レベルで公平に配置され、住民からアクセス可能であり、必要な能力を備え、住民の社会文化的期待を適切に受け入れられる質の高いケアを提供する意欲と権限が必要である。したがって行政による十分な支援を受けて初めて、理論上のユニバーサルな医療保障が実質的に有効なサービスの保障になる。しかし、社会経済状況のさまざまなレベルの国々が、程度の差こそあれ、教育、医療人材配置、維持、そしてパフォーマンスの面で困難に直面している。2015年持続可能な開発のためのポストアジェンダにおける保健分野の優先事項では、例えば、エイズ、結核、マラリアの撲滅、妊産婦死亡率の大幅な削減の達成、医療サービスへのアクセスの拡大、新生児と５歳未満の子どもの予防可能な死亡の撲滅、非感染性疾患による早期死亡の削減、メンタルヘルスの促進、慢性疾患の取り組みなどが挙げられる。ユニバーサル・ヘルス・カバレッジの保障は、保健人材の育成や開発への取り組みを伴う戦略がない限り、これは、依然として高い目標水準であり続ける。武力紛争、自然災害、人災に見舞われている国、難民を受け入れている国、気候変動の影響を受けやすい国は、保健医療人材に特有の課題を抱えており、これらを考慮し対処しなければならない(5)。

保健医療人材は、自然災害や人的災害など災害に対応するために、地域社会や保健医療システムの回復力を高める上で、重要な役割を担っている。感染症、自然災害、人的災害、紛争は、保健スタッフの損失、保健施設の損傷、保健プログラムの中断、臨床サービスの負担を引き起こし、保健サービスの提供を妨害する可能性がある(6)。したがって保健医療人材への投資、保健医療サービスの普及率の向上、緊急事態や災害リスク管理への投資は、健康の回復力と安全保障を構築するだけでなく、健康被害を軽減することにもつながる。緊急事態における保健医療従事者全体の様々な役割に、より大きな焦点を当てる必要がある。例えば、必要な人員配置、訓練と保護、準備と対応への参加、保健分野における気候変動への適応策などの計画全体においてである。

WHO により、グローバルな医療人的資源戦略の４つの目標として掲げられたものは、第１に医療人的資源に関するエビデンスを基にした政策であり、保健医療人材のパフォーマンス、質、効果を最適化する。第２に現在と将来のニーズに合わせた労働市場のダイナミクスや教育改革を考慮した人的資源への投資である。第3に国家、地域、世界レベルで効果的な公共政策として責任をもって管理を行い、リーダーシップをとって、ガバナンスすることにより、国際機関、政府機関、教育機関、医療機関、福祉施設などの能力の構築を行うことである。第4に国、地域、グローバルな医療人的資源戦略の実施に向け、モニタリングのためのデータの管理を行い、説明責任を果たすことである(7)。ユニバーサル・ヘルス・カバレッジの実現のためには、医療人的資源が公平に分配され、十分なパフォーマンスを発揮する医療従事者に依存しているという認識が高まっている。医療従事者の管理を最適化することは、健康状態を改善し、世界の健康安全保障を強化し、適格な雇用機会の創出を通じて経済成長に貢献することができる。

したがって医療人的資源の問題は、SDGs 3の「すべての人の健康を確保」するのみならず、SDGs 8の「働き甲斐のある仕事、経済成長」とも密接にかかわっていると考えられる。

2　持続可能な医療人的資源のグローバル戦略、グローバルヘルスガバナンス

それでは、どのように医療人的資源を開発し、確保していくべきであろうか。医療従事者の効果的な管理・人材の確保には、医療従事者の人員計画と規制、教育、採用、雇用、パフォーマンスの最適化と維持が含まれる。

歴史的に、医療労働市場は、入学者の選抜、入学者定員などの参入時の障壁と特定の医療従事者が実行できるタスクの制限を通じて厳しく規制されてきた。医療従事者の効果的な計画、開発、規制、監視、および管理には、政治的なリーダーシップが求められる。医療・福祉サービスのニーズ、優先順位、目的を特定することが必要であり、財政的支援を行い、財務省、教育省、労働省、地方政府および民間部門からの財政的および政策的支援を組織立てて行うことが求められている。ユニバーサル・ヘルス・カバレッジを効果的に実施するための指標として医療者の必要数は、医師は、1万人当たり20.7人以上、看護師は、70.6人以上、助産師は、8.2人以上、薬剤師は、9.4人以上必要であるとされている(8)。

図１　医療人的資源マネージメント

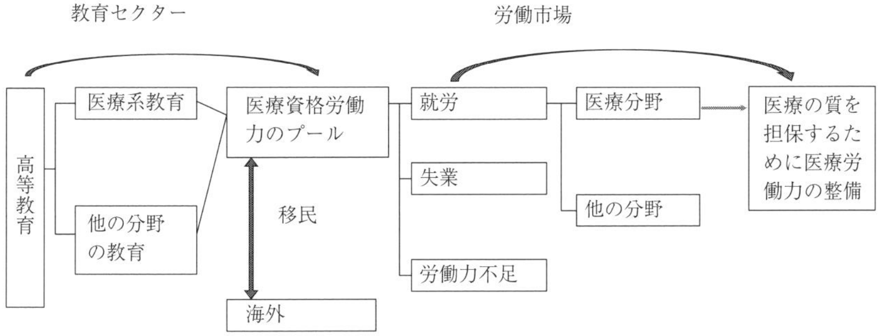

教育セクター
労働市場
高等教育
医療系教育
他の分野の教育
医療資格労働力のプール
移民
海外
就労
失業
労働力不足
医療分野
他の分野
医療の質を担保するために医療労働力の整備

（出所） World Health Organization, 2016 Global strategy on human resources for health: Workforce 2030 p.13 をもとに筆者作成）

質の高い医療サービスを提供するための医療資源のマネージメントとして図１に示すような教育分野、労働市場分野が挙げられる。

政策として医療従事者の人的資源の計画を行うには医療福祉の各職業グループを個々に捉えるのではなく、包括的に捉え、人口と医療システムの現在および予想される将来のニーズを考慮する。計画は、教育政策、資金調達、ガバナンスと管理について考え、優先順位の定期的なモニタリングと調整が要請される。10～20年後に必要となる医療従事者の数と職種を決定することは、難しい面もあるため、現在の状況の有効な全体像とともに将来必要となるサービスの明確なビジョンが求められる。人口の少ない国は、高度に専門化された医療従事者の教育において、規模の経済という側面もあり、完全に自国で育成することは期待できない場合もあるため、教育機能と施設は、二国間または多国間協定の形での国際協力により医療人的資源を確保するという手段も考えられる[9]。また、政策立案者や医療の人的資源の計画立案者や研究者、医療従事者にとって医療人材に関する有効で信頼できる効果的な情報システムの構築は不可欠である。世界銀行（IBRD）、世界保健機関、経済協力開発機構（OECD）の主要な国際データベースは、加盟国から提供されたデータを使用しているが、国によってデータの質が異なるのが現状である。各国によるデータ収集の標準化を図ることで他国の医療計画を参照し、自国の医療計画の立案を行い、他国の医療従事者を受け入れることができる。

医療者教育に関しては、まず、プロセスとして医療専門職教育を受ける学生の選抜を行う。教育を受ける学生は、国民の信頼を得るための行動、技術、コミュニケーション能力、チームで働くための協調性などの特性を有していることが求められる。多くの国では、学生の選抜は、学業成績によって行われているが、一方で将来の専門的な成績との関連は明らかではないため、包括的な入学制度を考慮する必要がある。コンピテンシー基盤型として教育プログラムと学修戦略の変革が教育機関に求められてきている。人口動態や疾病構造の変化に対応するよう望ましいコンピテンシーを特定し、多くの国では、効果的なプライマリケアを提供し、教育・研修制度を拡充する必要がある。

また、医療者のスキルの最適な組み合わせを構成する十分な医療従事者の研修と人員配置を行うためには、研修機関の能力と人員の規模を拡大し、インフラストラクチャに投資することが必要になる場合がある。現在および将来のニーズを予測し、他の専門職と役割をシェアすること、医療従事者のスキルミックスを行い、家庭医療、メンタルヘルス、救急医療、老年医学など、将来にわたり必要な医療専門分野に学生を誘因することも検討課題として挙げられる。医療人的資源の教育要件、規制、実践の内容や規制の適応範囲は、国ごと、職種によって異なる。教育機関や研修機関や規制組織が効果的に機能するために継続的な資金を必要とする。

医療職に関する労働者の支援と維持に関しては、ディーセントワークという概念について考える必要がある。これは第87回国際労働機関（ILO）総会において、フアン・ソマビア事務局長が提唱した「働きがいのある人間らしい仕事」であるが、保健システムを効果的かつ強靭なものにし、質の高い医療への平等なアクセスを達成することに貢献することができる[(10)]。医療従事者にとって働きがいのある職場とするためには組織が必要なスタッフを採用し、それらを維持する能力を持つことである。労働条件、労働環境の整備が労働者と患者・家族の満足度を高めることにつながる。労働者がより自律的であり、チームで働き、信頼・尊敬されていると感じることも医療人材の維持につなげることができる。

農村部、孤立した、医療その他のサービスの行き届いていない地域への医療従事者の誘致、および一度採用されたこれらの労働者の維持には、財政的な支援とともに、メンターシップ、ネットワーキング、継続教育などの専門的な支援および生活の質のインセンティブが必要である。一部の高所得国は医療人材の積極的な国際採用に依存しており、低所得国のスタッフ不足を悪化させる可能性がある。WHO による倫理規定が策定されているが、法的拘束力がないことから国際的なルール作りが求められる。

政策とガバナンス環境、および医療従事者の政策の策定と実施のためのメカニズムの分析が求められる。あらゆる国に適応できるベストプラクティスは存在しないことを念頭に置いて、惹起された課題について各国は独自の設計を行うことで自国の状況に即した対応が可能となる。

ガバナンス機能と政治的コミットメントを行い、医療従事者との政策対話と計画のためのメカニズム、医療従事者のストックと分配を動的に監視するシステム、および医療従事者の育成や維持のための資金提供を行う制度設計を地方、地域、国家、グローバルな視点から考えていくことが重要である。以上のように医療人的資源の問題をグローバルな視点から捉えると SDGs 4「質の高い教育機会の提供」と SDGs17の「国家間、組織間のパートナーシップの達成」もかかわっているといえる。それでは、欧州においてはどのような政策展開がなされているのであろうか。

2010年11月の欧州委員会コミュニケーションでは「新しいスキルと仕事のためのアジェンダ」が発表された[(14)]。EU は他の WHO 加盟国と同様、雇用の促進や経済戦略、欧州市民の健康促進という意味で医療人的資源の開発、管理戦略の推進を目標とすることとなった。

2012年に欧州委員会は、欧州における雇用の促進と経済成長の強化のためのさまざまな措置を定めた「雇用が豊富な回復に向けて」というコミュニケーションを採択した[(11)]。また、ヘルスケアを雇用の可能性が高い３つの主要セクターの１つとして特定し、EU の医療従事者のための行動計画が含められた。バローゾ委員長は、「欧州は、容認できないレベルの失業率に取り組むために雇用創出戦略を必要としている。EU は、雇用創出を促進する大きな未開発の可能性を秘めている。グリーン経済、健康、新技術セクターを合わせると、今後数年間で2,000万人以上の雇用が創出される。加盟国は、社会的パートナーと緊密に協力して、これらの機会を捉え、既存の資源を動員し、労働市場を刺激する必要がある。私たちはそれを実現することができる。」と述べた[(12)]。ヘルスケアは非常に労働集約的であり、EU で最大のセクターの１つであり、2015年 EU の全雇用の約1,700万人または８％を占めている[(13)]。景気後退にもかかわらず、このセクターは成長を続けており、人口の高齢化とヘルスケアの需要の高まりにより、雇用の創出に寄与しうる、しかし、この医療福祉セクターは、多くの国で医療従事者の不足やスキルのミスマッチなど、厳しい予算制約の時期に大きな課題に直面してきていた。

第２節　EU における医療人的資源の流動化政策と医療人的資源ガバナンス

1　EU の医療人的資源の流動化政策

EU では、1970年代から域内市場を構築するため、人の自由移動政策を深化させてきている。しかし医療者の意思、自己決定によって国外で就労すること、海外から医療従事者を受け入れることについて国際的な規制をどのようにすべきかについては十分な議論がなされているとはいえない。そこで本節では、国家の枠組みを超えた EU レベルの規制制度とその課題について明らかにすることにより、医療人的資源のガバナンスとあり方について考えてみたい。

EU では、医師、歯科医師、薬剤師、看護師、助産師などの医療専門職に関して2005年の専門資格の相互承認に関する指令（2005/36/EC[(15)]（以下 EU 資格専門職指令という））により、相互承認制度を採用しており、各国の医療教育の最低基準を設定することで調整を図ることとした。これは、労働者の移動の権利の保障という観点と各加盟国の医療専門職の教育制度の尊重という観点からの制度設計であった[(16)]、

さらに2013年に EU 資格専門職指令が修正され、この Directive 2013/55/EC では、効果的で透明性の高い専門職の自由移動と域内市場を強化するこ

とが目指された[17]。欧州専門職資格カードは、特に一時的に他国で就労する場合の資格確認に有用であり、また、受入国と送り出し国の情報共有を行うためのツールとなりうる。透明性を確保する法的枠組みによってサポートされる職務内容に関するより良い情報提供が受入国の医療の質の向上にもつながる。さらに医療従事者の受入国の言語に関する知識は専門職として実務を行うでも患者の安全性の確保のためにも必要である。

医療専門職の資格に関する情報の認知が容易になったことによってより良い専門的キャリアや教育の機会および財政的に豊かになる可能性の高い国、地域への移動の動きは、労働力が国外や都市部へ流出し、国内、へき地の労働力がより過重労働に直面しなければならない送出国地域の医療人的資源不平等を深刻化させる懸念がある。不足している専門職や十分なサービスを受けていない地域での労働力の利用可能性の減少は、送出地域、送出国の医療提供体制を脅かす可能性もある。このように、ヨーロッパの専門職の移動は、EU域内の連帯に関する新たな倫理的および政策的課題を提起している。

2　EUの医療人的資源ガバナンス

それでは、EUとしての健康の促進と加盟国、地域の医療提供体制への影響や医療計画を考慮したガバナンス、介入について考えてみよう。

EUの医療人的資源の国境を超える移動についてはドイツやブレグジットでEUを離脱したが英国のようなEU内の最大の医療人材受入国でEU内移民の割合が増加していることを示した[18]。一方で加盟国の国際募集政策は自国の医療従事者の育成、維持政策へとシフトしつつある。この移行措置は、WHOの「医療専門職の国際的な採用に関するグローバル行動規範[19]」の実施にも起因しており、その結果、WHOの深刻な人材不足リストにある国特に開発途上国での募集活動が減少しつつある。5つの医療専門職（医師、歯科医師、薬剤師、看護師、助産師）の専門資格の相互承認に関する指令により、EU加盟国では各職種は、同一の資格とみなされるとされているが、自国で認められていた以前のスキルレベルよりも低いタスクを実施することもある。

外国人医療従事者の平等な扱いとして前述したWHOの「医療従事者の

国際募集に関する行動規範」の第4.4条から第4.6条は、移民の公正な待遇に焦点を当てており、雇用と労働条件に関して、国内で訓練を受けた専門職と同等の待遇を提供する必要があり、専門教育を強化する機会とインセンティブを提供する必要があると規定されている。国外で就労する医療専門職が受入国で自分の身につけたスキル以下で就労する「ブレインウェイスト」いわゆる「頭脳の浪費」は、自国ではなく国外で就労する医療専門職のスキルの浪費や職業上の不満につながり、受入国の医療システムに無駄を引き起こす可能性もある[20]。透明性を確保する法的枠組みによって支援される職務内容に関するより良い情報提供、給与および福利厚生などとともにより透明性の高い職務分類、および患者の安全性を高めるための言語証明書や医療専門職としての評価に関する専門職側の合意が必要となる。医療専門職の倫理的採用に関する病院およびヘルスケア部門で活動する欧州レベルの国内雇用者組織である欧州病院・医療雇用者協会（EPSU-HOSPEEM）行動規範、社会的パートナーの合意も、外国人労働力を雇用する際により重要になる[21]。

WHO の行動規範の第3.6条は、加盟国に対し、移民医療従事者を募集する必要性を減らすため、国内における医療専門職人材の維持管理戦略に向けて取り組むことを奨励している。一方、国際的な募集を禁止することはできないため、国家として医療専門職の研修と人材の保持への介入をあらゆるレベルで強化する必要がある。これは、労働条件、スキル開発のための研修、適切なキャリアアップ、地理的に偏在している場合の地域インセンティブ、特定の専門分野に対する報酬、教育ローンなどを挙げることができる。

「循環移民」という２国間協定の可能性についてであるが、これは、一時的および長期的な循環移住が含まれている。送出国、受入国、移動する医療専門職にとって有益である循環移民制度とはどのようなものであろうか。受入国のニーズにあった専門研修を受け、受入国で一定期間就労したのち、海外での知識、経験を母国（送出国）で生かすことが可能な制度設計である必要がある。受入国、受入機関と送出国、送出機関との相互の協力、調整が不可欠であり、就労、雇用環境や研修・教育内容、キャリアパスの枠組み作りを考えることが重要である。

医療専門職の教育・研修は、費用のかかる投資である。一部の EU 加盟国は、医療専門職が教育を受けた国で一定期間働いていない場合に、国家が資金提供する教育・研修費用の払い戻しを医療専門職に課すシステムを導入している。たとえば、ハンガリーでは2012年から、研修を修了した後、国費の高等教育で勉強する期間と同等の期間の就労を求められ、この期間は卒業後20年以内に完了する必要がある(22)。一方でこのような制度設計が自国の医療従事者の確保にどの程度寄与することができるのかを検証することで今後の医療計画につなげることが可能となる。

医療従事者のデータ収集の改善、収集したデータのモニタリング、分析、および政策策定のための使用と、地方およびグローバルなレベルでの情報交換システムの確立または強化が推奨される。医療従事者の流入、流出、確保のデータは、将来の医療従事者を計画する上で非常に重要である。一方で EU においては、自由移動の原則から医療従事者は他の EU 加盟国へ自由に出国できるため、流出に関する信頼できる情報を捉えることは難しく、受入国、送出国間での情報交換、ネットワークの形成が不可欠である。

以上みてきたように EU における医療人的資源の管理についてグローバルな経験を活かし、各国の医療体制の質を高めるためには政治的対話、協力関係を構築することが不可欠である。長期的な目標を達成するよう EU レベルでの情報交換を行うことが今後さらに要請される。EU レベルでの医療人的資源マネージメントは、域内のみならず域外の医療人的資源ともかかわっており、SDGs17の「国家間、組織とのパートナーシップ」により SDGs３の「すべての人の健康の確保」を担保する取り組みが目指されるようになってきている。

第３節　EU における医療人的資源の管理政策と Covid-19を踏まえた今後の課題と戦略

1　EU における医療人的資源の開発・管理政策――規制と医療従事者の教育研修と質の担保

欧州では歴史的に各加盟国で医療人材の育成が行われてきた。国家当局は、その管轄内の健康教育機関（認定などによる）および教育者の認定に責任を負っている。各加盟国レベルでの医療専門職のカリキュラムの規制は、通常、教育プログラム全体で均一性を確保することを目的とする。医療専門職の規制は、患者の安全や医療の質を担保することができる枠組みを設定するために不可欠であり、教育、実践への参入、資格の保護、実践の範囲、継続的な専門能力の開発と制裁のための最低要件を定義する法律などの枠組みが求められる。EU および EEA 地域における専門教育の基本カリキュラムに関する国内規則は、専門資格の相互承認に関する EU 指令によって決定される(23)。これによって医療専門職が加盟国間で自由に移動し、実践できることを保証するための法的基盤が構築された。指令という形式は規則と異なり、各加盟国の状況に合わせた形で運用される。EU 資格専門職指令は、各専門職の卒業証書の比較可能性と同等性を確保するため、教育・研修期間の最低期間を規制しているが、教育・研修内容の詳細は規制されていない。例えば、EU 資格専門職指令で医学教育には最低5年間の大学ベースの理論的および実践的な研修が必要とされているが、詳細な教育研修の内容や規定は、国もしくは地方の責任であり、EU にはその責任、権限は法的に規定されていない。ボローニャプロセスは、ヨーロッパの高等教育資格の比較可能性を高め、その質を確保することを目的としており、医療専門職向けの教育プログラムに適用され、組織化の方法に大きな影響を与えている(24)。EU の規制は資格の基本教育と最低基準に焦点を当てているが、資格取得後の専門教育研修については、規定がなされていない。また、高等教育につながる入学要件も各加盟国の責任、権限の範囲内にある。

医師は大学レベルで医学の研究を完了し、医学の学位を取得して実践できるようになるために、卒後研修を受ける必要があり、その後、主に実地学習による専門的なトレーニングを受ける。専門職として研修を完了することは、独立して患者ケアを提供するための前提条件となる。EU 資格専門職指令は前述のように大学教育に関する法的規制であり、スペシャリストとしての訓練、研修プログラムの詳細については各国の自主規制をもとに実施されている。このため、加盟国による相違が大きくなる。

EU では医学教育のために、欧州医療専門職連合（Union Europeene des Medecins Specialistes, UEMS）が設立され、EU のすべての医療専門職を代表する組織として欧州全体の医療専門職の研修の調和を促進することを目標とされている[25]。さらにヨーロッパの認定臨床スキルセンターのネットワーク（NASCE）[26]がヨーロッパ医療専門職連合（UEMS）の学際的合同委員会（MJC）として設立された。このネットワークの目的は、患者の安全を促進するために、最高水準の教育を認定することである。これに加え。臨床教育、訓練、および評価の科学を進歩させることを目指した組織でもある。UEMS はまた、「医療専門職資格認定のための欧州評議会（ECAMSQ）」を設立した[27]。ECAMSQ は、医療専門職の質と比較可能性を確保するための専門医療の訓練・研修のため、指導原則を策定し、専門職指令ではカバーされていない医療専門職の質を認定し、欧州各国の資格職の比較可能性を高め、資格の透明性を高める活動を行っている。

医療分野は日進月歩であるため、継続的な学習いわゆる生涯学習を行うことも重要である。2000年に UEMS は、継続的医学教育と専門能力開発コースの開発、調和を促進するために、「継続的医学教育のための欧州認定評議会（EACCME®）」を設立した。EACCME の目的は、ヨーロッパおよびその他の国々との協力協定に基づいて、各国間の単位認定を促進することにある。

一方、看護教育は医学と比較してさらに均一性が低く、国ごと、地域ごとの相違が大きい。EU 資格専門職指令では、4600時間の理論と実践教育の最低基準と看護ケア、看護計画、実務などのスキルが義務付けられている[28]。ボローニャプロセスにより看護教育は、大学教育として高等教育化が進んだが、カリキュラムの内容については異なる部分も大きく、初等教育として看護学校での教育である国も少なくない。看護の分野においても教育と専門性によるタスクとレベルによる責任の違いを加盟国間で比較可能にすることが求められる[29]。薬剤師、歯科医師などの専門職についても同様に EU 資格専門職指令により、最低基準が示されているが、継続的な教育、いわゆる生涯学習について調整はなされていない。したがって加盟国間の資格の質保証の枠組みを形成することも重要である。

医療従事者の国境を超える移動に際するリスクとして、医療専門職の流動性の高まりにより、医療専門職がある国で処罰を受けても他の国に移動し、医療行為を行っていたことも懸念される。医療専門職の罰則について国家の枠を理解し、報告する必要性が生じてきている。そこで、違反行為に対する国境を超える警告メカニズムがEUレベルで構築されることとなった。職業上の違反に対する処罰は懲戒および金銭的罰則、業務権や資格の一時的または永久的な撤回、資格の登録期間の短縮、抹消など国家の法律や職能団体で定められている。医療専門職の業務に関する苦情は、患者とその家族、監視業務を行う雇用主、または医療専門職を監視する特定の組織によって、管轄の規制当局に通知される。懲戒処分は、管理されるか、民事訴訟手続きが実施されることもある(30)。

EU資格専門職指令は、2013年の改正で一時的であっても、業務の禁止または医療行為の制限がなされた医療従事者に関する警告メカニズムを確立し、加盟国全体で共有されることとなった。継続的な監視と適応の必要性が指摘されている。20,000を超えるアラートが加盟国の管轄当局からなされている(31)。

以上、EUでは、医療教育の調和化が行われ、各専門職の資格の比較可能性を高める政策がとられてきた。各国の医療人的資源のカリキュラムと内容は国によって異なる状況はあるものの認定資格制度の確認や生涯学習制度の協力枠組み、卒後の専門性を認定する欧州レベルの協力体制が構築された。EUにおいて医療人的資源マネージメントを行うことで、SDGs 4の「平等に質の高い教育を受ける環境」、SDGs 8の「誰でも働き甲斐と経済成長」の取り組みが進められている。さらに違反行為を行った医療専門職の警告システムを導入することで医療専門職が移動する際のリスクを低減する取り組みも導入されることとなった。

2　Covid-19パンデミックから人的資源管理の課題、教訓

Covid-19パンデミックでは、医療者の感染も含め、多くの国で医療人材の不足が生じる事態となった。欧州諸国でも、さまざまな戦略をとり、既存の医療従事者のスキルアップと人材の再配置を行ってきた。すでに雇用されている医師や看護師の労働時間の拡大、集中治療や緊急治療などの追加の研修などを実施した。また、一部の国では、退職者を募集して再雇用したり、ボランティアや専門職を雇ったり、他のヨーロッパ諸国から学生を採用する

こととなった。これらの戦略は、労働力、能力、チームワークのスキルミックスに影響を与えた。ドイツでは、EUで教育・研修を受けた医療専門家の卒業証書を相互に承認するための手続きが迅速化された[32]。

ドイツなどの病院では、看護師が集中治療室（ICU）で人工呼吸器または体外膜型人工肺（ECMO）装置を使用するための迅速なトレーニングコースを導入した。得られたスキルは、緊急に必要なときに適切な要員を迅速に特定できるように、国内だけでなく欧州レベルでも資格の登録が必要となった。グローバルな新興感染症の拡大は高度に専門化されたセンターでCovid-19 患者を治療する専門知識を持つ医師、看護師、およびその他の医療専門職は、欧州レベルでの人的資源の活用という観点から、ヨーロッパ全体で簡単に識別できる必要がある。関連するネットワークを支援し、拡大することは、専門知識とスキルの共有を強化することにつながる。

WHOの「2030年の医療労働のための人的資源グローバル戦略」報告によれば2030年には、医師や看護師、助産師などの人材が、900万人が不足することが予測される。欧州諸国でも過去10年間で10％から15％増加しているにもかかわらず、需要を満たすには至っていない。特に一般医は不足している[34]。

医療のデジタル化と公衆衛生の人的資源のスキルアップ、医療人的資源の地域格差の是正など欧州レベルでの取り組みがCovid-19 危機により、さらに進められることとなってきている。また、世界的に高齢化が進み、介護や医療を担う医療人材の需要の増大が今後も加速している。

おわりに——今後の医療人的資源のさらなる戦略——

2021年採択されたEU 4 Healthプログラムでは、Covid-19の危機を受け、公衆衛生の分野において2021年から2027年の目標として危機への備え、健康増進と疾病予防、医療システムと医療従事者、デジタルの4つの行動目標を掲げている[33]。そこで国境を越えた健康への深刻な脅威による公衆衛生への影響を最小限に抑えるために、医療および公衆衛生分野の労働力のスキルアップ国家戦略に従って、効率的な監視と監視のためのメカニズムを確立すること、欧州議会および理事会のデジタルヨーロッパプログラムを確立し、研究とイノベーションのためのフレームワークプログラムを構築した。これにより、医療サービスのデジタル変革を進め、そのようなサービスの相互運用性を高めることが規則として定めた。また、医療提供における不平等、特に農村および遠隔地における不平等の是正についても規定されている。

Health 4.0では、医療人材の不足を補うため、新しいテクノロジーを導入し、医療サービスの効率化と医療サービスへのアクセスの地域格差、偏在を解消する戦略を目指している(35)。遠隔診療や治療方針、診断、診療記録の活用による治療法、予防法の新規開発など AI・医療のデジタル化は医療人材の不足を補い、医療の質の向上が期待される。欧州委員会はデジタルヘルス技術の知識とシステムに関する医療従事者の研修が欧州の医療のデジタル化のアジェンダの中心にすべきであるとの見解を示している(36)。また、Covid-19のパンデミックの教訓としてさらに SDGs の達成のために公衆衛生の専門職の必要性が明らかとなった。Covid-19など感染症の死亡率にかかわるリスク因子として糖尿病などの非感染性疾患の既往症を有することが報告されている。持続可能な健康と福祉の実現には、健康の保護、健康増進、疾病予防のサービスが必要となり、サービス提供を行う人材、労働力の確保、スキルアップが求められる。SDGs をさらに具現化するための方策としてデジタルヘルスの推進、地域格差の減少のために遠隔医療の導入、パンデミック対策の強化が挙げられる。医療のデジタル化や AI によるモニタリングなどデジタル分野、医療分野、公衆衛生分野の専門職の育成は今後の EU や日本を含め、国際的な医療分野のユニバーサル・ヘルス・カバレッジや医療の地域間、国家間格差の解消へのカギとなろう。

(1) United Nations. Sustainable Development Goals https://sdgs.un.org/goals 30 Jun., 2023.

(2) World Health Organization, Universal Health Coverage https://www.who.int/data/gho/data/themes/universal-health-coverage, 30 Jun., 2023.

(3) Wong YS, Allotey P, Reidpath DD. (2016) Sustainable development goals, universal health coverage and equity in health systems: the Orang Asli commons approach. Glob Health Epidemiol Genom. Jul 11; 1: e12. doi: 10.1017/gheg.2016.8. PMID:

29868204; PMCID: PMC5870403.

(4)　World Health Organization, (2016) Global strategy on human resources for health: Workforce 2030

(5)　Tangcharoensathien V, Travis P. (2015) Accelerate Implementation of the WHO Global Code of Practice on International Recruitment of Health Personnel: Experiences From the South East Asia Region: Comment on "Relevance and Effectiveness of the WHO Global Code Practice on the International Recruitment of Health Personnel-Ethical and Systems Perspectives". Int J Health Policy Manag. Aug 30; 5 (1): 43-6. doi: 10.15171/ijhpm.2015.161. PMID: 26673648; PMCID: PMC4676969

(6)　Kodama Tomoko (2021), Human resources of health for universal health coverage in Japan: in the era of COVID-19, J. Natl. Inst. Public Health, 70 (1): 13-21.

(7)　World Health Organization, (2016) Global strategy on human resources for health: Workforce 2030 op. cit.

(8)　GBD 2019 Human Resources for Health Collaborators. (2022) Measuring the availability of human resources for health and its relationship to universal health coverage for 204 countries and territories from 1990 to 2019: a systematic analysis for the Global Burden of Disease Study 2019. *Lancet.* 399 (10341): 2129-2154. doi: 10.1016/S0140-6736 (22) 00532-3

(9)　Ilona Kickbusch and David Gleicher (2012), Governance for health in the 21st century, World Health Organization

(10)　International Labor Organization,Decent work, https://www.ilo.org/global/topics/decent-work/lang--en/index.htm, Decent work and the 2030 agenda for sustainable development [electronic resource] / International Labour Organization.

(11)　European Commission (2012) Communication from the Commission to the European parliament, the Council, the European Economic and Social Committee and the Committee of the Regions, Towards a job-rich recovery Commission Staff Working Document on an Action Plan for the EU Health Workforce Accompanying the document Towards a job-rich recovery COM (2012) 173 final.

(12)　José Manuel Durão Barroso (2010), European Development Days: Opening Speech European Development Days,Brussels, 6 December 2010,SPEECH/10/72 https://eu-africa-infrastructure-tf.net/attachments/Press/edd-speach-barroso.pdf 30 Jun 2023.

(13)　Caroline Hager (2015), European Commission, Health and Consumers Directorate-General Healthcare Systems Unit, Action Plan for the EU, health workforce, https://www.epsu.org/sites/default/files/article/files/presentation-HS-AP-EU-health-workforce-DG-SANCO-04-06-12.pdf, 30 Jun., 2023.

(14)　European Union (2011), A European contribution towards full employment, An Agenda for new skills and jobs, ISBN 978-92-79-19669-0, doi: 10.2767/28479

(15) Directive 2005/36/EC of the European Parliament and of the Council of 7 September 2005 on the recognition of professional qualifications

(16) 福田八寿絵、福田耕治（2009）『EU における人の移動と保健医療政策』文真堂。

(17) Directive 2013/55/EU of the European Parliament and of the Council of 20 November 2013amending Directive 2005/36/EC on the recognition of professional qualifications and Regulation (EU) No 1024/2012 on administrative cooperation through the Internal Market Information System, https://eur-lex.europa.eu/legalcontent/EN/TXT/HTML/?uri=CELEX:32013L0055&from=LT#:~:text=Official%20Journal%20of,L%20354/132, 30 Jun., 2023.

(18) Open Society Foundations, Working Together to Address Health Workforce Mobility in Europe Recommendations for Action, 2020, https://www.opensocietyfoundations.org/uploads/2cb79839-1599-41ff-9f65-6940c83e62f3/working-together-to-address-health-workforce-mobility-in-europe-20200914.pdf. 30 June., 2023.

(19) World Health Organization (2010), WHO Global Code of Practice on the International Recruitment of Health Personnel, Sixty-third World Health Assembly-WHA63.16 May 2010, https://www.un.org/en/development/desa/population/migration/generalassembly/docs/globalcompact/WHA_RES_63.16.pdf, 30 Jun., 2023.

(20) Irene A. Glinos (2015), Health professional mobility in the European Union: Exploring the equity and efficiency of free movement, Health Policy, Volume 119, Issue 12, 1529-1536, ISSN 0168-8510, https://doi.org/10.1016/j.healthpol.2015.08.010.

(21) European Federation of Public Service Unions & European Hospital and Healthcare, https://www.epsu.org/article/social-partners-hospital-and-healthcare-sign-framework-future-sector, https://www.epsu.org/sites/default/files/article/files/2022%20Framework%20of%20Action_final_EN_.pdf, 30 Jun., 2023.

(22) Kovács, R., Girasek, E., Kovács, E. *et al* (2017). Managing intra-EU mobility—do WHO principles of ethical recruitment have relevance?. *Hum Resour Health* 15, 78. https://doi.org/10.1186/s12960-017-0247-7

(23) Directive 2013/55/EU of the European Parliament and of the Council of 20 November 2013amending Directive 2005/36/EC on the recognition of professional qualifications and Regulation (EU) No 1024/2012 on administrative cooperation through the Internal Market Information System, https://eur-, 30 Jun., 2023.

(24) European Commision (2014), The Bologna Process and the European Higher Education Area https://nascenet.org/__data/assets/pdf_file/0008/27188/NASCE-Statutes_2014.pdf, 30 Jun., 2023.

(25) Union Européenne des Médecins Spécialistes (UEMS), https://www.ean.org/home/partners-and-collaborators/other-organisations/uems, 30 Jun., 2023.

(26) Network of Accredited Skills Centres in Europe, https://nascenet.org/, 30 Jun.,

2023.
(27) The European Council for Accreditation of Medical Specialist Qualifications (ECAMSQ®) https://www.uems.eu/__data/assets/pdf_file/0009/1206/ECAMSQ_presentation.pdf, 30 Jun., 2023.
(28) 福田八寿絵（2009）「国境を越える看護師・助産師の自由移動」『EU における人の移動と保健医療政策』福田八寿絵、福田耕治、文真堂、144-145頁。
(29) Esther Cabrera, Adelaida Zabalegui (2021) Bologna process in European nursing education. Ten years later, lights and shadows, J Adv Nurs. 77 (3): 1102-1104.
(30) Busse R, Klazinga N, Panteli D, Quentin W, eds. (2019), Improving healthcare quality in Europe: Characteristics, effectiveness and implementation of different strategies. Copenhagen (Denmark): European Observatory on Health Systems and Policies; https://apps.who.int/iris/handle/10665/327356#:~:text=World%20Health%20Organization,Office%20for%20Europe. 30 Jun., 2023.
(31) European Commission, (2018) Assessment of functioning of the European Professional Card and the Alert Mechanism procedure, ENMCA meeting, Paris 22 June 2018, https://www.enmca.eu/system/files/epc_alerts.pdf
(32) Panteli, D., Maier, C.B. (2021). Regulating the health workforce in Europe: implications of the COVID-19 pandemic. Hum Resour Health 19, 80 https://doi.org/10.1186/s12960-021-00624-w
(33) Regulation (EU) 2021/522 of the European Parliament and of the Councilof 24 March 2021establishing a Programme for the Union's action in the field of health ('EU 4 Health Programme') for the period 2021-2027, and repealing Regulation (EU) No 282/2014 EU 4 Health programme 2021-2027-a vision for a healthier European Union, https://eur-lex.europa.eu/legal-content/EN/TXT/PDF/?uri=CELEX:32021R0522&from=EN, 30 Jun., 2023.
(34) World Health Organization, [2016] Global strategy on human resources for health: Workforce 2030
(35) J. Al-Jaroodi, N. Mohamed and E. Abukhousa, [2020] "Health 4.0: On the Way to Realizing the Healthcare of the Future," in IEEE Access, vol. 8, pp. 211189-211210, doi: 10.1109/ACCESS.2020.3038858.
(36) European Health Parliament, [2016] Digital Skills for health Professionals Committee on digital skills for health professionals

第 6 章

EU 安全保障戦略と SDGs

臼　井　実稲子

はじめに

SDGs の17のゴールは社会、経済、環境の側面から捉えることができるが、中でも環境の取り組みで、世界を牽引してきたことを自負するヨーロッパは2015年以来先行してきた。持続可能なよりよい未来を築くことを目標に、「欧州グリーンディール」「EU タクソノミー」などの仕組みを発表してきた。また、17のゴールを統合的に解決するという、SDGs の「統合性」は、EU の防衛計画「戦略的コンパス」「ロードマップ」に反映された。本章では SDGs の観点から EU の安全保障戦略を考察し、EU のねらいを明らかにする。

第 1 節　ウクライナ侵攻がもたらしたもの

1　「戦争は最大の環境破壊」

ヴェトナム戦争ただ中の1972年 6 月、第 1 回国連人間環境会議（ストックホルム会議）の一般演説で、スウェーデン首相のパルメ（Olof Palme）は、「環境破壊の最大の犯人は戦争である」という主張をし、この主張が会議の基調となった（黒田 1972: 70）。この会議では「人間環境宣言」と「環境国際行動計画」が採択され、これを実施するための機関として、国連環境計画（UNEP）が設立されたのである。パルメはエコシステムとジェノサイドを結合させた「エコサイド（ecocide）」という造語の生みの親でもあった（SEI）。この会議からおよそ50年後の2022年 2 月、ロシアによるウクライナ侵攻が起こり、人々はパルメの言葉を改めて思い起こすことになった。

2022年11月、エジプトのシャルム・エル・シェイクで気候変動枠組み条約第27回締約国会議（COP27）が開催された。ウクライナ政府は、戦争による環境への影響についての情報を発信するブースを会場に設けた。そして、ウクライナ侵攻開始から７ヶ月間における温室効果ガスの排出量(1)を発表し（Initiative on GHG accounting of war 2022: 23）、「戦争は温室効果ガスを大量に排出させ、パリ協定の目標をより難しくしている（Ibid: 5）」と訴えた。

周知のように、2015年12月にCOP21で採択されたパリ協定では、「平均気温上昇２度以内」の目標が掲げられていた。温室効果ガス排出量を減少に転じさせ、21世紀後半には温室効果ガス排出の実質ゼロ（カーボンニュートラル）が目指されたのである。すでに同年９月には、国連持続可能な開発サミット（UN Sustainable Development Summit）でSDGsが採択されていた。SDGsの17の目標の中で、６目標がカーボンニュートラルに関するもの(2)であった。

しかし、ロシアによるウクライナ侵攻に伴うエネルギー危機により、化石燃料の増産は不可欠という認識が世界に広まった。とくに、ロシア産ガスへの依存が高いヨーロッパの国々は石炭火力発電に頼らざるを得ない状況になった。ロシアへの天然ガス依存を減らすため、輸入する天然ガスの約55％をロシアに依存していたドイツでは、休止中だった石炭火力発電所を2022年10月に再稼働させ、22年末で停止する予定の原発を2023年４月まで稼働することを決めた。オーストリアも石炭火力発電所の再稼働を決め、オランダは石炭火力発電の稼働率制限を撤廃することを決定し、イギリスも石炭火力の稼働期間を延長させることを2022年６月に決定した。このような状況の中、COP27最終文書においては、化石燃料からの撤退目標は提示されず、温室効果ガスの削減対策では前進が見られなかったのである。

2　欧州へのインパクト

（１）「天然ガス・原子力はサステナブル」

エネルギー確保と環境をどのように両立させるのか。ロシアによるウクライナ侵攻前、EUはロシア産エネルギーに頼りつつ再生可能エネルギーを普及させていく脱炭素社会を実現する予定だった。

2022年1月1日、欧州委員会は、原子力と天然ガスを一定の条件下で「持続可能なエネルギー」に分類する方針を打ち出した。翌月2日に、欧州委員会は、原子力発電所と天然ガス火力発電所が一定の条件を満たせば、「地球温暖化・気候変動の抑制に貢献する、過渡的なエネルギー」として、いわゆるグリーン事業の分類表「EUタクソノミー（EU taxonomy）」に記載することを正式に提案し、2月2日にこの方針を「EUタクソノミー」規則の補完的委任法令案として発表した（European Commission 2022a.）。しかし、この方針をめぐってはEUの諮問機関であるサステナブル・ファイナンス・プラットフォーム（Platform on Sustainable Finance：PSF）から否定的な見解が出された（PSF 2022a）。具体的には、原子力は二酸化炭素の排出量は非常に少ないが、放射性廃棄物の環境面での影響について多くの分析が必要であるとし、「グリーン」とするに値するかについてはPFS委員の意見が割れた（Ibid: 10-11）。また、天然ガス由来の発電についてはグリーンな活動からは程遠いとされた（Ibid: 10）。

この問題については、EU加盟国間の意見の相違も生じていた。原子力の依存度が高いフランス、ポーランド、ハンガリー、チェコ、ルーマニア、スロバキア、スロベニアは移行期のエネルギーとして原子力を肯定的に捉えるよう、欧州委員会に共同で書簡を2021年3月に送っている（EurActive 2021a）。2021年4月に科学研究機関である欧州委員会共同研究センタ（JRC）の報告書（JRC 2021）で「原子力エネルギーが人の健康や環境にさらに害を与えるという科学的証拠はなかった」とされると、ドイツ、スペイン、デンマーク、オーストリア、ルクセンブルクは、原子炉事故の可能性と放射性物質の管理に伴うリスクを指摘した（EurActive 2021b）。JRCの報告書はその後、「EURATOM設立条約に基づく専門家グループ」および「保健環境新興リスクに関する科学委員会（SCHEER）」で検証が行われた。前者は報告結果に賛同したものの、リスク軽減のため、さらなる研究が必要と結論し（Group of Experts 2021）、SCHEERはJRCの報告書は不完全で短絡的としていた（SCHEER 2021）。

しかし、ウクライナ侵攻はEUのエネルギー政策を根底から覆した。EUは、ウクライナ侵攻の翌月、2022年3月8日に、ロシア産化石燃料への依存[3]からの脱却を目指し「リパワーEU 計画[4]」(European Commission 2022e)を打ち出した。この計画は2021年７月に発表された「Fit for 55[5]」(European Commission 2021b) を基にしており、再生可能エネルギーへの迅速な移行により、ロシア依存の解消を2030年までに実現可能とした。しかし、再生可能エネルギーへの迅速な移行は、移行過程におけるエネルギーの安定供給のため、結果的に天然ガスそして原子力発電への依存を高めることは容易に予見された。

2022年７月６日、欧州議会本議会において、天然ガスと原子力は、気候変動の緩和に貢献するとして、「地球温暖化に役立つグリーンなエネルギー」と認定された[6] (European Parliament 2022b)。同年６月14日の欧州議会の経済・金融委員会および環境・公衆衛生・食品安全委員会の２つの委員会では欧州委員会の方針に反対する決議が採択されていた (European Parliament 2022a) ため、直後の方針転換となった。「天然ガス・原子力はサステナブル」という欧州委員会の出した方針に対しての欧州議会の承認には、ロシアによるウクライナ侵攻が少なからぬ影響があったのである。

（２）「軍需産業は持続可能な産業」

EU から持続可能な経済活動と判定される基準である「EU タクソノミー」に関して、方針変更が防衛産業についても起きている。「EU タクソノミー」では武器販売の売上高が売上高全体の５％を超える場合は EU エコラベルの対象に認定されず、防衛産業自体が社会的に持続可能な産業ではないとし、2021年７月には防衛産業はタバコなどとともに社会的に有害な産業活動であると断定していた (PSF 2021)。

しかし、環境タクソノミーに続いて、PSF による社会タクソノミーの基準策定の作業が進む中で、防衛産業の位置付けは変わりつつある。2022年２月の社会的タクソノミーについての報告書の最終版 (PSF 2022b) では、防衛産業が「社会的に有害」との記述が削除されていた。ロシアによるウクライナ侵攻後は、「強い軍隊を持つことは社会的責任である」という論調 (Sommer 2022) に代表されるように、社会的持続可能性を達成する上で防衛産業の果たす役割が重要であるとの認識も広がっている。また、防衛産業は国家防衛に不可欠な基盤であり、雇用機会創出にも貢献していると捉えるフィンランドのような国もある。フィンランドは、「EUタクソノミー」の負の影響を見過ごせないとして、科学的根拠を欧州議会で問いただした（European Parliament. 2021）。

2019年12月に公布されたEUベンチマーク規則(7)の改正では、気候変動の移行に関するベンチマーク（EU CTB: EU Climate Transition Benchmarks）とパリ協定に関連するベンチマーク（EU PAB: EU Paris-Aligned Benchmarks）の新たな定義づけが行われた。これらのベンチマークの導入により、通常兵器に関連するあらゆる活動に関与する企業はESG投資（後述）の対象から外されたのである。人を殺傷する武器を製造販売する企業から投資利益を得ることは好ましくないという、防衛産業への評価は根強かったと言えよう。

このような状況において、2021年3月には、欧州の複数の防衛関連業界団体が「防衛産業なしに持続可能性は実現できない」との声明(8)（BDSV 2021）を出し、防衛産業を投資対象から除外することにより市民の安全や社会の安定が守れなくなり、民主主義と自由を守ることができなくなると訴えた。だが、ロシアによるウクライナ侵攻は、EUにおける防衛産業の位置づけに変化をもたらした。2022年3月、EUはフランスで開催された非公式のEU首脳会議では防衛費の大幅な増額で合意し、防衛能力の開発、加盟国間での共同プロジェクト・共同調達の推進、宇宙・サイバー空間を含めあらゆる作戦の獲得に向けた投資を実施するとした。欧州委員会に対しては、防衛分野での投資ギャップを欧州防衛庁と協力して分析し、欧州防衛産業・防衛技術基盤の強化に向けた提案を行うよう求めたヴェルサイユ宣言を採択した（European Council 2022a）。これを受け、同月ブリュッセルで開催された欧州理事会では、「防衛産業の民間資金へのアクセスを助ける手立てを取るべきだ」との文言が合意文に盛り込まれた（European Council 2022b: 4）。

戦争は大きな変化をもたらす。スウェーデンの大手銀行であるSEBはサスティナビリティ投資を採用し、2021年に自社ファンドから軍需関連産業の株式を排除することを決めたのだが、2022年4月以降は軍需産業への投資を自社が運用するファンドで認めることを決定した。

第2節　SDGsがもたらしたもの

1　ESG投資

SDGsが発表された2015年から本格的に広まり始めたのがESG投資である。環境（Environment）、社会（Social）、企業統治（Governance）に配慮する企業を重視、選別して行なう投資である。サステナブルファイナンスとも呼ばれ、株主利益を追求してきた従来の投資と異なり、人や地球に優しい企業への投資が、持続的な利益をもたらす[(9)]。企業はESGに配慮した経営をすることで、SDGsに貢献することになる。反対に配慮できない企業は企業価値毀損のリスクを抱えることになる。SDGsが国連、各国政府の目標であるのに対し、ESGは企業の長期的な目標となっている。

SDGsと同様、ESG投資も国連が示した考え方である。2006年に当時の国連事務総長、コフィ・アナン（Kofi Atta Annan）の呼びかけで、国連責任投資原則（Principles for Responsible Investment: PRI）が国際共同イニシアティブとして公表された。その原則の中でESGの言葉が初めて使われたのである[(10)]。もっとも、ESGは、古くは1920年代の倫理投資や1990年代の社会的責任投資など、それまで様々な投資家が実践していたものを集約した造語である（中嶋 2016: 46）。企業の売り上げなどの数値から投資先企業を選定する通常の投資とは異なり、ESG投資では企業選定の判断基準が必要となる。それがESG指標である。抽象的な判断基準が多いESG投資を公正に選定するには、この指標が重要になる。

2008年のリーマンショックを経て、G20は2009年4月に世界の金融システムを監視する金融安定理事会（FSB）を設置した。FSBは、気候変動問題に対する取組についての情報の開示を企業に促すため、「気候関連財務情報の開示に関するタスクフォース（TCFD）」を2015年に設置した。2017年6月にはTCFDが「気候変動リスクの効果的な情報開示に関する最終報告書（TCFD 2017）」を発表し、その中で、企業に対して「企業統治（Governance）」「戦略（Strategy）」「リスク管理（Risk Management）」「指標と目標（Metrics and Targets）」についての情報の開示を推奨した。

ところで、SDGsにはゴールとターゲットがあるのみで、それらに法的拘束力、罰則もない。しかし、ゴール達成を先取りすれば先行者利益が生じる（蟹江 2023: 3）。先取りとは「規範」であり、規範の普及、違反者への制裁のための公式なメカニズムの基盤となる（蟹江 2017: 180）。EUはEUのルールをグローバル基準にしようとしており、国連、G7、G20などの国際的な場を活用している。

2 「欧州グリーンディール」と「EUタクソノミー」

気候変動対策で世界を牽引してきたことを自負するEUは、他国に先立って、2014年10月に「2030年までに温室効果ガス排出量を1990年比で40%削減する」という目標を首脳会議で決めていた[(11)]（European Council 2014）。この排出削減目標達成には、加盟国の公共部門と民間部門からの多額の投資が必要であった。2016年10月にEUは、サステナブルファイナンスに関するハイレベルグループ（High-Level Expert Group on sustainable finance: HLEG）を立ち上げた。HLEGは2018年1月、最終報告書でサステナブルファイナンスの現状分析と提言を発表した。

これを受けて、欧州委員会は2018年3月に「持続可能な成長への資金提供に関する行動計画[(12)]（European Commission 2018a）」を公表した。10項目からなる行動計画の中で4つはサステナビリティに関する基準の策定だった。その4つとは、「持続可能な活動を分類するEU基準の策定」、「グリーンな金融商品の基準とラベルの策定」、「持続可能性のベンチマークの開発」、「サスティナビリティに関する情報開示の強化と会計基準の策定」である。2018年6月、欧州委員会は「サステナブルファイナンスに関する技術的専門家グループ（Technical Expert Group on Sustainable Finance: TEG）」を設置した（European Commission 2018b）。これにより、前述の行動計画の第一に掲げられた「持続可能な経済活動を分類するEU基準の策定」が始動したのである。

フォンデアライエン（Ursula Gertrud von der Leyen）は欧州委員会委員長就任前の2019年7月に、政策ガイドライン「より多くを追求する欧州（a Union that strives for more）」で任期中の欧州委員会の6つの優先課題[(13)]を提示していた（European Commission 2019a）。その第一に掲げられたのが「欧州グリーンディール」である。同年12月の委員長就任後、改めて「欧州グリーンディール」を発表した（European Commission 2019b）。その主要目標は「2050年までの気候中立（climate neutral）の実現」「経済成長と資源の利用の切り離し（decoupling）」「現代的で資源効率の高い競争力のある経済の維持」である。「欧州グリーンディール」は脱温室効果ガスと経済成長の両立を図り、EUを2050年までに世界初の気候中立大陸にすることを目指すものであった。

「欧州グリーンディール」の目標を達成するために必要な膨大な資金については、2020年1月に欧州委員会は「欧州グリーンディール投資計画」を発表した（European Commission 2020）。この投資計画は、EU予算や「インベストEU」を利用し、10年で1兆ユーロのサステナブル投資の誘導を目指すものである。同時に発表された「公正な移行メカニズム」では、化石燃料関連産業に依存する地域への経済的な影響を緩和するための投資支援を実施することを明らかにした。このメカニズムを活用するための「公正な移行プラットフォーム（Just Transition Platform）」も同年6月に立ち上げた。

前述のTEGで策定されていたEU域内での経済活動が地球環境にとって持続可能かを判定するEU独自の基準については、「タクソノミー規則（Taxonomy Regulation）」として2019年12月に欧州理事会と欧州議会で審議され、2020年6月に採択された。TEGは2020年3月に「タクソノミー：TEGの最終報告書」（TEG 2020）を発表し、助言として欧州委員会に提出された。この報告書では「EUタクソノミー」に掲げられた6つの目標[14]のなかで「気候変動の緩和」と「気候変動への適応」の活動について具体的に定義し、技術的スクリーニング基準の適用について実用的なツールを提示した。

「EUタクソノミー」では、サステナブルな経済活動であると判定されるために以下の4つの基準があり、全てを満たさなければならない。1）「EUタクソノミー」で掲げられている6つの環境目標のうち1つ以上に貢献する経済活動であること、2）技術的スクリーニング基準（technical screening criteria: TSC）で、科学的根拠に基づいた閾値に適合していること、3）DNSH（Do No Significant Harm）基準、すなわち、いずれの環境目標についても著しい害を及ぼさないこと、4）ミニマムセーフガード基準、最低限の社会的セーフガード措置が取られている。具体的には、OECD多国籍企業行動指針・国連のビジネスと人権に関する指導原則・労働における基本的原則及び権利に関するILO宣言で特定された原則で定められた権利を遵守し実施していることである。

2020年9月30日にTEGが任期を終えると、欧州委員会は後継の新たな組織としてPSFを立ち上げた。PSFは常設の専門家グループで、そのトップは国連PRIの最高投資責任者であり、TEGのメンバーでもあったネイサン・ファビアン（Nathan Fabian）である（JETRO 2022: 10)。PSFは2022年3月に、「Part A 方法論的報告書」（PSF 2022c）と「Part B　報告書附属書」（PSF 2022d）を発表した。TEGで取り上げられた以外の4つの目標にTSCについての勧告と理論的根拠がまとめられている。また同年10月には新たな報告書「データと有用性についての提言」（PSF 2022e）を発表した。前報告書と同様に、TSCについての記述が主である。

PSFは社会的タクソノミーに関しても、2022年2月に最終報告書（PSF 2022b）を公表した。社会的タクソノミーは社会目標の達成に実質的に貢献する活動を、社会的に持続可能な経済活動と位置づけた。社会目標とは1）「適切な労働」2）「エンドユーザーにとって適切な基準と福祉」3）「包摂的で持続可能なコミュニテイと社会である」社会的タクソノミーは科学的根拠に基づいた分類が定量的にできないため、国際規範や原則を参考に目標と基準が策定される。社会的タクソノミーで参考にされた国際規範や原則は、国連でのSDGs、世界人権宣言、国連グローバル・コンパクト、国連ビジネスと人権に関する原則、OECD多国籍企業行動指針、労働における基本的原則及び権利に関するILO宣言、EUにおける欧州人権宣言、欧州社会憲章、欧州基本権憲章、欧州社会権の柱などである。また、グリーンタクソノミーと同様にDNSH基準を用いることが提案された。一つの社会目標に貢献したとしても、他の社会目標に重大な害を与えてはならないとした。さらにミニマムセーフガード基準も用いることになった（高橋 2022: 11)。

PSFの最終報告書は、草案の内容から大きな変更がなかった中で、前述したように、防衛産業についての記述が削除されていた。しかし、先の基準で考えると、国際法で禁じられている大量破壊兵器などの製造及び販売は社会的に有害な経済活動と位置付けられことになる。では、通常兵器の場合の製造・販売はどうであろうか。環境タクソノミー以上に、社会的タクソノミーについてはさらなる検討が必要である。

第3節　産業・通商政策と結びついたEU安全保障戦略

1　フォンデアライエン委員会の戦略

フォンデアライエン委員長はEUの安全保障防衛政策について、委員長就任前の2019年7月、欧州議会での演説（European Commission 2019a）で「欧州防衛同盟（European Defense Union）」の創設を打ち出し、次期委員会の課題の一つに「国際社会でより強い欧州になる」ことをあげていた。同年9月に、フォンデアライエン欧州委員長は、欧州議会で活動方針演説を行い、軍事面ではNATOとの協力を進める一方で、EUは自律して行動すべきと主張し、問題は防衛能力の欠如でなく政治的意思の欠如であるとして、欧州防衛連合の実現への支持を求めた。

また、2019年には欧州委員会に「防衛産業宇宙総局（Directorate-General for Defense Industry and Space）」が新設され、2021年には欧州の防衛産業の競争力とイノベーションを支援する「欧州防衛基金」が発足している。EU全体の防衛産業協力を深化させ、EUの戦略的自立の向上に寄与し、欧州防衛装備品市場の創設に向かうことが期待される

2030年までのEUの防衛計画「戦略的コンパス（羅針盤）」（EEAS 2022a）はジョセップ・ボレル（Josep Borrell）EU外務安保上級代表により作成され、2022年3月21日にEU理事会が承認した。「戦略的コンパス」は行動、安全、投資、パートナーの4つの柱から構成されている。行動では、最大5千人規模の「EU即応展開能力」の完全運用能力を2025年までに獲得するとした。安全では、急速に出現する脅威と課題に対して情報分析能力を高め、EUの安全保障上の利益を保護する。投資では、防衛費の増額、防衛技術・防衛産業基盤の強化、サイバー領域・宇宙空間も含め活動するための戦略的手段と次世代能力に投資するべく、さらなるインセンティブを提供する。パートナーについてはNATOはもとより、価値観を共有する戦略的パートナーとの2国間協力を発展させるとした。「ウクライナに対する不当で理不

尽なロシアの侵略」を目の当たりにして、より敵対的な安全保障環境で、強力で有能な安全保障のプロバイダーになる決意が込められていた。

2022年２月15日、ウクライナ国境付近でのロシアの軍事的圧力が高まる中、「ロードマップ」(European Commission 2022c) を含む安全保障防衛政策パッケージが発表された。(European Commission 2022d)「安全保障・防衛上重要な技術についてのロードマップ」のタイトルで明らかなように、重要な技術などの対外依存を低減する目的があった。このことは、ロシアのウクライナ侵攻を起因とするものではない。新型コロナウィルス危機による環境変化を背景に、気候変動やデジタル化に対応した社会への移行という優先課題を進めつつも、技術流出の懸念から重要な技術の対外依存を解消する方向性を示した。欧州委員会は軍事能力についてより大きな戦略的自律の重要性を唱える一方で、軍需産業が持続可能でないと一蹴することはできなかったと考えられる。

ウクライナに対する軍事的支援では、EU としてウクライナ軍事支援ミッション (EUMAM Ukraine) (EEAS 2022b) を2022年10月17日に発足させ、翌月から運用を開始した。ウクライナ国軍の軍事力を強化するため、EU 加盟国の領土内の複数箇所で、２年間で最大１万５千人のウクライナ軍兵士に専門の訓練を提供する。また欧州平和制度 (the European Peace Facility[(15)]) から EUMAM Ukraine に訓練経費などが拠出される (Council of the EU 2022)。EUMAM には加盟国20カ国以上が参加を表明した。

また、ロシアによるウクライナ侵攻では軍事機動性を強化する必要性が確認され、さらに EU 加盟国が部隊や兵器の域内移動を円滑化させる「軍事的機動構想 (The Action Plan on Military Mobility 2.0)」(European Commission 2022g) に英国を加えた。2022年11月10日には、国境での手続きの簡素化と主要インフラを民生・軍事両面で利用するデュアルユース化を「軍事的機動構想」の柱とする案を公表していた。(European Commission 2022f) さらに、2022年11月15日に開催された国防相理事会で、加盟国の兵器・軍事装備品について購入や生産面での協力を進め、加盟国間の移動も容易にすることが合意された。

2　規格・規制と標準化

前節で記した「ロードマップ」は産業政策・通商政策を含むパッケージであり、産業政策・通商政策の強化が重要なポイントである。「ロードマップ」では、欧州委員会が安全保障と防衛の観点からとくに５つの分野[16]を挙げ、産業政策、通商政策を執行し、強化することが目指されている。

「ロードマップ」には「新産業戦略」と「新標準化戦略」の２つの戦略も含まれている。「新産業戦略」（European Commission 2021a.）は2021年５月に、EU は「欧州グリーンディール」の一環としてを公表された。新戦略ではよりグリーン、循環型、デジタルな産業への移行と競争力の確保と共に EU 規制の国際標準化が目指されている。また、「新標準化戦略」（European Commission 2022b）には標準化で EU がリーダーシップを確保すべき分野が挙げられており、今後、防衛分野を含めることが検討されている。その背景には標準化でこれまで主導的な役割を担ってきた EU の危機感がある。欧州標準化制度において、欧州の３つの標準化機関[17]が中心的な役割を担ってきたが、近年 EU 域外を本拠地とする大企業の過剰な影響力が問題視されており、標準化機関のガバナンスの強化が求められている。

EU の新たな標準化戦略に対して、欧州産業連盟は声明（Business Europe 2022）を出し、競争力維持のための標準化の重要性と EU が定義した優先事項を支持するとしつつも、欧州委員会の政治的野心が、市場主導の標準化環境を弱体化するのではないかとの警戒感も示した。

「ロードマップ」と、2016年の安全保障防衛戦略「グローバル戦略――共有された展望、共通の行動、より強力な欧州を目指して」（EEAS 2016）を比較すると、2022年のロードマップはより具体的で進むべき道が明白であり、通商・産業政策と安全保障防衛政策とのボーダーが取り払われれている。

おわりに

フォンデアライエン欧州委員会は、コロナによる経済停滞、ロシアによるウクライナ侵攻という逆風のなか、EU を世界初の気候中立圏にすることを目指し、「欧州グリーンディール」を推進している。そして、目標達成のための莫大な資金をサステナブルファイナンスに集めようとしている。「公的ファイナンスが道を示し、民間資金が規模を提供する――EUタクソノミーにより、投資家の判断を容易にする」と、ドンブロウスキス（Valdis Dombrovskis）欧州委員会副委員長が示したように、EUにおける統一的な分類システム「タクソノミー」を規定し、「タクソノミー」適格を判別するスクリーニング基準を設け、その完全な適用を目指している。

共通安保防衛政策については「世界においてより強い欧州」を掲げ、グローバルリーダーとしての行動を強化つつある。戦略的自律性を求め、真の防衛連合を目指しつつアメリカとの新たな関係を模索し、対ロシア制裁を続け、中国を異なる統治モデルを追求する「体制上のライバル」と位置づける。

そして、「サステナブル」をキーワードに、欧州規格と国際的な標準化の両面から、EUの主導権確保を狙う。この分野でEUが主導的立場を維持することは、EUの価値を守ることでもあるのだ。

(1)　ウクライナの環境保護・天然資源省と研究者から成る「戦争の温室効果ガス算定イニシアティブ」による算定では、排出された温室効果ガスの排出量は97,286トンと算定された。温室効果ガスの排出量を「避難民の移動」、「軍の移動や砲弾の製造などの軍事」、「爆撃による森林や農地の火災」、「戦後のインフラ復興」、「天然ガスパイプラインからの漏洩」に分類し、増加分を試算している。

(2)　目標7「エネルギーをみんなに　そしてクリーンに」目標9「産業と技術革新の基盤を作ろう」目標11「すみ続けられるまちづくりを」目標12「つくる責任　つかう責任」目標13「気候変動に具体的な対策を」目標15「陸の豊かさも守ろう」

(3)　EUの天然ガス消費量の90%を輸入し、そのうちの45.3%、石油輸入量の27%、石炭輸入量の46%がロシア産である。

(4)　EUはこの計画において、省エネ、エネルギーの輸入元の多角化、再生可能への移行の加速を打ち出した。

(5)　「Fit for 55」は、2030年の温室効果ガスを1990年比55%削減する目標達成のための政策パッケージで、後述する「欧州グリーン・ディール」を推進するものである。

(6)　持続可能な経済活動を分類する「EUタクソノミー」規則において一定の条件で天然ガスと原子力による発電を持続可能な経済活動に含めるとする欧州委員会案に反対する決議は、反対328、賛成278、棄権33となり、委員会案は事実上認められた。

(7)　ベンチマークは機関投資家が資金を運用する上で参照するインデックスのことである。EUベンチマーク規則は、英国の銀行LIBORの不正操作を契機に2013年から

導入された。(太田 2020)

(8) ドイツ安全保障・防衛産業連盟(BDSV)、フランス防衛産業審議会(CIDEF)、ベルギー防衛産業協会(BSDI)、オランダ防衛産業協会(NIDV)、フィンランド防衛航空宇宙産業協会(ADFA)、ノルウェーのFSiの連名で出されている。同様の声明は、2017年3月、社会的タクソノミーについての最初のドラフトの公表前にも出されていた。

(9) 2020年の統計では、投資額は世界で約35兆ドル、世界の運用資産の4割近くを占めており、近年急拡大している。

(10) 国連PRI6原則の中で「ESG」に言及しているのは以下の通り。1)ESG課題を投資分析と意思決定プロセスに組み込む2)活発な資産運用者として保有方針と実戦にESG課題を組み込む3)投資対象の事業体にESG課題の適切な開示を求めます。

(11) なお、2021年7月に1990年比40%削減は55%削減に更新された。

(12) 行動計画では、サステナブル投資に向けた資金フローの再構築、リスク管理における持続可能性の主流化、透明性向上と長期志向の育成の3点が目指された。

(13) 「欧州グリーンディール」以外の優先課題は「デジタル時代にふさわしい欧州」「人々のための経済」「国際社会でより強い欧州になる」「欧州的生き方を推進する」「欧州の民主主義をさらに推進する」である。

(14) 6つの目標とは、「気候変動の緩和」「気候変動への適応」「水資源及び海洋資源の持続的な利用と保全」「循環型経済への移行、廃棄物の抑制とリサイクル」「汚染の防止と管理」「健全の生態系の保存」である。

(15) EPFは平和を維持し、紛争を抑止し、国際安全保障を強化することを目的として、EUがCSDPの下、2021年3月に立ち上げた制度である。

(16) 1)官民協働アライアンス:産業データ・エッジ・クラウド・半導体技術の各アライアンスの枠組みで、安全保障、防衛分野での戦略的依存解消のための具体的取り組みを進める2)欧州共通利益に関する重要プロジェクト(IPCEI):イノベーションを促進すべく、戦略的なインフラ整備が必要な分野でEUの国家補助ルールを柔軟に適用3)EU予算の重点的配分:EU予算プログラムへの域外国からの参加基準において安全保障上必要不可欠な利益を考慮4)標準化5)対内直接投資審査:欧州委員会とEU加盟国が協力して安全保障や公の秩序への潜在的脅威となる投資を監視

(17) 欧州標準化委員会(CEN)欧州電気標準化委員会(CENELEC)欧州電気通信標準化機構(ETSI)

参考文献・URL

Council of the European Union. 2022. *Press release, Ukraine: EU launches Military Assistance Mission,* 15 November 2022.

European Commission. 2022a. *General Publications, EU taxonomy: Complementary Climate Delegated Act on to accelerate decarbonization,* 2 February 2022.

——. 2022b. *An EU Strategy on Standardisation Setting global standards in support of*

a resilient, green and digital EU single market, 2 February 2022. (COM (2022) 31 final)
——. 2022c. *Roadmap on critical technologies for security and defense* (COM (2022) 61 final)
——. 2022d. *Press release, Commission unveils significant actions to contribute to European Defence, boost innovation and address strategic dependencies,* 15 February 2022.
——. 2022e. *REPowerEU Plan,* 18 May 2022. (COM(2022) 230 final)
——. 2022f. *News article, Military Mobility: EU proposes actions to allow armed forces to move faster and better across borders,* 10 November 2022.
——. 2022g. *Action plan on military mobility 2.0,* 10 November 2022. (JOIN (2022) 48 final.)
——. 2021a. *Updating the 2020 New Industrial Strategy: Building a stronger Single Market for Europe's recovery,* 5 May 2021. (COM (2021) 350 final)
——. 2021b. *'Fit for 55': delivering the EU's 2030 Climate Target on the way to climate neutrality,* 14 July 2021. (COM (2021) 550final)
——. 2020. *Press release, Financing the green transition: The European Green Deal Investment Plan and Just Transition Mechanism,* 14 January 2020.
——. 2019a. *Speech, Opening statement in the European Parliament plenary session by Ursula von der Leyen, Candidate for President of the European Commission,* 16 July 2019.
——. 2019b. *What is the European Green Deal?,* December 2019. (FS/19/6714)
——. 2018a. *Action Plan: Financing Sustainable Growth,* 8 March 2018. (COM (2018) 97 final)
——. 2018b. *Press release on the list of members of the Technical Expert Group on Sustainable Finance,* 13 June 2018.
European Council. 2022a. *Informal meeting of the Heads of State or Government, Versailles Declaration 10 and 11 March 2022,* 11 March 2022.
——. 2022b. *European Council meeting (24 and 25 March 2022),* 25 March 2022.
——. 2014. *European Council (23 and 24 October 2014) Conclusions,* 24 October 2014. (EUCO169/14)
European External Action Service (EEAS). 2022a. *A Strategic Compass for Security and Defence-For a European Union that protects its citizens, values and interests and contributes to International peace and security,* March 2022.
——. 2022b. *European Union Military Assistance Mission Ukraine,* December 2022.
——. 2016. *Shared Vision, Common Action: A Stronger Europe; A global Strategy for the European Union's Foreign And Security Policy,* June 2016.
European Parliament. 2022a. *Press Releases, Taxonomy: MEPs object to Commission's*

plan to include gas and nuclear activities, 14 June 2022.

——. 2022b. *Press Releases, Taxonomy: MEPs do not object to inclusion of gas and nuclear activities,* 6 July 2022.

——. 2021 *Parliamentary question, Treatment of the defence industry in the social taxonomy,* 8 December 2021. (E-005438/2021)

Group of Experts. 2021. *Opinion of the Group of Experts referred to in Article 31 of the Euratom Treaty on the joint Research Centre's Report Technical assessment of nuclear energy with respect to the 'do no significant harm' criteria of Regulation (EU) 2020/852 ('Taxonomy Regulation'),* 30 June 2021. (Ref. Ares (2021) 4263701)

Initiative on GHG accounting of war. 2022. *Climate Damage Caused by Russia's War,* 1 November 2022.

Joint Research Center (JRC). 2021. *JRC science for policy report: Technical assessment of nuclear energy with respect to the 'do no significant harm' criteria of Regulation (EU) 2020/852 (Taxonomy Regulation),* (JRC125953)

Platform on Sustainable Finance (PSF). 2022a. *Response to the Complementary Delegated Act,* 21st January 2022.

——. 2022b. *Final Report on Social Taxonomy,* February 2022.

——. 2022c. *Platform on Sustainable Finance: Technical working group Part A: Methodological report,* March 2022.

——. 2022d. *Platform on Sustainable Finance: Technical working group Part B-Annex: Technical Screening Criteria,* March 2022.

——. 2022e. *Platform Recommendation on Data and Usability,* October 2022.

——. 2021. *Draft Report by Subgroup 4:Social Taxonomy,* July 2021.

Scientific Committee on Health, Environmental and Emerging Risks (SCHEER). 2021. *SCHEER review of the JRC report on Technical assessment of nuclear energy with respect to the 'do no significant harm' criteria of regulation (EU) 2020/852 (Taxonomy Regulation),* 29 June 2021.

Task Force on Climate-Related Financial Disclosures (TCFD). 2017. *Final Report Recommendations of the Task Force on Climate-related Financial Disclosures,* June 2017.

Technical Expert Group on Sustainable Finance (TEG). 2020. *Technical Report Taxonomy: Final report of the Technical Expert Group on Sustainable Finance,* March 2020.

JETRO ブリュッセル事務所海外調査部「EU サステナブル・ファイナンス最新動向―タクソノミー規則を中心に―」(2022年 6 月), 1 -37頁.

BDSV. 2021. '*No sustainability without a defence and security industry,*' 26 March 2021 (https://www.bdsv.eu/files/themen/Nachhaltigkeit/2021-03-26%20Key%20ESG-

Messages%20to%20Governments%20and%20the%20Commission.%20final%20(mit%20Datum).pdf）

Business Europe. 2022. *Ability to lead on global standards crucial for EU's competitiveness,* 2 February 2022.（https://www.businesseurope.eu/publications/ability-lead-global-standards-crucial-eus-competitiveness）

EurActive. 2021a. *Joint letter from the Czech Republic, French Republic, Hungary, Republic of Poland, Romania, Slovak Republic and Republic of Slovenia on the role of nuclear power in the EU climate and energy policy* ,19 March 2021,（https://www.euractiv.com/wp-content/uploads/sites/2/2021/03/Nuclear-letter-march-2021.pdf）

――. 2021b. Joint ministerial letter, July 2021（https://www.euractiv.com/wp-content/uploads/sites/2/2021/07/Joint-ministerial-letter_AT_DE_DK_LU_ES.pdf）（https://climatefocus.com/wpcontent/uploads/2022/11/ClimateDamageinUkraine.pdf）

Stop Ecocide International (SEI) ホームページ（https://www.stopecocide.earth/stockholm50-get-involved）

Sommer, Jeff. 2022. 'Russia's war prompts a Pitch for Socially Responsible Military Stocks,' *New York Times,* March 5, 2022.

太田珠美. 2020.「EU の気候ベンチマークが始動」（2020年９月25日），大和総研，１－８頁.（https://www.dir.co.jp/report/research/capital-mkt/esg/20200925_021791.pdf）

蟹江憲史. 2023.「序論　SDGs とグローバル・ガバナンス」『国際政治』208号，１-12頁.

――. 2017.『持続可能な開発目標とは何か：2030年へ向けた変革のアジェンダ』ミネルヴァ書房.

黒田俊夫. 1972.「国際連合人間環境会議」『人口問題研究』第123号，厚生省人口問題研究所，69-70頁．社会保障研究所（現・国立社会保障・人口問題研究所）ホームページ（https://www.ipss.go.jp/syoushika/bunken/data/pdf/14212908.pdf）

高橋龍生. 2022.「ソーシャルタクソノミー最終報告書―社会的に持続可能な経済活動とは何か？」『日興リサーチレビュー』（2022年６月），１-17頁.
（https://www.nikko-research.co.jp/wp-content/uploads/2022/06/rc202206_0001.pdf）

中嶋幹. 2016.「わが国の ESG 投資の現状」『月刊資本市場』№373.（2016年９月）44-51頁.

第 7 章

EU のロマ統合・包摂
――SDGs の実現とマルチレベルの政策実施――

土　谷　岳　史

はじめに

持続可能な開発目標（Sustainable Development Goals: SDGs）の17の目標のなかには、社会インフラが整っているいわゆる先進国ではすでに大部分達成されたかのように思われるものも存在する。しかし、貧困（目標1）や飢餓（目標2）が先進国から消えたわけではないし、教育（目標4）や水と衛生（目標6）についても欠いた人々は先進国にも存在する。SDGs の目標はすべての人を対象にしているが、特定の集団が社会インフラから排除され、困難な状況に陥っていることがある。この場合、SDGs の実現は、この特定の集団に焦点を当てた政策や施策を通じて行われる方がよいと考えられる。しかし、当該社会のマジョリティがその集団について否定的なイメージを持っていたりするなどして、その集団に対する適切な政策が取られないことがある。本稿で検討するロマの事例はまさにそのようなものだと考えられる。例えば、コロナ禍においてロマはしばしば公衆衛生上の脅威とされ、強権的なロックダウンや隔離の対象となった。コロナ対策として全く根拠のないこのような措置はロマの人々の政府不信を増大させ、ワクチン接種などの合理的な感染症対策への躊躇を引き起こしたとされる［Storer, Sarafian, Torre, Vallerani & Franchi 2022: 4-5, Cronin & Ibrahim 2022］。

EU のような超国家的な枠組みはこのような状況を改善する可能性を持っている。マルチレベルな政体である EU による問題解決は、各地の実情を反映した多様性を考慮しつつ、各主体間の協力や協調による政策課題解決力の向上が期待される。しかし、EU レベルで意思決定がなされたとしても政策実施の段階での不足が課題として指摘されてきた。そこでハード・ローである EU 法の国内法化の研究［Zhelyazkova & Thomann 2022］やソフト・ローを介した政策実現の研究などがなされているが、後者ではより拘束力のある手段を取り入れたソフトなガヴァナンス（harder soft governance）への変容が指摘されている［Knodt & Schoenefeld 2020］。

EU のロマ政策は本稿で検討するように、複数の政策分野にまたがって総体的にロマの統合・包摂を目指すものであることに注意が必要である。その政策分野である貧困削減や教育、衛生的な環境の整備などは基本的には加盟国の権限分野である。このような政策分野においては開放型調整方式（Open Method of Coordination: OMC）と呼ばれるソフト・ローによる政策実現が目指されることがある。OMC の基本的な枠組みは、理事会による共通目標の設定、当該目標実現を計測するための指標やガイドラインなどの整備、欧州委員会による加盟国の行動監督と加盟国間の相互学習過程、というものである。政府間主義に基づくソフト・ローという性格から OMC においては欧州議会や欧州司法裁判所はほとんど役割を持たない(1)。EU のロマ政策は複数の政策分野にまたがって OMC が行われるものと考えられる。

このようなものをどのように理解し、分析すればよいであろうか。一方で EU の基本条約を「メタポリシー」（政策をいかに決定するかについての政策）とし、他方で個々の政策をミクロな単位として把握し、リスボン戦略を総合計画として捉え、メゾレベルの政策として整理する原田［2018］に従えば、EU のロマ統合・包摂政策もまたメゾレベルの政策として理解できるだろう。「この総合計画を通じた「政策の体系性」の構築と、それを前提とした定期的な政策評価の仕組みは、政策ガイドラインが含む指標の変更可能性も視野に入れつつ「インクリメンタリズム」を制度化したものと観念できる」［原田 2018：33］。では、EU のロマ政策はどのような反省の過程を経て現在の形になっているのであろうか。そのソフトなガヴァナンスはどのように変容しているのだろうか。

本章では、まず第 1 節でロマの状況を SDGs を念頭に置きながら紹介する。第 2 節では2020年までの EU におけるロマの統合・包摂の取り組みを概観する。そして第 3 節で現行の EU のロマ包摂への取り組みである「2020年から2030年の平等、包摂、参加のためのEUロマ戦略枠組み」について検討する。第4節は指標を紹介するなかで「EUロマ戦略枠組み」とSDGsとのかかわりを示す。最後に第5節では加盟国レベルでのロマ戦略枠組みについて検討する。

第1節　ロマの状況

ロマとは、差別的な意味を伴うジプシーという呼称で呼ばれていた人々が1971年に初の世界ロマ会議を開催し、自称として選択したものである。ロマに包含される集団のすべてがロマを自称としているわけではないが、本章ではEUの用語法に従ってロマを総称として使用する[(2)]。

ロマは、ヨーロッパ全体では1200万人、そのうちの半数がEU内に居住しているとされる。欧州審議会の2012年の推計（最少と最大の中間の人数。カッコ内は当該国の人口に占めるその割合）[(3)]によれば、ルーマニア185万人（8.63%）、ブルガリア75万人（9.94%）、ハンガリー75万人（7.49%）、スロヴァキア49万人（9.02%）と中東欧諸国に多く、国家人口全体に占める割合も大きい。西欧諸国で人数が多いのはスペイン75万人（1.63%）、フランス40万人（0.62%）だが、国家人口が多いため割合は非常に低い。

欧州基本権庁（FRA）の調査を参照してロマの状況を確認しておくと、まず貧困状況は極めて深刻である［FRA 2022］。貧困リスク率（At-risk-of-poverty rate）で見ると、EU全体平均が一般人口では17%であるのに対してロマは80%となっている[(4)]。居住環境にも問題が多く、雨漏りがあったり、浴室や室内トイレがなかったりするなどの居住の剥奪状態にある人の割合はEU平均で17%に対してロマは52%となっている。過密状況で住んでいる者の割合もEU平均が18%に対してロマは82%である。自宅での水道水へのアクセスについてもロマの22%が欠いている（EU平均は2%）。衛生的な水や環境の保障からは程遠い状況にロマが置かれていることがわかる。

教育についても問題は大きく、就学前教育への参加率はEU全体では93%に対してロマは44%にとどまる。調査時20-24歳の人々の後期中等教育（日本では高校）の卒業者の割合を見ると、EU平均では84%に対してロマは27%

と非常に低い。ロマの子どもたち（6-15歳）の約半数はほぼロマだけの学校で学ぶ隔離状態にあり、早期にドロップアウトしてしまう子どもも多い。このため16-24歳の若年層のニート割合が56％（EU平均は11％）と高く、生産年齢人口全体でなんらかの賃労働についているのはEU平均の72％に対してロマは43％にとどまる。以上の困難な状況は平均寿命にも反映され、2017年のEU平均で男性が76.3歳、女性が82.2歳に対してロマは男性が67.2歳、女性が71.3歳と10年前後も短くなっている。

コロナ禍は世界中で脆弱な立場にある人々の存在を浮かび上がらせたが、ロマの人々もさらに困難な状況に陥った。ERGOの調査によれば、ロマの人々の28.57％が食糧不足に陥り、特にブルガリア（79％）、ハンガリー（54％）が深刻であった［ERGO Network 2020: 19-20］(5)。ロックダウンのなかで行政がマスクや消毒、食糧を提供したという回答も約10％にとどまる。基本的なインフラについて見てみると、電気は7.62％、ガスは15.08％、水道は12.43％、ごみ収集は10.94％がないと答えている。ロックダウン下ではオンラインでの仕事や学習が求められたが、インターネットがないと答えたのは約21％である。ブルガリアとスロヴァキアの状況は特に深刻であり、ブルガリアではインターネットが61％、水道水が58％、ごみ収集が54％、電気が40％の者がないと回答している。スロヴァキアでは欠いているものとしてガスが76％、インターネットが74％、ごみ収集が39％、水道水が21％となっている。

ロマの雇用についてはそもそもインフォーマルの割合が高いなど比較が難しいが、調査対象のEU諸国の回答者でテレワークできたのは7％にとどまり、エッセンシャルワーカーの割合が高いと予測できる。また緊急事態下において国家による所得補償の対象となったと回答したのは5％のみであった［ERGO Network 2020: 29-30］。同様に健康保険に加入している者は42％にとどまり、約39％が医薬品やマスクや消毒薬などの衛生に関する商品にアクセスできないと答えている［ERGO Network 2020: 37-38］。

水道やごみ収集の問題や過密状態での居住などを考えれば、感染のリスクが職場でも自宅でも高いにもかかわらず、感染予防や感染時の医療および医療品等へのアクセスも限られているという状況が見て取れる。後述するようにロマに対する差別は深刻であり取り組みが求められているが、コロナ禍でもロマがコロナの拡大原因であるとの根拠のない非難がされ、「はじめに」で触れたように強権的なロックダウンや隔離の対象とされたり、暴力を振るわれたりする事件があった［FRA 2020b: 26–27］。

ロマ差別で深刻な問題のひとつは行政による差別が多数報告されている点である。回答者数がそれぞれ80人程度である点に注意が必要ではあるが、地方行政によるサービス拒否があったと答えた割合は、ルーマニアでは58.54％、ブルガリアでは17.28％、ハンガリーでは16.22％となっている［ERGO Network 2020: 56–57］。ロシアによるウクライナ侵攻でおよそ10万人のロマがウクライナから逃げたと推測されているが、他のウクライナ人と分けられ収容され、難民であることを否定されるなど移動先でも差別に合っているという報告が多数されているが、これも行政による差別が大きく関係している［Faludy 2022, Oxfam 2022, Strzyżyńska 2022, Ellena & Makszimov 2022］。

金銭的な負担などを理由とする医療へのアクセスの問題に加えてこのような差別がワクチンへの忌避を生み出している［Saitovic & Szilvasi 2021］。ハンガリーのロマは９％しかワクチンを打ちたいと思っていなかったり、スロヴァキアの隔離地域のロマの一部ではほとんどだれもワクチンを打とうと考えていないといった指摘もある［Holt 2021］。チェコのロマの92％がワクチンの効果を信じないと回答した調査もある［ERGO Network 2022: 41］。

以上のようにロマの状況は SDGs の掲げる様々な課題が EU においても存在することを示している。極めて深刻な状況は特に中東欧諸国に見られるが、西欧諸国においても差別は深刻であり、貧困、後期中等教育や雇用などで問題を抱えている割合は中東欧諸国と同様に高い［FRA 2020a］。特にジェンダー平等が進んでいる西欧諸国ではロマの女性の就業率が大きく劣っていることも目立つ。

第２節　EU のロマ政策のはじまり(6)

上記のようにロマの多くは中東欧諸国に居住している。このため EU がロマに対する差別等の問題に関心を向けるようになったのは、東方拡大の過程においてであった。加盟のためのハードルであるコペンハーゲン基準には人権保障とマイノリティの尊重および保護が含まれており、EU は中東欧諸国に対してロマの状況の改善を求めた［山本 2011: 109-112, Vermeersch 2015: 42］。

EU 加盟を目指す中東欧諸国は自国内での改革に加えて、2005年から2015年にわたる「ロマ包摂の10年（the Decade of Roma Inclusion 2005-2015）」という国際的な取り組みを決定した。参加各国はロマ包摂のための国家行動計画を策定、実施するとされた。しかし、2004年と2007年にこれらの国の EU 加盟が実現したこともあり、実効性を持たないまま終わることになった［Jovanovic 2015, Rorke 2015: 45］(7)。

東方拡大が実現すると EU はロマに関する問題を EU 内の問題として取り扱うこととなるが、それはあくまでも「東」の問題として設定された。EU 法に反するイタリアやフランスによるロマの強制排除や送還が行われても欧州委員会は積極的に是正に動かず、これらの加盟国を擁護する動きさえ見せた［土谷 2014］。

このようなロマの排除の背景には以下のような認識がある(8)。「ロマは東から西へと豊かな生活を求めて移動してくる異分子であり、根本的にヨーロッパの文明や文化と相いれない。なぜなら彼らは定住をせず、しばしば窃盗や物乞いなどの「犯罪」を生活の糧とする文化を持っているからだ。」ここで「東」とは、西欧諸国にとっては中東欧諸国のことであり、中東欧諸国にとってはさらに東、ロマのルーツがあるとされるインドまで広がっていく。このような認識は多様な集団および人々が含まれるロマを本質主義的に単一化し排除する差別である。しかし、差別への取り組みが求められながらも EU は、差別対策を中心には据えずにロマ政策に取り組むことになる。

欧州委員会は2010年にヨーロッパ2020戦略の包摂的成長のなかにロマの統合を位置づけた［European Commission 2010］。人口減少社会において、平均年齢が若く、出生率も高いロマは有望な労働力として評価されたのである。2011年には「2020年までの国家ロマ統合戦略のための EU 枠組み」（以下、ロマ統合 EU 枠組み）が出された。ロマ統合 EU 枠組みは教育、雇用、医療、住居の 4 分野を設定し、すべての加盟国に2020年までのロマ統合戦略を2011年末までに策定するように要請した［European Commission 2011］。ロマ統合 EU 枠組みもまたロマの若い労働力としての価値を強調するものであり、各分野のなかで言及はされるものの差別対策は重点項目とはされなかった。

加盟国のロマ統合戦略は2012年に欧州委員会が評価をした。欧州委員会によれば、加盟国ごとにロマ統合戦略を策定するのはロマの多様性が理由である。ロマには多様な集団が含まれるため、一律に統合戦略を押し付けるのではロマの統合は成功しない。また、ロマの統合は加盟国ではなく EU の責任との主張も出ていたが、ロマ統合 EU 枠組みはロマの統合の責任は EU ではなく加盟国にあることを明言したものでもあった。ロマ統合 EU 枠組みの 4 分野は基本的に加盟国の権限分野であった。

しかし、ではなぜ EU の枠組みでロマの統合が行われる必要があるのだろうか。主要な理由は政策の実効性である。OMC のように加盟国の行動を評価分析し、EU による政策課題解決の監督と、加盟国間の相互学習促進が有効と考えられた。だが「東の問題」であるロマを西に負担なしに解決させるという側面もあった［土谷 2019：58-59］。欧州委員会によれば、加盟国のロマ統合の違いは格差となって、EU 市民のロマの移動を促進する。それは中東欧諸国のロマ統合の失敗であり、移動抑制が目指されていた。ロマへの差別やロマの住居の強制排除といった人権侵害が強く疑われるフランスやドイツなど西欧諸国も含む加盟国の行為について大きく取り上げられなかったのは、差別が主要課題とされなかったことに加えて、この「東の問題」という構図が継続していたことを示唆する。

では、ロマ統合 EU 枠組みはロマの状況改善という政策課題解決のために加盟国になにを求めたのだろうか。

EU のロマ統合目標は教育、雇用、医療、住居へのアクセスをカバーするものとされた。このロマに焦点を定めたアプローチに則って加盟国は次の点を考慮しながら2011年末までに各自のロマ統合戦略を定めるように求められた。EU のロマ統合目標に言及して達成可能なロマ統合の目標を定めること、不利な状況にある地域や隔離地区を特定すること、国家予算から十分な資金を投じること、評価手法を盛り込むこと、ロマの市民社会、地方ならびに地域の当局と密接に協力し継続的に対話しながら行うこと、ロマ統合国家戦略の連絡窓口（national contact point）を定めること、である。

EU レベルでは2009年に初会合が開催された「ロマ包摂のための欧州プラットフォーム」の活用が強調される。ここには EU 諸機関、各国政府、国際機関、学界、そしてロマ市民社会組織の代表が集まるが、ロマの代表たちがベストプラクティスやフィードバックというロマ統合戦略の実施過程で役割を与えられるべきだと指摘される。

監督メカニズムでは明確な評価基準を用いる必要性が指摘され、FRA は定期的な調査を行うよう要請された。本稿第 1 節で参照した FRA の報告書はその一部である。また FRA は加盟国と協力してロマの状況を比較分析する監督手法の開発が促されている。欧州統計局は加盟国の当局と協力してロマなどもっとも周縁化された集団が居住する地域を地図に描く手法の開発が要請された。

より拘束力のある手段を取り入れたソフトなガヴァナンスの要素として Knodt & Schoenefeld［2020］は以下のものを挙げている。合意や勧告などに対して最大限の説明をする「責務」。勧告に対して理由と方法を明示して説明しなければならない「正当化」。目標の「明確さ」。監督や報告を強化する「非難をしたり恥をかかせたりする」機会。3 次立法を行う権利を有したりする「国際的またはヨーロッパのレベルでの第 3 者の役割」。ひとつの政策領野内への異なる政策要素の「バンドル化」。制裁措置の可能な「他の政策領野との連結による執行」。「制裁」。これらはいずれも程度によって拘束力の強弱を測るものである。

以上の指摘を踏まえてロマ統合 EU 枠組みを検討してみよう。EU のロマ統合目標は明確な数値を定めない抽象的なものであった。ロマの状況の多様性を理由に詳細は加盟国に任されており、各加盟国が独自に目標を定めることになっていた。しかも加盟国のロマ統合戦略の策定期間が半年強と短く、当事者であるロマの人々の参加も非常に限定的であった［Rostas 2020: 299-301］。そもそもロマについてのデータがないことから EU レベルではロマの状況の解明が第一に目指されており、拘束力の強い要素は見当たらない。ロマとの協議もないなど十分な準備を経て立案されたものではなく、政治的な目論見が強く反映されて実現したという指摘はロマ統合 EU 枠組みの内容からも首肯できる。

このためロマ統合 EU 枠組みは実施されながら拡充されていった。2012年５月に加盟国のロマ統合戦略は欧州委員会によって評価され、10月にはロマ統合のための国家連絡窓口ネットワークが発足し、加盟国と欧州委員会との対話が強化された。欧州委員会の年次報告に加え、新たな予算枠組みがはじまる前年の2013年に理事会は加盟国がロマ統合において考慮すべき事項を整理し、勧告した［Council of the European Union 2013］。ロマに焦点を当てたアプローチの他に主流化も手段として有効であるとしたこと、差別対策ならびに子どもや女性の保護を水平的政策措置として位置づけ組み入れたことなど、当初の枠組みを大きく変更した点もあった。しかしその内容は明確な数値目標や制裁などのないソフトなガヴァナンスにとどまるものであった。ただし加盟国に2016年からの欧州委員会への年次報告を求めた点は、拘束力の強化という意味で重要である。

第３節　EU ロマ戦略枠組みの策定

ロマの統合という目的のもとに教育、雇用、医療、住居の４政策分野を体系化し、加盟国の政策を評価して改善を促すメゾレベルの政策であるロマ統合 EU 枠組みは、教育については若干の改善を実現したもののその他については目立った成果はなく、むしろ差別は悪化したという評価がされるようになっていった［土谷 2019］。このためロマへの差別である反ジプシー主義への注目がされるようになり、欧州委員会はロマに関する EU 法違反を行うチェコ、スロヴァキア、ハンガリーに対して違反手続きを取るなど対策を強めていった。2017年からは市民社会組織がロマ統合戦略の実施状況を監視・評価・報告するプロジェクト（Roma Civil Monitor）が開始され、第３者の立場でのロマ市民社会の関与が強められた。この背景には FRA の調査がある［Moschovidis 2022］。FRA は2016年以来、加盟国のロマの状況を報告し、反ジプシー主義による差別や貧困、権利侵害および司法アクセスの欠如がロマの苦境に大きく寄与していることを明らかにしていった。

2020年以降のロマ政策策定にあたって欧州委員会は積極的にロマ市民社会の意見を聞いた［European Commission 2020d: 48-59］。ロマ包摂のための欧州プラットフォームやロマ統合のための国家連絡窓口ネットワークに加え、欧州委員会はEUレベルのNGOやロマ組織などステークホルダー・グループとの定期会合を開いている。さらに、2017年にオンラインでのパブリック・コンサルテーションを行ったのをはじめに、2019年のワークショップの開催、その前後での特定のステークホルダーとの協議、そしてロードマップを公表することで広く意見を募った。ワークショップの前には9回、後には17回以上、意見募集に加えてステークホルダーとの協議が二者間や少数での会合、イベントへの参加でも行われた。ワークショップも130名が参加する大規模なものであった。

欧州議会ではロマの議員がロマ市民社会とともに反ジプシー主義を政策の中心に据えるように活動していた。代表的なものとして2016年から開催されているロマ週間という数日間のイベントがある。これは欧州議会において欧州議会と市民社会組織が協力して行うものであり、欧州委員会なども参加している。論題を見てみるとほぼ毎年ロマへの差別を取り上げている。また欧州議会は反ジプシー主義を表題に含む決議を3度採択している［European Parliament 2015, 2017, 2019］。欧州委員会も中間報告書で、反差別目標と反ジプシー主義との闘いに焦点を当てた戦略および行動の欠如が大きな弱点のひとつとして認めた［European Commission 2018: 8-9］。

欧州委員会はロマを取り巻く問題状況を以下のように整理している［European Commission 2020d: 22］。質の高い主流の教育へのロマの不十分な参加、賃労働へのロマの不十分な参加と人的資本の喪失、住居および必要不可欠なサービスへのロマの不十分なアクセス、ロマの健康不良と医療への不十分なアクセス、ロマの貧困、これらが悪循環している。その要因として、ロマへの不平等と差別の持続、政策および意思決定のロマの参加の欠如がある。問題促進要素としては次の4点が指摘される。第1に、振る舞いに関するバイアスである。これにはマジョリティのなかの反ジプシー主義、差別、ステレオタイプ、偏見と、ロマのなかにあるステレオタイプと偏見である。

次に公平さであり、教育と雇用への平等な参加ならびに保健と住居への平等なアクセスについての固有の障壁である。第3に貧困の世代間連鎖である。最後にガヴァナンスであり、政治的意思とコミットメントの変革、ロマのエンパワーメント、信頼、協力の欠如、公的介入の失敗などである。

論点のひとつとなったのは、反ジプシー主義との闘いの手法である。ロマに対する固有の差別形態である反ジプシー主義との闘いは、ロマの歴史や文化の承認による包摂と法的手段の活用が主張される。後者の点に関して、反ジプシー主義対策の立法を行うべきという意見が出された。欧州委員会は反ジプシー主義への焦点化や法的手段の活用はロマの文化的他者化を助長し、EUによる押しつけというポピュリストなどの攻撃を活性化させると危惧した［European Commission 2019: 14-15, 2020: 31］。議論の末、反ジプシー主義との闘いと社会的包摂政策は両立可能なものであるとされた(9)。しかし、立法が必要かどうかで議論は続いた。欧州委員会は提出から10年以上経ても立法されない平等処遇指令案を引き合いに出し、理事会で全会一致が必要なため、それは現実的ではないとしつつ、既存の人種平等指令やレイシズムおよびゼノフォビアと闘う枠組み決定の活用を主張した［European Commission 2020d: 31-32］。

以上のような検討過程を経て「2020年から2030年の平等、包摂、参加のためのEUロマ戦略枠組み」（以下、EUロマ戦略枠組み）が決定された［European Commission 2020a］。EUロマ戦略枠組みは従来の教育、雇用、医療、住居という4つの政策分野の目標の他に分野横断的目標として、平等、包摂、参加の3目標が加えられた。EUロマ統合枠組みの評価の結果、この3つへのコミットメントが必要と理解され、EUレベルおよび加盟国のロマ戦略枠組みで取り組みが求められている。提出されたロマ戦略枠組みについて欧州委員会は最初の評価報告書を2023年1月に提出したが、これ以降、加盟国は2年ごとに実施報告を行い、欧州委員会はそれを踏まえて評価を行う。FRAも4年ごとに評価を行うように要請されている。

平等、包摂、参加の重要性は近年盛んに議論されている認識的不正義の観点から理解できる。エリザベス・アンダーソンが指摘する構造的な認識的不正義の要因を踏まえて考えてみよう［アンダーソン 2022］。

第１は学歴や標準言語などの信用性の指標の獲得への不平等である。ロマの学歴の低さやロマ語の使用による居住国の公用語能力の低さは、ロマという集団が不当に信頼性を認められない状況を生み出す。第２は自民族中心主義である。ロマに関する調査や分析を行う人たちがロマではなかったり、ロマだったとしても例外的に、例えばアカデミアの一員として成功した人で非ロマのなかにいた場合、調査分析されるロマの人々と異なるアイデンティティを調査や分析を行う人たちが持っているだろう。このことはロマの人々の言葉の信用性を弱める原因となる。第３に、共有現実バイアスである。第２の場合と同様な状況を考えた場合、調査分析する人たちの間での物事の見方が優位性を持ち、ロマの人たちの物事の見方は理解されないかもしれない。

第１の問題については従来通りの教育を中心とする介入に加え、包摂が有効であろう。第２、第３の問題に対してはロマの参加が極めて重要である。そしていずれの問題についても、平等、つまり反ジプシー主義対策は重要である。教育でも意思決定過程でも参加の前提となるのは参加する資格のある対等なメンバーであるという認識である。ロマを他者化・人種化し排除する反ジプシー主義は認識的不正義の根幹にある問題であり、認識的デモクラシーの実現が必要と言えるだろう［Anderson 2006］(10)。

第４節　EU ロマ戦略枠組みの指標

EU ロマ戦略枠組みでは、従来欠けていた数値目標が2030年までの EU レベルの最低目標ターゲットとロマに対する最低目標として、以下のように７つすべての目標について設定された。前者をアルファベットの大文字（EU 主要ターゲットの場合には下線を付す）、後者を小文字で表し、最後に現在のデータを記す。主要ターゲットおよび指標については European Commission［2020d: 60-73］および FRA［2020c: 12-13］も参照し、関連する SDGs の番号を記す(11)。

1．反ジプシー主義および差別と闘い、防止する

A.　差別経験のあるロマの割合を少なくとも半減させる

a.　差別経験のあるロマを13%未満にする

・過去12か月26%、過去5年41%

※指標1：過去12か月間にロマであることを理由に差別を感じたロマの割合（SDG 10.3.1、SDG 16.b.1）

B.　ロマが隣人であることに不快感を覚える一般人口の割合を少なくとも1/3まで減少させる

b.　ロマが隣人であることに不快感を覚える人の割合を30%未満にする

・一般人口46%

※指標2：隣人としてロマがいることを不快に感じる一般人口の割合

2．貧困と社会的排除をロマと一般人口の社会経済的格差がなくなるように削減する

A.　ロマと一般人口の貧困格差を少なくとも半減させる

a.　ロマの過半数を貧困から救い出す

・貧困リスク率はロマ80%、一般人口16.8%

※指標3：貧困リスク率（SDG 1.2.1）

B.　ロマの子どもと一般人口の子どもの貧困格差を少なくとも半減させる

b.　ロマの子どもの過半数を貧困から救い出す

・ロマの子ども85%、一般人口の子ども19.6%

※指標3.1：0歳から17歳の子どもの貧困リスク（SDG 1.2.2）

※指標4：深刻な物質的剥奪下の家庭で暮らす人の割合（SDG 1）

※指標4.1：深刻な物質的剥奪下にある0歳から17歳の子ども（SDG 1）

3．エンパワーメント、協力、信頼を通じて参加を促進する

A.　EU大の協調されたロマ市民社会監視に少なくとも90のNGOに能力を与え参画させる

・現在参加するNGOは85

B.　各国の監視委員会に完全なメンバーとしてロマのNGOの参加を確保する

C.　差別を経験したときに報告するロマの割合を倍増させる

c.　少なくとも30%のロマの差別被害者が差別の報告をするようにする

・過去５年16％

※指標５：過去12か月間にロマであることを理由として差別されたと感じて最新の差別の出来事を報告した人の割合

D.　地区、地域、国家およびEUレベルでの政治生活へのロマの参加を奨励する

d.　ロマが有権者登録し、投票を行い、候補者として立候補ができるようにする

※指標６：アクティブ・シティズンシップと参加の指標（未定）

4．質の高い包摂的な主流の教育への平等なアクセスの実効性を高める

A.　幼児教育および保育への参加の格差を少なくとも半減させる

a.　就学前の教育または保育にロマの子どもの少なくとも70％を参加させる

・ロマ42％、一般人口92.2％

※指標７：幼児教育に通う３歳から義務教育開始年齢までの子どもの割合（SDG 4.2.2）

B.　後期中等教育修了の格差を少なくとも１/３まで減らす

b.　ロマの若者の過半数が少なくとも後期中等教育を修了するようにする

・ロマ28％、一般人口83.5％

※指標８：20歳から24歳の少なくとも後期中等教育修了者の割合（SDG 4.3）

（※指標：18歳から24歳の教育および職業訓練からの早期離脱者）[12]

C.　隔離された初等学校に通うロマの児童の割合を少なくとも半減させることで隔離をなくすべく取り組む

c.　ほとんどまたはすべての児童がロマである学校に通うロマの児童を５人に１人以下にする

・44％

※指標９：回答者によって報告される「すべてまたはほとんどの生徒がロマである」学校に通う６歳から15歳の児童の割合（特定の国家のみ）

5．質の高い持続可能な雇用への平等なアクセスの実効性を高める

A.　雇用の格差を少なくとも半減させる

a.　少なくとも60％のロマが賃労働につくようにする

・賃労働：ロマ43％、一般人口73.1％

※指標10：20歳から64歳の「賃労働」が主要な活動と自己申告する人の割合（SDG 8.5）

B.　ジェンダーによるロマの雇用の格差を少なくとも半減させる

b.　ロマの女性の少なくとも45％が賃労働につくようにする

・ロマ男性56％ロマ女性29％、一般人口男性78.9％一般人口女性67.2％

※指標12：ジェンダーによる雇用格差：20歳から64歳の女性と男性の賃労働割合の差（SDG 8.5）

C.　ニート率の格差を少なくとも半減する

c.　ニートのロマの若者を３人に１人以下にする

・16歳から24歳のニートの割合：ロマ62％、一般人口10.1％

※指標11：ニートの若者の割合（SDG 8.6.1）

6．ロマの健康を高め、質の高い医療と社会サービスへの平等なアクセスの実効性を高める

A.　平均寿命の格差を少なくとも半減する

a.　ロマの男女が５年以上長く生きられるようにする

・平均寿命格差：ロマ女性10.4年、ロマ男性10.2年

※指標13：平均寿命の差（一般人口対ロマ）

※指標14：医療と社会福祉へのアクセスが制限されている人の割合（改善が必要）

7．隔離されていない適切な住居と必要不可欠なサービスへの平等なアクセスの実効性を高める

A.　居住の剥奪の格差を少なくとも１／３に減らす

a.　ロマの過半数が居住の剥奪にあわないようにする

・居住の剥奪：ロマ61％、一般人口17.9％

※指標15：居住の剥奪（明かりがない、雨漏り、風呂・シャワーがない、室内トイレがない）の下で暮らす人の割合（SDG 11.1）

B.　過密状況の格差を少なくとも半減する

b.　ロマの過半数が過密な居住状態から脱するようにする

・過密状況：ロマ78％、一般人口17.1％

※指標16：欧州統計局の過密状況の定義による最低部屋数を満たさない家庭に暮らす人の割合（SDG 1、SDG 11）

C. 少なくとも95％のロマに水道水のアクセスを確保する

・ロマ70％、一般人口97.7％

※指標17：住居のなかに水道がない家庭に暮らす人の割合（SDG 6.1.1）

このように数値目標自体は大雑把なものではあるが、他の指標についてさらに検討を重ねるとしており、FRA［2020c］は成果とプロセスに分けてさらに詳細な指標を提示している。

第5節　加盟国のロマ戦略枠組み

EUロマ戦略枠組みは2021年9月までに加盟国にロマ戦略枠組みの提出を要請した。加盟国には欧州委員会の指針および理事会の勧告が提示された［European Commission 2020a: 6-10, 2020b, Council of the European Union 2021］。ここではEUロマ戦略枠組みの特徴となる点に着目して簡単に紹介したい。

欧州委員会は以下の要素を入れるように提案している［European Commission 2020b］。まず反ジプシー主義との闘いである。4政策分野の他に行うこととして、反ジプシー主義の存在とそれと闘う責任を認め、ヘイトスピーチやヘイトクライムと闘うこと、ロマ・ホロコーストなどの反ジプシー主義の歴史を認め、ロマの歴史の認知を広げ和解を促進すること、権利を自覚させ、差別の被害者の司法アクセスを保証すること、などが挙げられる。

第2に、世代をまたぐ貧困との闘いである。幼児保護の促進、犯罪対策戦略を通じた子ども、女性、若者の保護、障碍者や保育に欠ける子どもへのコミュニティ基盤のサービスへのアクセス改善、貧困の連鎖要因の分析などである。

第3にロマの参加促進である。最低限度を定めた参加の実現、ローカルレベルでのエンパワーメント、多様性を反映したロマの代表などである。

第４に多様性の反映として、自国民、EU 市民かを問わずすべてのロマの状況を調査すること、複合的差別およびインターセクショナリティに言及すること、女性、子ども、若者対象の目標や措置を設けること、すべての領域でジェンダーの次元を含めることなどが挙げられた。

第５に、主流化と対象を特定したアプローチの組み合わせである。別建ての構造を作ることなく、ロマを対象とする支援によって権利やサービスへのアクセスを促進すること、領域的に介入を行うこと、ロマに届くように領域的集団と社会集団へのより広い介入を組み合わせること、などである。

第６に、ロマへの非対称的な危機の影響を防止・緩和する措置の拡大である。

第７に、デジタルでの包摂の保障である。

第８に、環境正義の提供である。環境的差別を認識し対応することが求められる。

第９に、ロマのアート、歴史、文化の（認知の）促進である。これらはロマン化され、ステレオタイプ化され、ロマの阻害を悪化させてきたが、ヨーロッパおよび各国の風景の欠かせない一部であるという文化的承認が必要である。８月２日をロマ・ホロコースト記念日として定め追悼したり、ミュージアムなどにこれらを組み入れることで各国の文化的ナラティブにロマのコミュニティを統合すること、学校のカリキュラムや教科書にロマ語やロマの歴史を入れることなどである。

最後に、社会的イノヴェーションと政策実験の促進である。

ロマの統合・包摂は加盟国の実施の意思の欠如や不足が問題として指摘されてきた。加盟国のうちロマ戦略枠組みの提出期限を守ったのは５か国だけであった［European Commission 2023］。内容を見ても最低限のコミットメントとして提示された項目を完全に取り入れたのは８か国であり、12か国は一部のみ導入した。ターゲット、予算割当、多様性への配慮が無視された主な項目である。６か国はほとんどの項目を取り入れなかった。ハンガリーとスロヴァキアはターゲットを部分的に導入しただけであり、ルーマニアはいくつかのターゲットを定めたが EU レベルのターゲットと対応しないものであった。

このような実施上の問題の一因は法的拘束力の欠如に求められるかもしれない。EU ロマ戦略枠組み策定の最終段階で欧州議会は立法によって法的拘束力を持たせるよう主張していた［European Parliament 2020］。それによれば理事会勧告では加盟国を動かすのに不十分だったのであり、立法によって法的拘束力を持たせることが必要なのである。先に見たように欧州委員会は理事会で通らないと受け入れなかったが、この欧州議会決議では通常立法手続きが使用可能であるとしていた。欧州ロマ権利センターは既存の EU 法の活用では加盟国の行動を変えることができなかったと批判し新規立法の必要性を訴え、さらに EU 基金の活用にコンディショナリティがないことも問題として指摘する［ERRC 2020］。しかし一方で、多数決を用いて立法し、法的拘束力を伴う手段によって加盟国に行動を強制できたとしても、それがさらに強い反発を招くという危惧は現実的なものであろう。

おわりに

政策課題を解決するためには政策課題の設定自体が重要であるが、ロマ統合 EU 枠組みではこの点で失敗していた［Thomann, Trein & Maggetti 2019］。メゾレベルの政策である EU のロマ政策は、ロマ統合 EU 枠組みを実施するなかで差別対策や権利保障の重要性が確認され、アプローチも対象を絞ったものだけでなく主流化も用いるように修正されていった。ロマ統合 EU 枠組みを実施しながら EU ロマ戦略枠組みが策定された過程を見ると、FRA によるデータ収集と分析、ロマに関する連絡窓口の設置とネットワーク化などによる加盟国、ロマ市民社会組織、国際機関、専門家などとの定期的な情報交換と協議による修正を繰り返す制度化されたインクリメンタリズムとして捉えられる。

ロマ統合 EU 枠組みは拘束力のないソフトなガヴァナンスであったが、EU ロマ戦略枠組みはより拘束力の強い要素が含まれている。すなわち、数値目標の設定によって目標の「明確さ」は格段に向上した。この比較可能性の向上とともに、加盟国の定期報告と欧州委員会による評価は、説明の「責務」や「正当化」の必要性と「非難をしたり恥をかかせたりする」機会の強化へとつながりうる。市民社会による監視は「国際的またはヨーロッパのレベルでの第３者の役割」をある程度強化した。「バンドル化」や制裁措置の可能な「他の政策領野との連結による執行」については人種平等指令など既存の EU 法の執行強化が当てはまるが、これは機能していないとの批判も強い。EU ロマ戦略枠組み自体に法的拘束力がないままで、政治的意思を欠く加盟国がどこまで EU のターゲットの達成に努力をするかは未知数である。

【付記】
本稿に関連する報告を日本国際文化学会（2019年７月６日)、世界政治研究会（2020年12月11日)、日本国際政治学会国際交流定例会（2022年８月20日）で行った。参加者の方々、特に平野健一郎、石田憲、川村陶子、成田大起、加藤恵美、柴田寛之の各氏から重要な指摘をいただいた。記して感謝したい。

(1) EU の HP（https://eur-lex.europa.eu/EN/legal-content/glossary/open-method-of-coordination.html）参照。
(2) 欧州委員会 HP（https://commission.europa.eu/content/roma-equality-inclusion-and-participation-eu_en）参照。
(3) 欧州審議会 HP（https://rm.coe.int/1680088ea9）参照。
(4) FRA［2022］は一般人口は2020年のデータ、ロマについては2016年と2021年の数値を示しているが、本節では一般人口2020年とロマの2021年の数値を述べる。
(5) 調査は2020年の８月と９月にオンラインおよび電話によって行われた。調査対象は、EU 加盟国ではブルガリア、チェコ、アイルランド、スロヴァキア、ルーマニア、ハンガリー、ベルギー、西バルカン諸国ではアルバニア、ボスニアヘルツェゴビナ、北マケドニア、セルビア、コソボ、トルコである。
(6) 本節の内容は土谷［2019］と一部重複している。
(7) 山川［2021］は「ロマ包摂の10年」は一方でロマ統合 EU 枠組みに、他方で非 EU 加盟国では「ロマ統合2020」へと引き継がれ、「西」と「東」の境界は EU の境界と重ねられて継続していると指摘する［山川 2021：141］。ロマ統合 EU 枠組みは EU 拡大対象となっている西バルカン諸国およびトルコも EU のロマ統合目標を参照するように促し、欧州委員会が拡大と関連して支援することを表明している。西バルカン諸国については EU ロマ戦略枠組みも同様である。
(8) 歴史的な経緯を含めたロマの人種化の分析として岩谷［2016］を参照。
(9) Report on the Workshop on future policies for Roma, 1 October 2019, p. 4.
(10) Shmidt & Jaworsky［2021］はロマについての認識的不正義は白人性（whiteness）によるロマの非歴史化＝非ヨーロッパの「未開人」としての固定化の歴史と結びついており、知を生み出してきたものの脱構築しながら、これを検討することが必要であると主張する。正義ではなく権利の実現という枠付けはこの可能性を閉ざしてしまうと彼らは批判するが、ロマ市民社会はEUの官僚主義に適応しないとEUのロマ政策の恩恵を受けられない点も「内なる植民地主義」の継続と指摘される［Ferkovics, Ryder & Szilvasi 2021: 48］。次節で紹介する指標も不正義を生み出している既存の知の体系に依存し再生産する危険性を持つと言えるだろう。この点は石田憲氏の指摘による。記して感謝したい。

(11) European Commission［2020c］と［2020d］は指標の番号にそれぞれミスがあり数も異なる。ここではもっとも整理されているFRA［2020c］に基づき紹介した。

(12) 本指標はEuropean Commission［2020d: 67］のみに記載されている。一方で、この文書には指標の6と14にあたるものは記載されていない。

参考文献

Anderson, Elizabeth (2006) 'The Epistemology of Democracy', *Episteme: A Journal of Social Epistemology*, Vol. 3, Issue 1-2.

アンダーソン、エリザベス (2022)「社会制度がもつ徳としての認識的正義」木下頌子、渡辺一暁、飯塚理恵、小草泰編訳『分析フェミニズム基本論文集』慶應義塾大学出版会。

Council of the European Union (2013) 'COUNCIL RECOMMENDATION of 9 December 2013 on effective Roma integration measures in the Member States', *2013/C 378/01*.

Council of the European Union (2021) 'COUNCIL RECOMMENDATION of 12 March 2021 on Roma equality, inclusion and participation', *2021/C 93/01*.

Cronin, Anne & Nuha Ibrahim (2022) 'A scoping review of literature exploring factors affecting vaccine uptake within Roma communities across Europe', *Expert Review of Vaccine*s, Vol. 21, Issue 10.

Ellena, Silvia & Vlad Makszimov (2022)' Faced with discrimination, Ukrainian Roma refugees are going home', *Euractiv*, 14.4.2022.
https://www.euractiv.com/section/non-discrimination/news/faced-with-discrimination-ukrainian-roma-refugees-are-going-home/

ERGO Network (2020) *THE IMPACT OF COVID-19 ON ROMA COMMUNITIES IN THE EUROPEAN UNION AND THE WESTERN BALKANS, Survey December 2020.*
https://ergonetwork.org/wp-content/uploads/2021/04/Ergo-covidstudy-final-web-double-v2.pdf

ERGO Network (2022) *ROMA ACCESS TO ADEQUATE HEALTHCARE AND LONG-TERM CARE in Bulgaria, the Czech Republic, Hungary, Romania, Slovakia, and Spain*, November 2022.
https://ergonetwork.eu/wp-content/uploads/2022/11/Ergo-2022-access-healthcareWEB.pdf

ERRC (2020) *NEW EU ROMA FRAMEWORK FALLS SHORT ON POLICE BRUTALITY, JUSTICE, & SEGREGATION*, 12 October 2020.
http://www.errc.org/press-releases/new-eu-roma-framework-falls-short-on-police-brutality-justice--segregation

European Commission (2010) 'COMMUNICATION FROM THE COMMISSION TO THE COUNCIL, THE EUROPEAN PARLIAMENT, THE EUROPEAN ECONOMIC AND SOCIAL COMMITTEE AND THE COMMITTEE OF THE REGIONS, The social and economic integration of the Roma in Europe', *COM (2010) 133 final.*

European Commission (2011) 'COMMUNICATION FROM THE COMMISSION TO THE EUROPEAN PARLIAMENT, THE COUNCIL, THE EUROPEAN ECONOMIC AND SOCIAL COMMITTEE AND THE COMMITTEE OF THE REGIONS, An EU Framework for National Roma Integration Strategies up to 2020', *COM (2011) 173 final.*

European Commission (2018) 'COMMUNICATION FROM THE COMMISSION TO THE EUROPEAN PARLIAMENT AND THE COUNCIL, Report on the evaluation of the EU Framework for National Roma Integration Strategies up to 2020', *COM (2018) 785 final.*

European Commission (2019) 'Policies for Roma integration follow up to the evaluation of the EU Framework, Workshop on future policies for Roma Background paper for session 1', 13 September 2019.

European Commission (2020a) 'COMMUNICATION FROM THE COMMISSION TO THE EUROPEAN PARLIAMENT AND THE COUNCIL, A Union of Equality: EU Roma strategic framework for equality, inclusion and participation', *COM (2020) 620 final.*

European Commission (2020b) 'ANNEX to the COMMUNICATION FROM THE COMMISSION TO THE EUROPEAN PARLIAMENT AND THE COUNCIL, A Union of Equality: EU Roma strategic framework for equality, inclusion and participation', *COM (2020) 620 final ANNEX 1.*

European Commission (2020c) 'ANNEX to the COMMUNICATION FROM THE COMMISSION TO THE EUROPEAN PARLIAMENT AND THE COUNCIL, A Union of Equality: EU Roma strategic framework for equality, inclusion and participation', *COM (2020) 620 final ANNEX 2.*

European Commission (2020d) 'COMMISSION STAFF WORKING DOCUMENT, Analytical document accompanying the COMMUNICATION FROM THE COMMISSION TO THE EUROPEAN PARLIAMENT AND THE COUNCIL, A Union of Equality: EU Roma strategic framework for equality, inclusion and participation and its accompanying proposal for a revised Council recommendation on national Roma strategic frameworks for equality, inclusion and participation, *SWD (2020) 530 fi-*

nal.

European Commission (2023) 'COMMUNICATION FROM THE COMMISSION TO THE EUROPEAN PARLIAMENT, THE COUNCIL, THE EUROPEAN ECONOMIC AND SOCIAL COMMITTEE AND THE COMMITTEE OF THE REGIONS, Assessment report of the Member States' national Roma strategic frameworks', *COM (2023) 7 final.*

European Parliament (2015) 'European Parliament resolution of 15 April 2015 on the occasion of International Roma Day — anti-Gypsyism in Europe and EU recognition of the memorial day of the Roma genocide during World War II (2015/2615 (RSP))', *P8_TA (2015) 0095.*

European Parliament (2017) 'European Parliament resolution of 25 October 2017 on fundamental rights aspects in Roma integration in the EU: fighting anti-Gypsyism (2017/2038 (INI))', *P8_TA (2017)0413.*

European Parliament (2019) 'European Parliament resolution of 12 February 2019 on the need for a strengthened post-2020 Strategic EU Framework for National Roma Inclusion Strategies and stepping up the fight against anti-Gypsyism (2019/2509 (RSP))', *P8_TA (2019) 0075.*

European Parliament (2020) 'European Parliament resolution of 17 September 2020 on the implementation of National Roma Integration Strategies: combating negative attitudes towards people with Romani background in Europe (2020/2011 (INI))', *P9_TA (2020) 0229.*

Faludy, Alexander (2022)'Ukraine's Roma refugees housed in cold, cramped hostels and denied schooling', *openDemocracy*, 20 December 2022.
https://www.opendemocracy.net/en/odr/roma-refugees-ukraine-hungary-discrimination/

Ferkovics, Roland, Andrew Ryder & Marek Szilvasi (2021) 'Mechanisms of empowerment for the Roma in a New Social Europe', in Andrew Ryder, Marius Taba & Nidhi Trehan eds., *Romani Communities and Transformative Change*, Bristol University Press.

FRA (2020a) *ROMA AND TRAVELLERS IN SIX COUNTRIES*, 23 September 2020.
https://fra.europa.eu/en/publication/2020/roma-travellers-survey

FRA (2020b) 'CORONAVIRUS PANDEMIC IN THE EU — IMPACT ON ROMA AND TRAVELLERS', *BULLETIN*, #5, 29 September 2020.

FRA(2020c) *Monitoring framework for an EU Roma Strategic Framework for Equality, Inclusion and Participation: Objectives and indicators*, 5 October 2020.

FRA (2022) *ROMA IN 10 EUROPEAN COUNTRIES—MAIN RESULTS.*

原田徹（2018）『EU における政策過程と行政官僚制』晃洋書房

Holt, Ed (2021) 'COVID-19 vaccination among Roma populations in Europe', *The Lan-*

cet Microbe, Vol. 2, Issue 7.
岩谷彩子（2016）「「移動民族」としてのロマと新人種主義：ヨーロッパ域内の人の移動をめぐるポリティクス」斉藤綾子、竹沢泰子編『人種親和を解体する１　可視性と不可視性のはざまで』東京大学出版会。
Jovanovic, Zeljko (2015) 'Why Europe's "Roma Decade" Didn't Lead to Inclusion', *OPEN SOCIETY VOICES*, September 21, 2015, Open Society Foundation.
Knodt, Michèle & Jonas J. Schoenefeld (2020) 'Harder soft governance in European climate and energy policy: exploring a new trend in public policy', *Journal of Environmental Policy and Planning*, Vol. 22, Issue 6.
Moschovidis, Marcos (2022) 'The Fundamental Right Agency's influence in reforming EU Roma policy', *International Journal of Roma Studies*, Vol. 4, No. 2.
Oxfam (2022) 'Roma refugees from Ukraine face Europe's coming winter with added burden of hostility and discrimination', *Oxfam blog*, 26 October 2022.
https://www.oxfam.org/en/blogs/roma-refugees-ukraine-face-europes-coming-winter-added-burden-hostility-and-discrimination
Rorke, Bernard (2015) 'Somewhere between Hope and Despair: Whatever Happened to Roma Inclusion between 2005 and 2015?', in Bernard Rorke & Orhan Usein eds., *A Lost Decade? Reflections on Roma Inclusion 2005-2015*, Decade of Roma Inclusion Secretariat Foundation.
Rostas, Iulius (2020) 'Ethnic Identity and Policymaking: A Critical Analysis of the EU Framework for National Roma Integration Strategies', in Huub van Baar & Angéla Kóczé eds., *The Roma and Their Struggle for Identity in Contemporary Europe*, Berghahn Books.
Saitovic, Maja & Marek Szilvasi (2021) 'Should governments consider Roma a priority in their Covid-19 vaccination roll-out plans?', *European Public Health Alliance (EPHA)*, Feb 3, 2021.
https://epha.org/should-governments-consider-roma-a-priority-in-their-covid-19-vaccination-roll-out-plans/
Shmidt, Victoria & Bernadette Nadya Jaworsky (2021) *Historicizing Roma in Central Europe: Between Critical Whiteness and Epistemic Injustice*, Routledge.
Storer, Elizabeth, Iliana Sarafian, Costanza Torre, Sara Vallerani & Eloisa Franchi (2022) 'COVID-19 vaccination campaigns and the production of mistrust among Roma and migrant populations in Italy', *BMJ Global Health*, Vol. 7, issue 9.
Strzyżyńska, Weronika (2022) "Meet us before you reject us': Ukraine's Roma refugees face closed doors in Poland', *the Guardian*, 10 May 2022.
https://www.theguardian.com/global-development/2022/may/10/ukraine-roma-refugees-poland
Thomann, Eva, Philipp Trein & Martino Maggetti (2019) 'What's the Problem? Multi-

level Governance and Problem-Solving', *European Policy Analysis*, Vol. 5, No. 1.
土谷岳史（2014）「ノマドという罪：EU シティズンシップのポリシング」『高崎経済大学論集』第56巻第 4 号。
土谷岳史（2019）「EU におけるロマ：「包摂」と「分断」の境界」『高崎経済大学論集』62巻 1 号。
Vermeersch, Peter (2015) 'The European Union and the Roma: Am Analysis of Recent Institutional and Policy Developments', in Will Guy ed., *The Challenge of Anti-Roma Politics*, IDEBATE Press.
山川卓（2021）「EU ロマ政策規範：反ジプシー主義との闘いとロマの非対象化へ？」市川顕、髙林喜久生編『EU の規範とパワー』中央経済社。
山本直2011『EU 人権政策』成文堂。
Zhelyazkova, Asya & Eva Thomann (2022) ''I did it my way': customisation and practical compliance with EU policies', *Journal of European Public Policy*, Vol. 29, No. 3.

第 8 章

欧州委員会の優先課題と EU 競争政策の接点
――SDGs に関連する不況対策・グリーン移行・デジタル移行を中心に――

吉　沢　　　晃

はじめに

欧州委員会は近年、自らが掲げる主要政策目標の達成に、EU の競争政策がいかに役立つのかをより一層強調するようになってきた。このことは、欧州委員会が公表した、競争政策に関する年次報告書2020年版と2021年版の構成に端的に表れている(1)。そこで、本章はフォン・デア・ライエン率いる現在の欧州委員会が掲げる優先課題と EU の競争政策が具体的にどの側面においてどのように関わっているのかを明らかにすることを試みる。さらに、各側面に関し、政策的にも学術的にも重要と思われる論点を指摘し、今後の研究の基盤作りをすることを目指す。分析にあたっては、欧州委員会が公表した競争政策に関する年次報告書、政策文書（communication など）、政策概説（policy brief）、報道発表（press release および statement）などの一次資料と、学術的文献などの二次資料を用いる。

元ドイツ国防相のウルズラ・フォン・デア・ライエンを委員長とする欧州委員会が発足したのは2019年12月１日であった。彼女は同年７月に欧州議会によって選出される前に「政治的ガイドライン」を発表し、その中で新欧州委員会が2024年10月31日までの約５年間の任期中に取り組むべき６つの優先課題を掲げた(2)。その６つとは（１）欧州グリーンディール、（２）人々のための経済、（３）デジタル時代にふさわしい欧州、（４）欧州的生き方を推進する、（５）国際社会でより強い欧州となる、（６）欧州の民主主義をさらに推進する、である(3)。

次節以降では、2020年版の年次報告書でも言及されているように[4]、これらのうち特に第1から第3の優先課題に取り組むうえで競争政策が重要な役割を果たしてきたことを示す。まず「欧州グリーンディール」と「デジタルにふさわしい欧州」を推進するために、一方では環境・デジタル関連の市場における企業の競争制限的行為を厳しく取り締まり、他方で加盟国政府による当該分野への経済支援（国家補助）は積極的に承認してきた。こうした傾向は政策の根本的転換ではなく、現欧州委員会の発足以前から始まっていた諸改革の延長線上にあるものと捉えられる。また、新型コロナウイルス感染症の世界的流行（パンデミック）とロシアによるウクライナ侵攻に起因する物価高騰、景気悪化という予期せぬ事態に対処するために、欧州委員会は国家補助規制を緩和し、それが「人々のための経済」実現につながると主張してきたのである。

本研究の意義は次の2点であると考えられる。まずEUの競争政策と欧州グリーンディールの関係[5]あるいはデジタル・プラットフォーム事業者規制の関係[6]などに関する、法学の観点からの優れた先行研究はすでにあるが、特定の側面にのみ着目するものが多い。これはEUの競争政策の対象領域が非常に広いことが一因であると思われる。それに対し、本章は同政策と欧州委員会の優先課題の関係という、より俯瞰的かつ政治学的な視点の提示を試みる点に特徴がある。第2に、本章のキーワードである不況対策・グリーン移行・デジタル移行は、いずれも本書全体のテーマ、すなわちSDGsと深い関連がある。特にゴール7（エネルギーをみんなにそしてクリーンに）、ゴール8（働きがいも経済成長も）、ゴール9（産業と技術革新の基盤をつくろう）、環境保護などに関するゴール11から15との結びつきが強いと言えるだろう[7]。持続可能性の向上はEUの競争政策（そして他の多くの国・地域の競争政策）の主要目標ではないが、それでも両者には多くの具体的な接点があることが以下の実証研究によって明らかにされる。

本章の構成は以下のとおりである。第1節では、パンデミックとロシアによるウクライナ侵攻の影響で起こった不況に際し、EUの競争政策の中でも特に国家補助規制の分野でどのような対応がとられてきたのかを説明する。第2節では、欧州グリーンディール（グリーン移行）に関する競争政策上の措置を概説する。デジタル移行・グリーン移行の双方に関わる政策も紹介する。第３節では、デジタル時代にふさわしい欧州（デジタル移行）の実現のために欧州委員会が近年行ってきた競争政策上の措置を説明する。最後に分析結果をまとめ、各節で取り上げたテーマに関して重要であると思われる研究上の問いを提示する。

なお、EUの競争政策には４つの主要分野として（１）カルテルなどの競争制限的な企業間の取り決めおよび協調行為（EU運営条約第101条）、（２）市場支配的地位の濫用（第102条）、（３）合併・買収などの企業結合（理事会規則139/2004）、（４）国家補助（第107条）があるが、テーマの性質上、第１節と第２節では国家補助、第３節では市場支配的地位の濫用に関する政策を中心に扱う。

第１節　パンデミックとロシアのウクライナ侵攻に関わる措置

欧州委員会の優先課題２「人々のための経済」とは社会的公正と繁栄のための社会的市場経済の実現であり、フォン・デア・ライエンが提示した政治的ガイドラインの中では中小企業支援、経済通貨同盟の深化、ジェンダー平等などの促進、公正な租税制度の導入などが具体的に挙げられていた[(8)]。同文書の中で競争政策への言及はなかったが、2020年初頭にパンデミックが起こると、欧州委員会は競争政策、特に国家補助規制の軌道修正を通じて不況対策を実施し、そのような政策変更を「人々のための経済」達成手段のひとつと位置付けるようになった[(9)]。その後、パンデミックの影響による欧州諸国の経済的・社会的混乱がようやく収束に向かいつつあった2022年２月に、今度はロシアによるウクライナ侵攻が始まったため、その影響で経済的打撃を被った企業をいかに迅速に救済するかが重要な政策課題となった。

EUの国家補助規制とは加盟国政府による国家補助（state aid）、すなわち特定の企業や産業に対して行う補助金給付や税制優遇などの経済支援を欧州委員会が審査し、EU市場における競争と加盟国間貿易が過度に歪曲されないようにする仕組みのことである。EUの国家補助規制は事前届出制を採用しており、原則として各加盟国は国家補助を実施する前に欧州委員会に届出をして承認を得なければならない。この承認を得ずに実施した場合はEU法違反となり、加盟国政府は当該補助の回収を求められる。

しかし景気の悪化、特に突発的な経済危機が発生した場合、多くの加盟国政府は企業を救済し雇用を守るために緊急かつ大規模な経済支援を行おうとする。そのような状況において欧州委員会は、一方ではルールを柔軟に適用したり一時的に緩和したりして迅速に多数の国家補助を承認し、他方では市場競争が過度に歪曲されないように規制の基本的枠組みは維持するという困難な課題に直面するのである。この点を踏まえ、以下ではEU国家補助規制の条約上の根拠を簡潔に説明したうえで、同規制がパンデミックの勃発後にどのように適用・修正されたのかを述べる。

EU国家補助規制に関する主な実体規定はEU運営条約の第107条である。同条の第1項で、「本条約に別段の定めがある場合を除き、加盟国によって、又は形態を問わず国庫から支出されるあらゆる補助であって、特定の事業者又は特定の商品の生産に便益を与えることにより競争を歪曲し又はそのおそれがあるものは、加盟国間の通商に影響を及ぼす限り、域内市場と両立しない。」という原則が示されている。そのうえで、第2項では「域内市場と両立する（shall be compatible）」補助、第3項では「域内市場と両立するものとすることができる（may be considered to be compatible）」補助が列挙されている。第2項に該当すると判断された補助は、事前届出を怠るなどの手続き上の不備がない限り承認されるのに対し、第3項に基づいて補助を承認するかどうかは、その補助がもたらす競争歪曲効果とさまざまな経済的・社会的利益を比較考量したうえで欧州委員会が個別に判断する[(10)]。

パンデミックの影響により2020年初頭から欧州諸国の経済が大混乱に陥ると、加盟国政府から欧州委員会への国家補助届出が急増した。この事態を受け、欧州委員会は主に4つの法的根拠に基づいて、矢継ぎ早に承認を進めていった。1つ目は第2項第b号「自然災害その他異常状態により生じた損害を補填するための補助」、2つ目は第3項第b号の後半「加盟国の経済の重大なかく乱を救済するための補助」、3つ目は第3項第c号「一定の経済活動の発展又は一定の経済地域の開発を容易にするための補助」である。欧州委員会が公表した承認リストによれば、それぞれの法的根拠に基づいて承認された届出の数は、2022年12月20日時点で107件、28件、４件であった[(11)]。４つ目の、そして加盟国政府と欧州委員会の双方にとって最も重要であった法的手段は、第３項第ｂ号に基づいて採択された臨時枠組（temporary framework）である。この臨時枠組は欧州委員会によって2020年３月に採択され[(12)]、パンデミックによって経済的損害を被った企業に対し、加盟国政府が（１）一定額以内の直接支払いまたは税制上の優遇、（２）銀行貸し付けへの政府保証、（３）公的および民間金融機関への利子補給金などの形で経済支援を行うことを可能にした。同枠組はその後６度修正され、その過程で適用範囲の拡大と期間延長が繰り返されたが、ワクチン接種が進みパンデミックが収束しつつあるとの判断に基づき、臨時枠組の適用期間をこれ以上延長しないことが欧州委員会によって2022年５月に決定された[(13)]。この決定にしたがい、同年６月末に臨時枠組は失効した。ただし、支払い能力支援と持続可能な回復のための投資支援に関する規定は2023年末まで有効とされた。欧州委員会のホームページ（2023年１月15日閲覧）によれば、この臨時枠組に基づき、これまでに全加盟国政府による合計980以上の支援策が承認され、これらの合計額は約3.2兆ユーロにのぼった[(14)]。

以上のことから、欧州委員会はパンデミックに対応するために多様な法的手段を組み合わせて用いたことと、迅速な対応のために特に重要であったのは４つのうち１つ目と４つ目の手段であったことが分かる。すなわち、個別事件ごとの詳細な経済的・社会的効果の分析が不要である、第２項第ｂ号「自然災害その他異常状態により生じた損害を補填するための補助に基づく承認」と、第３項第ｂ号「加盟国の経済の重大なかく乱を救済するための補助」に基づいて定められた臨時枠組である。

臨時枠組がまだ有効であった2022年２月、ロシアによるウクライナ侵攻が始まった。この紛争と、Ｇ７諸国やその他の国々によるロシアへの経済制裁およびロシアによる対抗措置などの影響を受け、EU諸国でエネルギー資源価格・食料価格などが高騰した。この問題に対応するため、欧州委員会は３月に新たな臨時枠組を採択した。これにより、加盟国政府は（１）今回の紛争、経済制裁、あるいは報復制裁によって影響を受けた企業に対する一定額以内の補助、（2）流動性確保を目的とした、政府保証・融資による銀行・その他の企業に対する支援、そして（3）エネルギー価格高騰を相殺するための補助をより容易に行えるようになった(15)。7月と10月には、脱炭素化・再生可能エネルギー促進に関する環境政策・エネルギー政策や他の経済復興策などとの整合性を考慮しつつ、同枠組の内容が微修正され、適用期限は2023年末まで延長された。

本節で概観した欧州委員会の対応を見ると、2000年代末の世界金融危機のときと同様、主に臨時枠組という措置を用いて2020年のパンデミック、2022年のロシアによるウクライナ侵攻に対処してきたことが分かる。この面では、政策の一貫性および経験の積み重ねが見て取れる。他方で、ロシア・ウクライナ問題という文脈での国家補助の承認はEUおよびEU加盟国政府の外交・安全保障政策と間接的に結び付いている点が特徴であり、パンデミック（およびその前の世界金融危機）への対応とは質的違いがある点にも留意する必要があるだろう。

第2節　グリーン移行に関わる措置

欧州委員会の優先課題の一つ「欧州グリーンディール」とは、フォン・デア・ライエンが、委員長就任後100日以内に提案すると宣言した政策パッケージである(16)。実際、就任10日後の2019年12月11日に、欧州委員会はコミュニケーションを公表し、この政策パッケージの具体的内容を示した(17)。欧州グリーンディールの柱の1つは環境保護強化であり、気候変動対策（脱炭素化を進め、2050年までに気候中立を達成する）、生物多様性の保全、公害対策、循環型経済への移行などが具体策である。もう1つの柱は、環境にやさしい技術の開発（グリーン・イノベーション）の促進による経済成長である。

欧州委員会によれば、競争政策は再生可能エネルギーへの移行および環境配慮型の交通・運輸（クリーン・モビリティー）の促進を通し、EUが掲げる環境関連の諸目標の達成に貢献することができる(18)。欧州グリーンディールの目的に沿って実施されてきた競争政策関連の主な措置は、次の4点に分類できる。

（１）カルテル事件および企業結合事件の審査を行い、グリーン関連技術の開発をめぐる企業間競争が過度に制限されることを予防
（２）欧州グリーンディールの目的を踏まえた、各種の国家補助ルールの改正
（３）欧州グリーンディールの目的に適合した国家補助計画の承認
（４）グリーン移行とデジタル移行に資する技術開発を促進するために、複数の加盟国からの共同支援を受ける「欧州共通利益に適合する重要プロジェクト（IPCEI）」を推進

１点目に関して欧州委員会が実施した措置の例としては、交通・運輸部門のカルテル２件と、水道・廃棄物処理部門における買収計画１件に関する2021年の決定が挙げられる[19]。まず、ドイツとベルギーの鉄道会社３社（ÖBB, DB, SNCB）が関与したカルテルでは、合計4,800万ユーロの制裁金が課された[20]。本件では、これらの企業が共謀し、越境的な鉄道貨物輸送サービスをめぐる競争を制限していたことがEU競争法に違反する行為であったとされた。この背景には、鉄道貨物輸送は航空貨物輸送より環境への負荷が小さいので、持続可能な経済にとって重要である、というEUの考え方がある。次に、大手自動車会社３社（ダイムラー、BMW、フォルクスワーゲン・グループ）が関与した事件についての決定が行われた[21]。欧州委員会によれば、３社はディーゼル車の排気ガスに含まれる有害物質（窒素酸化物）の処理に関する技術開発を抑制する取り決めを行った。これはEUによる自動車排気ガス規制強化が進む中で、企業が研究開発費・設備投資費などの増大を抑えようとして行った行為と思われ、グリーン移行推進の取り組みに反するものとされた。なお、このカルテルに参加したことを自供したダイムラーは制裁を免れたが、他の２社に対しては合計で約８億7500万ユーロの制裁金が課された。企業結合の分野では、ヴェオリアによるスエズの買収が条件付きで承認された[22]。両社は水道・廃棄物処理事業などを世界的に展開し、多くの地方自治体や企業にサービスを提供している大手フランス企業である。両社の事業は重複する部分が多いため、グリーンディールおよび循環型経済の促進にとって重要な２つの分野、すなわち水処理と廃棄物処理に関する技術開発が

本買収によって停滞することを欧州委員会は懸念した[23]。最終的には、ヴェオリアが問題解消措置（一部事業の売却など）を提案し、欧州委員会がこれを受け入れて買収を承認した。このように、欧州委員会はカルテル規制と企業結合規制を通し、グリーン移行の阻害要因の除去に取り組んできた。

２点目は、欧州グリーンディールの目的を踏まえた、各種の国家補助ルールの改正である。EU の競争政策が欧州グリーンディールの方向性に即したものであるかを精査するため、欧州委員会は2020年10月に意見公募を開始し、さらに2021年２月にハイレベル会議を開催して、包括的検討を進めた。この検討結果を踏まえ、欧州委員会は競争政策と欧州グリーンディールに関する政策概説を９月に発表し、今後の法改正の見通しを示した[24]。競争政策の各分野（企業間の共同行為・企業結合・国家補助など）において改正作業が進められており、その内容は非常に多岐にわたるが[25]、特に重要な点として次の２つが挙げられる。まず2021年７月に欧州委員会が一般一括適用免除規則の改正案を採択した。これにより、グリーン移行・デジタル移行・パンデミックからの復興という３つの目標達成に役立つ事業への補助、具体的には建物のエネルギー効率改善や電気自動車の充電インフラ整備などへの経済支援が、新たに同規則の適用範囲に加えられた[26]。一括適用免除規則の対象になるということは、加盟国政府の欧州委員会への事前届出義務が免除されることを意味し、上記の分野へのより迅速な国家補助が可能となる。次に、エネルギーと環境に関する国家補助ガイドラインの改正案が欧州委員会によって2021年12月に採択された[27]。これにより、環境配慮型の交通・運輸と産業の脱炭素化などに関わる分野がガイドラインの適用対象に加えられ、より幅広い分野での国家補助が認められることとなった。また、欧州グリーンディールに寄与する技術への補助を、加盟国がより柔軟に行うことができるようになった[28]。

３点目は、欧州グリーンディールの目的に適合した国家補助計画の承認である。例えば2021年を例にとると、欧州委員会は再生可能エネルギーに関する補助18件、環境配慮型交通に関する補助７件を承認した[29]。補助金額が大きいものとしては、フランス政府による再生可能エネルギー発電支援計画が挙げられる[30]。同計画にしたがい、フランス政府は陸上太陽光発電・陸上風力発電・水素発電設備の運営業者に対し、2021年から2025年までの期間に305億ユーロの資金補助を実施する予定である。また、規模は比較的小さいが特色のあるものとしては、ドイツ政府が非EU加盟国における再生可能水素生産への投資に9億ユーロの支援を行うとした計画（H2 Global）がある[(31)]。今後EU域内において水素エネルギーへの需要が高まることを見越し、ドイツ国内ではなく近隣諸国への民間投資を促進する点がこの補助計画の特徴である。

最後に、グリーン移行とデジタル移行の両方に密接に関わる措置の典型例として、「欧州共通利益に適合する重要プロジェクト（IPCEI）」の審査・承認が挙げられる。IPCEIの特徴は単一の加盟国ではなく複数国の補助によって実施される点である。IPCEIの主な目的は、一ヵ国の政府や企業の資金のみでは実施が困難な大規模プロジェクトを応募し支援することにより、重要な社会課題の解決につながる技術革新を促進するとともに、グリーン移行・デジタル移行・単一市場の強靭化というEUの主要目標を達成することにある[(32)]。近年の重要なできごととしては、2021年1月に、電池バリューチェーンに関する研究開発支援プロジェクト「欧州電池技術革新」が欧州委員会によって承認されたことが挙げられる。これはEU加盟国のうち12ヵ国が合計29億ユーロを支出する大規模なものであり、化石燃料から代替燃料への移行の加速に貢献することが期待されている[(33)]。なお、2021年11月にIPCEI国家補助ルールに関するコミュニケーションの改定が行われた[(34)]。この新たなコミュニケーションでは中小企業の参加の重要性がうたわれ、また参加国政府が環境保護規制の遵守を証明する義務を負うことが明記された。したがって、包摂的で持続可能な成長の後押しという政策目標が、以前にも増して鮮明に打ち出された内容になっている。

以上、グリーン移行に関わる4つの競争政策上の措置を見てきた。総じて、現在の欧州委員会は既存の規制枠組をおおむね維持しつつ、欧州グリーンディールとの整合性という観点から漸進的に競争法・政策を修正してきたと言えるだろう。

第3節　デジタル移行に関わる措置

EUにおいて、競争政策とデジタル化推進に関する諸施策の結びつきは非常に強い（デジタル戦略の詳細については、本書の第1章を参照）。このことは、2014年から2019年まで競争政策担当の欧州委員を務めたベステアー（デンマーク）が、フォン・デア・ライエン委員会では「デジタル時代にふさわしい欧州」問題担当の執行副委員長を務め、かつ競争政策も引き続き担当している点に端的に表れている。もっとも、競争とデジタルのつながりが強調されるようになったのは最近のことではなく、例えば2015年5月に欧州委員会が公表したコミュニケーション「欧州のための単一デジタル市場戦略」においてすでに示唆されていたと言える[35]。具体的には、越境的な電子商取引を制限する行為（地理的制限、geo-blocking）やデジタル・プラットフォーム関連市場における競争のゆがみの問題が指摘されていた[36]。また、市場支配的地位の濫用に関して言えば、大手IT企業に対する法執行強化は2000年代以降の一貫した傾向である。

競争法を効果的に執行するとともに必要に応じて法改正を行っていくことは、EU経済のデジタル移行を推進するうえでも、パンデミックによって引き起こされた不況からの立ち直りを図るうえでも不可欠だというのが欧州委員会の公式見解である[37]。この点を踏まえつつ、優先課題3「デジタル時代にふさわしい欧州」を実現するため、フォン・デア・ライエン委員会は2019年12月の発足以来さまざまな競争政策上の措置を実施してきた[38]。主な措置は4つに大別できる。

（1）加盟国政府による、ブロードバンド・ネットワーク整備のための国家補助

（2）デジタル市場での競争をゆがめる、企業間の取り決め・協調行為の取り締まり

（3）大手IT企業、特にデジタル・プラットフォーム企業による市場支配的地位の濫用の取り締まり

（４）同じくデジタル・プラットフォーム企業を規制対象とするデジタル市場法案の提出

第１に、欧州委員会はEUの国家補助ルールを執行するにあたり、ブロードバンド・ネットワーク（高速大容量通信回線）の普及促進を阻害しないように配慮してきた。デジタル・インフラストラクチャーの整備には民間投資が欠かせないが、公的資金も重要である。したがって、域内市場の競争を過度にゆがめないと判断される場合には、加盟国政府が行うデジタル関連の国家補助を認めるというのが欧州委員会の基本方針である。これは2021年３月に公表された政策文書「2030デジタル・コンパス――デジタルの10年のための欧州の道筋」の主旨にも合致している。欧州委員会は同文書の中で、2030年までの指針（コンパス）の１つとして、安全で高性能で持続可能なデジタル・インフラの整備を掲げた。そして、2030年までにEU諸国の全ての家庭をギガバイト・ネットワークでつなぎ、人口密集地帯には５Gを普及させるという目標の設定を、欧州議会とEU理事会などへ提案したのである[(39)]。近年の国家補助規制の動向に目を向けると、まず個別事件に関する審査が進められ、例えば2020年にイタリア・ギリシャ・ドイツの補助計画が承認された[(40)]。なお、イタリアの事例は低所得者層の支援、ドイツの事例はインフラ整備が不十分な地方の支援に重点があり、ギリシャの事例は学生への支援を通じてオンライン学習を促進しようとするものであって、いずれも公的投資増大とデジタル格差解消を重視するEUの方針に沿っていた点が興味深い。また、既存の審査基準、すなわち2013年のブロードバンド国家補助ガイドラインの見直しが進められ、2022年12月に新たなガイドラインが定められた[(41)]。今後は国家補助計画の審査の際、このガイドラインが用いられることとなる。変更点としては、一部の規定が明確化されたことや、近年の技術発展を踏まえて承認基準が改正されたことが挙げられる。例えばダウンロード速度１Gbps以上およびアップロード速度150Mbps以上の通信速度を市場参加者が供給しないであろう状況を市場の失敗と見なし、そのような状況にある地域への国家補助を認める、と定められた[(42)]。

第２に、企業間の反競争的な取り決めや協調行為に関しては、パソコン・

ゲーム市場において事業を展開する6企業に対して制裁金が課された[43]。事件の概要は以下のとおりである[44]。欧州委員会は2017年2月、アメリカ企業バルブおよびパソコン・ゲームの開発・販売企業5社に対する調査を開始し、2021年1月に最終決定を行った。バルブは世界有数のパソコン・ゲーム・プラットフォームSteamを運営する企業である。消費者はSteamにおいて、バルブのゲームだけでなく、DVDや他社のサイトを通じて入手したゲームも再生できるが、その際には同社が発行する認証コードが必要となる。そこで、同社はゲームの開発・販売を行っている企業バンダイナムコ（日本）、カプコン（日本）、フォーカスホーム（フランス）、コチメディア（オーストリア）、ゼニマックス（アメリカ）と契約を結び、一部のゲームソフトを特定の国でのみ再生できる認証コードを提供した。この行為は、国境を越えた市場競争を制限し、価格低下を防ぐ方策であったと考えられる。欧州委員会は、このように市場が地理的に分割されることで欧州の消費者が域内で自由に商品購入を行う機会を奪われたとして、バルブに対して約160万ユーロ、その他の5社に対して合計で約600万ユーロの制裁金を課したのである。この決定に際して競争政策担当のベステアー執行副委員長は、いまやオンライン・ゲーム市場は17億ユーロを超える重要な成長市場であることを指摘し、またEUデジタル単一市場の恩恵を欧州の消費者たちが享受できるように、本件のような地理的制限行為には厳しく対処していくことを強調した[45]。

第3に、特に市場支配的地位の濫用の分野において、デジタル・プラットフォーム（EUの用語ではオンライン・プラットフォーム）を運営する企業への審査が欧州委員会によって引き続き行われてきた。デジタル・プラットフォームとはインターネットを通じて多数の生産者と消費者を仲介する場のことであり、例としてオンラインの検索エンジン、通販サイト、ソーシャル・ネットワーキング・サービス、スマートフォンの基本ソフトやアプリストアなどが挙げられる。なお、市場支配的地位の濫用の観点からIT企業の取り締まりを強化すること自体は新しい現象ではなく、2000年代から見られた傾向であった。アメリカ企業であるマイクロソフトなどに巨額の制裁金が課されたことは広く知られている。ただし、デジタル・プラットフォームを用いた営利活動の取り締まりが本格化したのは2010年代に入ってからである。2017年

表１　欧州委員会による市場支配的地位の濫用規制：
デジタル・プラットフォーム企業にかかわる重要事件（2023年１月15日現在）

対象企業、事件の名称・番号	事件の焦点	審査状況
アマゾン・ドット・コム １）Amazon-Market Place（AT. 40462） ２）Buy Box（AT. 40703）	１）出品者の非公開ビジネス情報を、競合する自社商品の小売業に利用しているか ２）自社商品と、自社の物流・配送サービスを用いる出品者の商品を優遇しているか	2019年７月17日審査開始 2020年11月10日異議告知書送付 2022年12月20日確約決定、審査終了
アップル １）Apple-App Store Practices（music streaming）（AT. 40437） ２）Apple-Mobile payments（AT. 40452）	１）携帯アプリ Apple Store を利用する音楽ストリーミング提供業者への課金、他の購入方法の表示制限が支配的地位の濫用に当たるか ２）自社のモバイル機器において、自社のモバイル決済アプリを有利にするため、他社による類似アプリの開発を阻害したか	2020年６月16日審査開始 １）2021年４月30日異議告知書送付 ２）2022年５月２日異議告知書送付
フェイスブック（現メタ） Facebook leveraging（AT. 40684）	オンライン広告関連データを、そのデータ提供の広告会社と競争するために利用しているか	2021年６月４日審査開始 2022年12月19日異議告知書送付
グーグル Google-Adtech and Data-related practices（AT. 40670）	オンライン広告関連データを独占し、自社サービスを優遇しているか	2021年６月22日審査開始

（出典）European Commission（2022a: 15-16）および欧州委員会の競争法関連事件データベース（https://ec.europa.eu/competition/elojade/isef/index.cfm）を基に筆者作成。

から2019年にかけて、欧州委員会はアメリカ企業グーグルに対して制裁金を３度課し、その合計額は約80億ユーロ（日本円にして１兆円以上）にのぼった。３つの事件はそれぞれ比較オンライン・ショッピング、モバイル機器用ソフトウェア、オンライン検索連動型広告に関するものであった(46)。さらに、表１が示すように、欧州委員会は2019年から2021年にかけてグーグル、アップル、フェイスブック（現メタ）、アマゾン・ドット・コムというアメリカの巨大IT企業（いわゆるGAFA）それぞれに対する事件の審査を開始した。アマゾン・ドット・コムに対する２事件については、同社が問題解消措置を提案し、欧州委員会がそれらを受け入れて法的拘束力のあるものとする決定（確約決定）を行ったことで終了した。その他の事件についても、近い将来、欧州委員会が決定を下すものと思われる。

なぜこれらの企業が競争当局による取り締まりの対象になりがちかというと、デジタル・プラットフォームを介した経済は規模の経済・ネットワーク外部性・範囲の経済などの特徴を持つため、市場の独占化が起こりやすいからである[47]。たとえば、ネットワーク外部性（あるネットワークの利用者数が増えるほど、各利用者の便益が高まる現象）を例に説明すると、あるスマートフォンのアプリストアを利用する消費者が多ければ、そのストア向けにアプリを開発する企業が増え、結果としてさらに多くの消費者がそのストアに集まってくるのである。したがって、ある程度の規模の利用者数（閾値）を最初に確保した企業の一人勝ちになりやすい。このような市場の失敗問題に対処するため、近年、EU や他の多くの先進国において、競争当局によるデジタル・プラットフォーム規制が強化されつつある。

第４に、欧州委員会は競争的で公正なデジタル市場に関する規則（Regulation 2022/1925）、いわゆるデジタル市場法（Digital Markets Act）案を2020年12月に提出した。同法案は欧州議会と EU 理事会によって2022年３月に採択され、同年11月に発効し、2023年５月から段階的に適用されることとなった[48]。デジタル市場法の目的は、多数の企業と多数の最終消費者の重要な仲介役、すなわち「ゲートキーパー（門番）」の役割を果たしている大手デジタル・プラットフォーム企業が、消費者や他の企業などに対して不公平な条件を押し付けるのを防止することである。この立法趣旨に基づき、デジタル市場法はゲートキーパーに該当するデジタル・プラットフォーム企業の（１）定義と（２）義務、（３）罰則などを規定している。まず定義に関し、「ゲートキーパー」とはコア・プラットフォーム・サービスを提供しており、かつ３つの数量的基準を満たす企業であるとされる。ここでいう「コア・プラットフォーム・サービス」とはオンライン検索エンジン、ソーシャル・ネットワーキング、動画共有サイトなど第２条第２項で列挙されたサービスを指す。３つの数量的基準とは、それぞれ EU 域内市場における売上高、一定期間の利用者数、その利用者数を確保してきた期間に関するものであり、第３条第２項で規定されている。次に、ゲートキーパーの義務は第５条から第15条で規定されており、合法行為と違法行為（do's and don'ts）が詳細に定められている。違法行為の例としては、オンライン検索結果において自社製品を優先的に表示するなど、プラットフォーム提供者の地位を利用して自社製品を優遇する行為が挙げられる。最後に、罰則に関して、欧州委員会は当該企業の前会計年度の世界売上高10％以下の制裁金を課す権限を持ち、さらに過去に同一あるいは類似の違反を行った企業に対しては20％以下の制裁金を課すことができると定められた（第30条第１項および第２項）。

総じて、1950年代以来のEC/EU競争政策のアプローチ、すなわち競争法違反が行われた後に欧州委員会とEU司法裁判所が法執行を行う事後規制（ex-post regulation）ではなく、先に規制対象となる企業を指定しその義務と禁止行為を列挙しておくという事前規制（ex-ante regulation）の形を取っている点がデジタル市場法の大きな特徴である。この点で、電気通信市場などにおいて一般的に見られる規制手法と類似している[(49)]。事後規制の場合、競争当局による情報収集と詳細な法的・経済的分析によってEU法違反が立証される必要があるが、事前規制の場合は禁止行為が事前に明示されているため、一般的により少ない行政資源で行うことが可能であると考えられている。なお、デジタル市場法は既存のEU競争法に置き換わるものではなく、これを補完するものである[(50)]。

既存のEU競争法によってデジタル・プラットフォーム規制問題に十分に対応可能であるとの見解を、ユンカー委員長時代（2014年11月～2019年11月）の終盤まで示していた欧州委員会が、デジタル市場法案の提出へと大きく舵を切った要因は４つあったと指摘されている[(51)]。第１に、2014年以降のデジタル単一市場創設へ向けた欧州委員会の施策が、2020年２月のデジタル戦略によってより具体化され、その文脈の中で新たな競争ルールが模索され始めたという背景があった。第２に、欧州委員会によるデジタル・プラットフォーム企業関連事件の審査によって、従来の事後規制の限界が次第に明らかになっていった[(52)]。欧州委員会がグーグルに対する諸事件の調査を開始したのは2010年であり、それから１つ目の事件についての決定を行うまで７年が費やされた。加えて、３つの事件それぞれについてグーグルは決定取消訴訟を起こしており、EU司法裁判所による最終判断が下るまでにはさらに時間がかかる。このように法執行が長引く間に、消費者や取引先企業が甚大な経済的損失を被ったり、ライバル企業が市場から撤退したりする可能性は十分にある。また、大手デジタル・プラットフォーム企業の事業は多岐にわたるので、欧州委員会が個別事件において禁止できる行為は氷山の一角に過ぎないといった問題や、再発防止のために効果的な問題解消措置を企業に課すことの難しさといった問題なども指摘されてきた。第3の要因は、専門家などの意見の影響である。2019年から2020年にかけ、欧州委員会はデジタル・プラットフォーム規制と競争政策について2度の意見公募を行い、大規模な会議を開催し、EU 内外の諸団体に調査と報告を依頼し、EU 加盟国および非加盟国が発行した各種報告書も参照して新たなルールの方向性を模索した。その中で、事前規制の重要性を指摘する声が多数を占めたことが法案提出を後押しした。第4の要因は、プラットフォーム企業の立場は多様で、立法過程において一枚岩となって影響力を行使できなかったことである。例えばグーグルなどは欧州委員会に対して大々的なロビー活動を行い厳格なルールの制定を阻止しようとしたが、中規模のプラットフォーム企業であるブッキング・ドットコムは、超大企業のみに適用される新規制に反対しない立場を取った。また、アップルのビジネス手法に反対する立場からフェイスブックは法案を基本的に支持するなど、企業間で意見が割れていたことが指摘されている。

以上、デジタル移行に関わる4つの競争政策上の措置を見てきた。1番目から3番目までの措置は、既存の EU 競争政策の方向性をおおむね維持しつつ、その内容を更新したりより一層推し進めたりするものであると言える。これに対し、デジタル市場法の制定は従来の事後規制に事前規制を上乗せするという、根本的な政策転換であると言えるだろう。

おわりに

EU の競争政策は非常に多岐にわたるため、個別の規制領域や個別事件に関する法学的・経済学的分析が多くなりがちである。これらの研究は重要であるが、現在の欧州委員会の基本方針と競争政策がどのように関わっているのかは、十分に明らかにされてこなかった。そこで、本章ではフォン・デア・ライエン委員会の優先課題と EU の競争政策の接点を俯瞰的に分析することを試みた。そして、6つの優先課題のうち「人々のための経済」、「欧州グリーンディール」、「デジタル時代にふさわしい欧州」の3つに関し、具体的に競争政策の分野でどのような対応がとられてきたのかを説明した。

これら3つの課題同士の関係については、以下の2点が指摘できる。まず、競争政策の文脈に限らず一般論として、これらが密接に結び付いていることを欧州委員会は強調してきた。このことは、例えば第3節で言及した欧州委員会の政策文書「2030デジタル・コンパス――デジタルの10年のための欧州の道筋」(2021年3月)に見て取れる。同文書では、一方でデジタル技術は欧州グリーンディールの諸目標の達成に大いに貢献できると述べられている。他方で、パンデミックによってデジタル格差が露呈したこと、そしてより良い豊かな暮らしのためのデジタル移行をすべての欧州市民・企業が享受できるようにすることは、すなわち(SDGsの精神でもある)「誰も取り残されない」社会に向けた取り組みでもあると説明されている[(53)]。これはまさに社会市場経済の理念に基づいた「人々のための経済」にデジタル移行が貢献できるという主張だと解釈できるだろう。第2に、欧州委員会の政策において、特にグリーン移行とデジタル移行は強固に結び付けられている。このことは、例えば第2節で言及した、「欧州共通利益に適合する重要プロジェクト」の推進に表れていると言えるだろう。

最後に、本章で焦点を当てた不況対策・グリーン移行・デジタル移行というテーマそれぞれに関し、政策的にも政治学的にも重要と思われる論点を提示したい。1つ目の論点は、パンデミックがEUの競争政策、特に国家補助規制に対し、ガバナンスの面でいかなる影響を与えたのかという点である。先行研究では、2000年代末に世界金融危機が起こった際に国家補助規制は一時的に緩和されたが、根本的には変化しなかったと指摘されている[(54)]。しかし、今回のパンデミックの影響も同様に一時的・限定的であったと見なせるかどうかは、まだ十分に明らかにされておらず、より詳しい検討が今後求められる。2点目は、ロシアによるウクライナ侵攻の文脈での国家補助規制緩和をどう解釈するかという点である。国家補助規制とEUおよびEU諸国の外交・安全保障政策の結び付きが強まりつつあると見るのか、それともこれを特殊な例と見るのか、議論する価値があると思われる。3点目は、欧州グリーンディールの目的に適合した（と欧州委員会が見なす）国家補助、特に「欧州共通利益に適合する重要プロジェクト」がどのように採択・実施されたのか、また産業政策およびグリーン移行・デジタル移行の観点からどの程度評価できるのかである。最後は、EU がデジタル・プラットフォーム企業を今後どの程度、どのような手段を用いて規制していくのかである。法執行面では、表１で示した、現在審査中の事件の行方が注目される。立法面では、2022年に成立したデジタル市場法が非常に重要であり、今後この新しいルールがどのように適用されていくのかが注目される。無論、他にも多数の重要な論点が考えられるであろうが、ここでは本章の分析に基づき以上の４点を特に重要なものとして挙げた。これらの論点につき、今後さらに研究を進めていきたい。

［付記］本研究は、独立行政法人日本学術振興会の科学研究費助成事業（若手研究、21K13253）の助成を受けた。

(1) 従来の報告書は基本的に政策領域ごと（antitrust, merger, state aid など）の章立てとなっていたが、2020年版の報告書の第４～６章と2021年版の第３～５章は、優先課題１から３に対応する形で整理されている。European Commission (2021a) *Report on Competition Policy 2020*, COM (2021) 373 final. European Commission (2022a) *Report on Competition Policy 2021*, COM (2022) 337 final.

(2) European Commission (2019a) *A Union that strive for more: My agenda for Europe: political guidelines for the next European Commission 2019–2024.*

(3) 日本語訳は以下の文献に依拠した。駐日欧州連合代表部（2020）「初の女性委員長が率いるフォン・デア・ライエン新欧州委員会」『EU MAG』https://eumag.jp/feature/b0120/（2023年１月15日閲覧）。

(4) European Commission (2021a), op. cit., p. 2 .

(5) 亀岡悦子（2022）「欧州グリーンディールの EU 競争法へのインパクト」『公正取引』第855号、16–25頁。

(6) ヴァンドゥワラ、サイモン (2022)「ビッグテックの台頭―競争法は機能しているか？」東京大学法学部「現代と法」委員会編『まだ、法学を知らない君へ―未来をひらく13講』有斐閣、155–168頁。由布節子（2020）「デジタル時代における EU 競争法政策と日本―プラットフォーム規制を中心に」『日本 EU 学会年報』第40号、56–82頁。

(7) SDGs の概要および交渉過程に関しては以下の文献を参照。南博・稲葉雅紀 (2020)『SDGs―危機の時代の羅針盤』岩波書店。

(8) European Commission (2019a), op. cit., pp. 8–12.

(9)　European Commission (2022a), op. cit., pp. 23-28.
(10)　笠原宏（2016）『EU競争法』信山社、317-318, 329-333頁。
(11)　European Commission (2022b) *Coronavirus Outbreak: List of Member State Measures approved under Articles 107(2)b, 107(3)b and 107(3)c TFEU and under the State Aid Temporary Framework* (last update: 20 December 2022), https://competition-policy.ec.europa.eu/system/files/2023-01/State_aid_decisions_TF_and_107_2b_107_3b_107_3c.pdf (accessed 15 January 2023).
(12)　European Commission (2020) *Temporary Framework for State aid measures to support the economy in the current COVID-19 outbreak*, OJ C91 I/1.
(13)　European Commission (2021a), op. cit., pp. 3-7; (2022a), op. cit., pp. 7-8.
(14)　European Commission, 'The State Aid Temporary Framework', https://competition-policy.ec.europa.eu/state-aid/coronavirus/temporary-framework_en (accessed 15 January 2023). この臨時枠組の元で承認され実施された補助の国別金額・割合・傾向などについては以下を参照。European Commission (2022c) *Competition State Aid Brief 03/2022*.
(15)　European Commission (2022d) 'State aid: Commission adopts Temporary Crisis Framework to support the economy in context of Russia's invasion of Ukraine', Statement, STATEMENT/22/1949.
(16)　European Commission (2019a), op. cit., pp. 5-7.
(17)　European Commission (2019b) *The European Green Deal*, COM (2019) 640 final.
(18)　European Commission (2022a), op. cit., p.20.
(19)　Ibid., pp. 21-23.
(20)　事件番号は以下の通り。Case AT.40330, Rail cargo.
(21)　Case AT.40178, Car Emissions.
(22)　Case M.9969, Veolia/Suez.
(23)　European Commission (2021b) 'Mergers: Commission approves the acquisition of Suez by Veolia, subject to conditions', Press Release, IP/21/6885.
(24)　European Commission (2021c) *Competition Policy Brief 2021-01*.
(25)　亀岡、前掲論文。
(26)　Commission Regulation (EU) 2021/1237 of 23 July 2021 amending Regulation (EU) No 651/2014 declaring certain categories of aid compatible with the internal market in application of Articles 107 and 108 of the Treaty, OJ L 270/39.
(27)　European Commission (2021d) *Guidelines on State aid for climate, environmental protection and energy*, C (2022) 481 final.
(28)　European Commission (2022a), op. cit., p. 8.
(29)　Ibid., p. 20.
(30)　Case SA.50272, France-Appels d'offres pour les renouvelables 2021-2026.
(31)　Case SA.62619, Germany-H 2 Global.

(32) European Commission (2022a), op. cit., p.9.

(33) Ibid., p. 20.

(34) European Commission (2021e) *Criteria for the analysis of the compatibility with the internal market of State aid to promote the execution of important projects of common European interest*, C (2021) 8481 final.

(35) 由布、前掲論文、58-59頁。

(36) European Commission (2015) *A Digital Single Market Strategy for Europe*, COM (2015) 192 final, pp. 6 and 11-12.

(37) European Commission (2022a), op. cit., p. 14.

(38) European Commission (2021a), op. cit., pp. 17-23; (2022a), op. cit., pp. 14-20.

(39) European Commission (2021f) *2030 Digital Compass: the European way for the Digital Decade*, COM (2021) 118 final, pp. 5-6.

(40) Cases SA.57495 Italy-Broadband vouchers for certain categories of families; SA.57357 Greece-Broadband voucher scheme for students; SA.52732 Germany-National gigabit schme.

(41) European Commission (2022e) *Guidelines on State aid for broadband networks*, COM (2022) 9343 final.

(42) European Commission (2022f) 'State aid: Commission adopts revised State aid rules for broadband networks', Press Release, IP/22/7595.

(43) Cases AT.40413, Focus Home; AT.40414, Koch Media; AT.40420, ZeniMax; AT.40422, Bandai Namco and AT.40424, Capcom.

(44) European Commission (2021g) 'Antitrust: Commission fines Valve and five publishers of PC video games €7.8 million for 'geo-blocking' practices', Press Release, IP/21/170.

(45) Ibid.

(46) Cases AT.39740, Google Search (Shopping); AT.40099, Google Android; AT.40411, Google Search (AdSense).

(47) 経済学的観点からの分析について、詳しくは以下を参照。大橋弘（2021）『競争政策の経済学―人口減少・デジタル化・産業政策』日本経済新聞出版、276-280頁。

(48) 同法の正式名称は以下の通り。Regulation (EU) 2022/1925 of the European Parliament and of the Council of 14 September 2022 on contestable and fair markets in the digital sector and amending Directives (EU) 2019/1937 and (EU) 2020/1828 (Digital Markets Act), OJ L 265/1.

(49) 佐々木勉（2021）「欧米におけるオンライン・プラットフォーム市場の規制―支配的プラットフォーム規制アプローチ」『情報通信政策研究』第5巻第1号、1-31頁。

(50) EU 運営条約第101条・102条に基づく従来の競争政策とデジタル市場法に基づく新たな規制との関係についての法学的観点からの分析は、以下の文献を参照。佐藤真紀（2022）「EUにおけるデジタル市場法案の新たな競争ツールと分野特殊的な規制」『慶應法学』第48号、137-157頁。

（51）　Cini, M. and P. Czulno (2022) 'Digital Single Market and the EU Competition Regime: An Explanation of Policy Change', *Journal of European Integration*, 44 (１): 41-57.

（52）　ヴァンドゥワラ、前掲書、163-165頁。

（53）　European Commission (2021f), op. cit., pp. 2-3.

（54）　Cini, M. (2014) 'Economic Crisis and the Internationalisation of EU Competition Policy', M. J. Rodrigues and E. Xiarchogiannopoulou (eds) *The Eurozone Crisis and the Transformation of EU Governance*, Surrey: Ashgate, pp. 29-39.

第9章

EUにおける国際人事行政とSDGs

――EU官僚制におけるジェンダー平等を目指して――

福　田　智　洋

はじめに

本章では、EU官僚制におけるジェンダーの問題に焦点を当てる。

ジェンダー平等は、SDGsの1つとして掲出されており、現在に至るまでに国際規範としての地位を獲得した。SDGsの策定において、EUが大きな役割を果たしたことに鑑みれば、ジェンダー平等はEUの基本的な価値の一部を構成しているといえる。本邦においても、男女間の実質的な平等を実現するための具体的な施策がすでに一部進行しているが、現状の評価は芳しくなく、日本のジェンダーギャップ指数は、2022年時点で146か国中116位である[(1)]。他方で、同指数の上位30か国のうち半数以上はEU加盟国が占めている。この事実は、EUにおけるジェンダー平等の推進過程を、世界で最も先進的な事例の一つとして参照する傾向を裏付けている。

しかし、本論で詳述する通り、EUの事例を完全に肯定的に評価することはできない。EUという領域、社会におけるジェンダー平等は、欧州統合の最初期から言明され、1970年代以降に法整備や政策が進められてきた結果、状況は好転している。他方で、ジェンダー平等（及びこれを拡大的に実現しようとするジェンダーメインストリーミング（後述））は、主として国際機構または非国家主体を含む国際ネットワークが中心的に唱道してきた規範であるものの、国際機構としてのEU、そしてこれを構成する諸機関を支える国際公務員組織（EU官僚制）は、後述するように、これに十分に時機を得て向き合ってきたわけではなかった。

以上を踏まえて本稿では、EU官僚制内部におけるジェンダー平等が進展する過程を詳らかにし、現在の EU におけるジェンダーの問題を公務員制度や人事行政の観点から論じる。

本章は以下の構成をとる。初めに、ジェンダー平等を巡る研究において共通して使用される概念について確認しつつ、EU におけるジェンダーメインストリーミングの端緒と、その過程を象徴する事実を複数取り上げながら、その前史を整理する。次に、EU 官僚制を主として規定する職員規則に着眼して、EU 官僚制とその改革が論じられてきた EU 行政改革の流れについて簡単に概観したのち、EU 官僚制にジェンダーに関する考慮が持ち込まれる前に指摘されていた従前の課題について整理する。続いて、2000年代以降本格化した行政改革の流れと、その背後で生じた職員規則の改正についてその詳細を分析する。最後に、一連の改革の帰結について整理しながらその功罪を論じ、EU 官僚制におけるジェンダーを巡る現状と課題を論じることとする。

第1節　EU におけるジェンダーメインストリーミングの端緒

前述の通り、本章は EU 諸機関を構成する国際官僚制におけるジェンダーの問題に焦点を当てる。その前提として、ジェンダーを巡る議論が EU という領域、社会においていかに展開されてきたか概観することにも重要性が認められる。以下では、本章の議論の基礎となる用語や概念について整理した上で、EU 行政の大きな転換点となった欧州ガバナンス改革以前の EU 社会においてジェンダーを巡る問題がいかに認識され是正されてきたかを整理する。

1　ジェンダーを巡る諸規範とその出現

初めに、国際規範としての地位を得るに至った「ジェンダー平等」について、改めてこれが掲げる目標や、その達成に向けて取り組むべき課題について整理しておきたい。

SDGs において、ジェンダー平等は、女性に対するあらゆる差別を撤廃し、男性と同様に政治、経済、公職に参加できるようにすることを目的とする目標である[2]。この点からも明らかなように、ジェンダー平等の実現に際しては、男女がそれぞれ享受する社会的権利の不当な格差を是正することが求められる。換言すれば、ジェンダー平等は、その実現手段として女性に特化したエンパワーメントが必要になる場面こそあれ、単に女性を優遇し、特定の領域における一時的な均衡の達成に終始するものではない。このように、ジェンダー平等を多くの領域において包括的に達成しようとする考え方が、ジェンダーメインストリーミング（ジェンダー平等の主流化）である。

ジェンダーメインストリーミングの語は、1985年にナイロビで開催された第3回国連世界女性会議の成果文書に初めて出現した。その後、1995年の第4回会議では「北京宣言」が採択され、重大領域における女性の能力向上と女性に対する暴力の問題をそれぞれ単独で取扱うなど、その語が包摂する具体的な論点は徐々に明確化されてきた。欧州におけるジェンダーメインストリーミングを巡っては、欧州評議会が1998年にその定義を示し、EUもその定義に基づき文書を公表してきた。それによると、ジェンダーメインストリーミングとは、「ジェンダー平等の観点が、全政策領域の全レベルにおいて政策決定に通常参与するアクターによって取り込まれることを目的とする（再）組織化、改善、発展ないし政策評価[3]」である。つまりジェンダーメインストリーミングは、個別領域におけるジェンダー平等の徹底によって実現されるものであり、ジェンダー平等と同様の指向性を持つ目標と理解することができる。

2　EUにおけるジェンダー平等の法的淵源と重要判例

このように、ジェンダー平等、及びその高次の目標と位置付けられるジェンダーメインストリーミングは、従前主として国際連合がイニシアティブをとる各種の会合によって唱道されてきた。しかしEUにおいても、その設立当初からジェンダーに基づく差別は解決されるべき課題として認識され、EC設立以来、以下のような法的政治的根拠を伴って必要な制度構築が進められてきた。

1957年のローマ条約（欧州共同体設立条約）の第119条には、既に「各加盟国は第一段階において、男女の労働者に対する同一労働同一賃金の原則の適用を確保しなければならず、その後もこれを維持しなければならない(4)」との規定が挿入されていた。しかし、この規定は女性の権利に関わる議論の中からではなく、市場競争における公正性確保の観点から、フランスによって主張された機会平等の観点に根差すものであった(5)。このような背景もあり、同条の規定はあくまで原則論としてしか機能し得ず、同条約発効以降もジェンダー平等の実現に向けた具体的な対策は講じられずにいた。しかし、EUにおける政策形成や実施の責を負う欧州委員会は、この条文をもとに、EUがジェンダー平等の理念を早期から有していたと一貫して主張してきた。

EU社会においてジェンダー平等が広く着目され、具体的な法制に結実する契機となったのは、ドゥフレンヌ事件(6)である。

同事件は、サベナ航空（当時）に勤め、社内結婚を機に退職した元職員の女性（ドゥフレンヌ氏）が原告となり、退職金および年金の額について男性との間に不平等があることを理由としてベルギー政府を訴えた事件である。同事件における争点はローマ条約119条にあったが、欧州司法裁判所（当時）は、原告が不当と主張する退職金や年金は同条の規定する賃金に該当せず、その差別的待遇は違法でないと判示し(7)、原告の主張は認められなかった。しかし、この事件を契機として、1970年代後半には3つの理事会指令が採択された。それは、男女同一賃金指令（Council Directive 75/117/EEC）、雇用労働条件に関する機会平等指令（Council Directive 76/207/EEC）、社会保障上の公正処遇指令（Council Directive 79/7/EEC）の3つであった。特に同第2事件に直接的にかかわる論点を構成した男女同一賃金指令については、その適用が時機を得て行われなかったことを理由として同原告による追加の訴訟が生じ、男女賃金格差の放置について加盟国が義務違反を指摘される事案も発生することとなった。ドゥフレンヌ事件から3指令の採択に至る1960年代から70年代にかけてのEUでは、男女平等という論点が単に高潮期に入ったというだけではなく、公正に処遇されない集団がその権利確認の根拠として直接的に使用できる共同体法が、象徴的な係争を受けて整備されてきた過程を看取できる。

上の3指令はあくまで代表的な例であるが、70年代以降複数の指令が発効してもなお、問題は積み残されていた。それは、ジェンダーメインストリーミングを巡る論点の混乱と、EU 諸機関内部のジェンダー格差の放置であった。前者については、1997年に「主流化通達に関する戦略文書[8]」が発表されたことで、機会平等、女性の権利保護、（女性に限定されない）ジェンダーに対する配慮の3点が相互補完的に機能し始めたことで、1990年代に一定の解決を見た[9]。しかし後者については、1990年代時点でその問題が認識されるにとどまり、具体的な是正措置は迅速に講じられなかった。

第2節　EU 官僚制のジェンダーを巡る従前の諸課題

前節で概観した通り、1970年代には既にジェンダーを巡る問題は EU における主要な論点の一端を形成しており、その結果としてジェンダー平等を支える実効的な法制度が成立するなど、具体的な対応が進んでいる側面もあった。しかし、そのような法制を牽引したはずの EU 諸機関の内部におけるジェンダーの問題は、時機を得て是正されてこなかった。その背景には、EU 官僚制の伝統的な性格の存在が指摘できる。本節では、EU 官僚制の構造と、これが依拠する国際官僚制の諸原則について整理した上で、1990年代後半以降に本格化する欧州ガバナンス改革以前の EU 職員を取り巻く環境について、当時の課題を明らかにする。

1　EU 官僚制の構造

国際機構の事務局、すなわち官僚組織の規模は、国家のものと比べて大幅に小さいことが一般的であるが、EU 官僚制は広汎な政策領域における政策の形成及び実施を担うため、3万人を超える巨大な人的組織となっている[10]。EU 官僚制の特異な点は、他の国際機構の職員の大半が構成国から派遣される任期付の職員であるのに対し、半数以上が任期の定めのない常勤の職員（官吏: Officials）であることである[11]。

EU 官僚制は国家の官僚制と同様に位階制構造を有している。EU 職員は採用枠に応じた階級の職員として組織に所属した後、客観的な基準に基づいて昇進する経路が確保されている。現在は、日本のキャリア組に相当する行政官（AD 職：最上位は AD16級で総局長に相当、最下位は AD 5 級。旧 A 類相当）、行政業務の補佐を行う補佐官（AST 職：最上位が AST11級、最下位は AST 1 級。旧 B 類相当）、事務補助を行う秘書官（AST/SC 職：最上位が AST/SC 6 級、最下位が AST/SC 1 級、旧 C 類相当）となっている[(12)]。

採用手続は従来、EU の各機関が独自に選考する方式が採られ、選考基準が凡そ同じであるにもかかわらず機関間で相互に決定を承認しないこととなっていたが[(13)]、現在では2002年に設立されて翌2003年 7 月に始動した欧州人事選考局（EPSO）が一元的に担当している[(14)]。志願者は第一段階として書面審査と専門試験を受験し、一定の基準に達した者は対面でのグループワーク試験に進む。両段階を突破した候補者は合格者としてリストに掲載される。その後合格者は個別の機関との採用面接に臨み、各機関で編成される選考委員会（Selection Board）によってその採否が決定される[(15)]。このように、選考過程の大部分を諸機関と独立した専門部局が担当することで、選考に係る業務を効率化し、審査の客観性を担保している。

以上のような機構及び手続で支えられる EU 官僚制は、他の国際機構の事務局と同様に国際官僚制であるが、国際官僚制にはいくつかの原則がある。特に、公務員の配員に関わる原則として、地理的配分原則と能力主義原則の 2 つが存在する[(16)]。

地理的配分原則とは、可能な限り多様な地理的基盤から国際公務員を調達するという原則である。国際機構は、全ての構成国に共通する利益の確保を目的とするものが多く、追求される利益には高い公益性が認められる。国際公務員には、服務上の倫理規範が課せられ、建前上は超国家的な考慮に基づいて職務に従事することになる。これは EU でも同様であり、EU 官僚には「共同体大の利益の考慮」がその職位を問わず求められる[(17)]。しかし実際には、国際公務員である以前に特定加盟国の一国民である者にとって、出身国に考慮が及ぶことは不自然ではない。そのため、国際公務員の任命に際しては、可能な限り多様な地理的基盤から職員を調達し、官僚制全体、又は任意の部局が特定構成国出身者で占有される事態を避ける必要があり、特に EU においてはしばしばこの点が問題となってきた[(18)]。

能力主義原則とは、字義通り、職務に係る高い能力を有する者を官僚として任用するという原則である。民意に基づいて選出される政治家とは異なり、原則として官僚はその能力に基づいて採用される。このことは、文書主義や無人格性といった他の要素と並んで、官僚制の基本原則を構成している。国際官僚制においても例外ではなく、上述の地理的配分に関する考慮こそ要するものの、基本的には職務適性のある者が国際公務員の地位を獲得する。また能力主義原則は、より優秀な人材を国際機構が調達できるようにするために、国際公務員の処遇に関わる原則として定式化されているノーブルメイヤー原則[19]の基礎になる原則でもある。国際公務員の俸給を構成国の公務員の水準よりも高く設定することで、候補となる人材に国際公務員を自身のキャリアとして選択させる誘因を維持できている。

このほかに、「代表的官僚制（Representative Bureaucracy）[20]」という考え方も近年着目されるようになってきている。前段の通り、公務員の地位を正当化する根拠の大部分は個人の能力であり、それゆえその採用は民意を反映する手続を経ずに行われる。しかし、かくして選出される集団が、特定の社会的属性に偏り、管轄する行政単位の社会的構成と齟齬をきたす場合、その程度によっては官僚制の存立根拠に傷がつく場合がある。例えば、採用者に占める女性の割合が極端に少ない場合や、職務適性を判断する際の基準が原因となり、健常でない者の採用機会が著しく損なわれている場合である。このような事態を回避する際、官僚個々人が一定以上の能力を備えていることを前提として、官僚組織が社会における多様性を一定程度反映ないし代表する構成であるべきだ、との考慮が導出されることとなる。特に国際官僚制に限定すると、社会構成と官僚組織の近接性は、社会的正義の観点から市民の信頼を醸成するだけでなく、中立性の観点から加盟国の信頼を支える側面も有している[21]。このような代表的官僚制という考え方には、社会における画一的な合意があるわけではないが、後節で論じる通り、特定の属性を持つ候補者の採用、昇進に関わる判断において特別の考慮が介在することを正当化する根拠の一端を担っている。

2　欧州ガバナンス改革前の EU 職員規則

以上の国際官僚制を支える諸原則は、EU においては職員規則の中に規定されている。本項では、設立当初の職員規則におけるジェンダーに関わる記述について触れながら、EU 官僚制が従前抱えていた課題について整理する。

1962年に制定された職員規則には、既に性別に基づく差別の禁止が規定されていた。当時の27条には、職員が人種、信条、性別によらず選考されなくてはならないとの規定が存在した。しかし、同条の規定は EU 職員の採用に関わる原則に過ぎず、十分な実効性を伴うものではなかった。

加えて、同年の職員規則には無意識下の差別を容認するかのような条文が存在した。当時の規則70条、及び同条が参照する付属書 VIII の23条には、家族手当について以下のように規定されていた。

《職員規則70条》

EU 職員が死亡した場合、遺族である配偶者または扶養子女は、死亡した月の3か月後の末日まで死亡者の報酬の全額を受け取る。その報酬は、付属書 VIII の第23条が適用される場合に、女性職員の夫にも支給することができる[22]。

《職員規則付属書 VIII 23条》

死亡した女性職員の夫は、自身が無収入であり、且つその妻が死亡した時点において障害ないしは重篤な病気によって生計を維持できる職に従事する能力を永続的に有しないことを証明できる場合に、以下のいずれかを受け取ることができる。

——職員が死亡した時点で1年以上の婚姻関係があり、且つ当該職員が年金の受給資格を有している場合において、勤続年数によらず退職時に受け取る見込みであった金額の半分。

——または、職員が障害年金の受給資格を得た時点において職員と婚姻関係にある場合において、職員が死亡した際に受け取る見込みであった金額の半分[23]。（後略）

遺族年金に準ずる基金の受給が、当該世帯における生計維持者の所得等によって制限されうること自体は不自然なことではない。しかし1962年の職員規則は、そのような制限の該否が女性職員が死亡した場合にのみ審査の対象となる点で特異である。この点からは、各世帯が基本的に男性によって生計が維持されているという暗黙の前提の存在が指摘できよう。

このように、当時の職員規則には無自覚な性分業意識が残存していた。しかし、とりわけ1970年代以降、EU 社会においてジェンダーを巡る議論が高潮期にありながら、EU はその官僚制内部の既存課題の解決に時機を得て取り組めなかった。その要因として以下の２点が指摘されている。まず、官僚制内部の自浄作用に限界があったことである。官僚制の基礎は無人格性や独立性にある。その中でジェンダー平等およびジェンダーメインストリーミングの論点はイデオロギー色の強い規範として認識され、官僚制内部に目標として取り込むことに抵抗があった結果、論点として立ち消えることとなった(24)。他方で、当時の官僚制の知識経験不足も指摘される。官僚制の中立性という観点から全面的な受容を躊躇したとはいえ、ジェンダー平等の実現に対する理解が広がる中で、EU 諸機関も自らが抱える問題に対して無自覚ではなかった。特に欧州委員会は、機会平等や女性の権利保護の問題と関連させ、ジェンダーメインストリーミングの推進に寄与する文書を1990年代以降打ち出すとともに(25)、自機関内部の政策形成及び実施機能において、女性の参画を確保する必要を自覚していた。しかし、一部の総局が成功裏に政策上の対応を進める一方で、従来ジェンダーの問題に関心を寄せてこなかった、または同問題に関して対応した実績がない競争総局や研究総局は、組織内にノウハウが蓄積されていなかった結果、対応に苦慮した経緯がある(26)。

このように、欧州ガバナンス改革以前の EU 官僚制は、ジェンダー平等を人事行政における原則として掲げるにとどまり、1990年代にジェンダーの問題を政策課題として明瞭に認識しながらも、具体的な策は後手に回った。しかし、同年代に顕在化した政治的混乱も相俟って、ジェンダー平等に向けた具体的な進展の機運は高まり、2000年代以降これが結実することとなった。

第３節　2000年以降の EU 官僚制におけるジェンダーを巡る諸改革

前節の通り、EU 官僚制の人事管理の中核を担う職員規則には、当初から不差別に関する規定が盛り込まれていたが、その実質的なジェンダー平等を増進するほどの強靭性は認められなかった。また、1990年代までのEU諸機関は、ジェンダー平等の問題を認識しながらも、既存の制度に十分な処方箋を提供できずにいた。その中で、1990年代後半に始まる行政改革を契機として、EU官僚制におけるジェンダー平等は実質的な改善を見ることになった。本節では、欧州ガバナンス改革以降の人事行政を巡る変化を追跡しつつ、一連の改革の帰結について整理する。

1　欧州ガバナンス改革後のEU職員規則とその変化

欧州ガバナンス改革（行政改革）の構想は1990年代前半から議論されてきたが、その迅速かつ徹底的な実施の必要性は汚職を契機として強く認識されることとなった。サンテール委員会で研究科学技術政策を担当していたエディス＝クレッソン（Édith Cresson）委員に公金の目的外使用の疑いが立った。しかし、欧州委員会と事務総局は当初、予算統制委員会（COCOBU）への本件に関する決算審議の付託を躊躇し、結果的に付託されたものの、CO-COBUも委員会の予算執行責任解除を認める結論を出した。その後欧州議会の反発を受けて独立専門家委員会（CIE）が設置され、クレッソンの責任が追及されるとともに、委員長のサンテールが同委員会の総辞職を決断した[(27)]。この事件を契機として加速した改革は新公共経営（NPM）[(28)]の性格を強く帯びたものであった。このNPMに親和的であった北欧出身の欧州委員は、同地域の伝統に基づく先進的なジェンダー平等を目指す施策を欧州委員会に進言した。特に、フィンランドのリーカネン（Erkki Liikanen）委員は、当時の欧州委員会官僚制における男女構成比を問題視し、行政改革の一部としてこれを改善する余地を指摘した。また、スウェーデンのグラディン（Anita Gradin）委員は、同国の伝統的なジェンダー平等に関わる規範をEUに浸透させるべきだと主張し、リーカネンに賛同していた[(29)]。

以上の背景の下、プロディ委員会は、前節で紹介したEPSOの開設に加え、政治アジェンダとして女性職員の倍増を掲げるとともに、職員のワークライフバランスを確保するために休暇取得を容易にする等の対応を取った[(30)]。

以上のようなマクロレベルでの変化があった一方で、その背後ではEU職員の配員や処遇を巡るミクロレベルの改革が着実に進行し、職員規則に関しても2004年に大規模な改正が行われた。

2004年の職員規則改正には、以下の4点において特筆すべき改善が見受けられる。第一に、不差別規定の適用拡大である。ジェンダーに基づく差別の禁止は、従来職員の採用に関する規定にのみ存在していたが、同年の改正では、職員規則のあらゆる適用においてジェンダーを含む様々な社会的属性に基づく差別の一切を禁じる規定が一般条項に設けられた(31)。職員のジェンダーを巡る議論は主として採用に関わるものであったため、この変化は表面的には些末なものに思われるが、この変化には次のような事情で大きな意義が認められる。従前、職員の処遇を巡って地理的配分原則の適用範囲に関する論争が生じていた。ここでは、国籍に関わるEU諸機関の裁量権が、職員の採用に際して明示的に認められていたものの、昇進や異動にも適用されるか否かについては職員規則に明確な規定が存在しなかった。それゆえに、採用候補者や昇進候補者が人事決定に不服を申し立てる係争も複数発生していた。しかし、判例の蓄積により、国籍に基づく恣意的な人事決定は、採用だけではなく昇進や異動にも適用可能であるとの解釈が確立することになった(32)。しかし、この解釈は従前職員規則の中に明示的に反映されて来ず、2004年の規則改正によってジェンダーの論点が規則中に組み込まれる際には、国籍に関する言及が不差別に関する規定としてジェンダーと並置される必要があった。以上の経緯により、ジェンダーに基づく差別も、採用だけではなく昇進や異動、その他の待遇を含め、あらゆる点において禁止されるとの規定が明記されるに至った。

第二に、部分クオータの導入である。この点についても国籍に関する論点に重ね見る改正の経緯が指摘できる。国籍については、これに基づく差別が禁止されている一方で、多国籍人事の必要性から同一国籍職員が特定部署に偏るといった事態を避ける必要がある。しかし前者の事情から、職員規則中には、特定の職位を特定の加盟国出身者のために留保することを禁じる規定が一貫して存在する(33)。この論理に照らすと、ジェンダーについてもEU官僚制全体、ないし特定部局内におけるジェンダー構成比を可能な限り同等にすることが望ましいとの理解が共有される一方で、特定の職位を特定のジェンダーのために確保すること、すなわち職員公募の条件にジェンダーに関わる制約を付すことは不可能となる。つまり、官僚制内部のジェンダー構成比の是正という大義名分こそあれ、候補者の採否をジェンダーに基づいて決定することは、少なくとも明示的にはできない。しかし、採用を担当する EU 諸機関、特に競争試験を突破した採用候補者の選定に関わる選考委員会は、行政構造上の部局ではなく、特定目的のために編成されるチームとしての位置付けであるため、その構成員のジェンダーには踏み込んだ言及が可能である。そのため同年の規則改正では、選考委員会が 4 人以上で構成される場合に、男女を少なくとも各 2 名ずつ含むとの規定が盛り込まれた(34)。各機関による採用に際して、将来の職務上のパートナーを選考する立場にある選考委員会にジェンダーの要件が加わることで、結果的に採用される集団のジェンダーバランスの改善が期待された(35)。

第三に、ハラスメント対策の強化と救済の制度化である。従来 EU 職員に対しては、職位に悖る行動を禁じる規定こそあったが、その行為が職務として行われるものに限定されるか、広く倫理的な面にまで及ぶかは不明瞭であった。このような経緯から、同年の改正に先立ち、心理的ないし性的な嫌がらせを解決する法的枠組が必要であるとの認識が共有されていた(36)。これを受け改正規則中では、セクシュアル＝ハラスメントに関して、「当事者の気分を害すること、または威圧的、攻撃的、敵対的ないし行動を阻害するような環境を作ることを目的として行われる、当事者が望まない性に関わる行為(37)」との定義が明示され、ハラスメントの被害者と通報者が不利益を受けないことが確認された。併せて、セクシュアル＝ハラスメントがジェンダーに基づく差別を構成するとの解釈も明文化されたことで、EU 官僚制内部のジェンダーの問題について、職員規則は予防的性格を帯びることとなった。

第四に、職員のジェンダーに関する情報保護の強化である。EU 職員は、一人ひとつずつパーソナルファイルを有しており、その中には個人の行政上の地位、能力、職務効率および行動に関する情報が含まれている。これらの情報は、将来の昇進や異動に影響を与えかねないため、その中に個人の政治的・宗教的思想に関する言及が含まれてはならないと従来規定されていた。

これに加えて同年の改正では、労働組合への加入状況や民族的出自、性的指向に関しても情報が記載できないこととなった[38]。以前より人事評価に際したジェンダーに基づく差別は禁止されていたが、同年の変更により職員個人の職務上の評価と性的指向が同時に参照できないこととなり、評価の公正性が担保されることとなった。

2　リスボン条約以降のEU人事行政とジェンダー

職員規則を巡る最も大きな変化は前項で詳述した2004年改正だが、その後もジェンダー平等の推進に向けた改正が続けられた。2010年の規則改正では、諸規定の適用拡大と、実施監督の強化が図られた。同年の改正の大部分は、リスボン条約の発効によってEUが単一の国際法人格を獲得したことを受けた主として表記上の変更であったが、同条約で設立された欧州対外活動庁（EEAS）や、以前より組織化されながら職員規則が直接適用されていなかった欧州オンブズマンや地域評議会などの主要機関に準ずる組織にも適用対象が拡大された[39]。これにより、新設組織に対する地理的配分やジェンダー平等などの原則の適用を推進し、従前の改革の意義がEU官僚制全体に浸透するよう試みられた。特にEEASを巡っては、同政策領域を担当する共通外交安全保障政策上級代表（兼欧州委員会副委員長）が、職員の構成を是正するための措置を講じ、欧州委員会、EU理事会、欧州議会に対してその実施状況に関する中間報告を提出する、というより強い規定が挿入された[40]。この他に、2013年の改正では、バローゾ委員会期における職員の労働時間の増加が、官僚制内部のジェンダー構成の是正の障壁になったとの指摘を受け、婚姻および家庭の状況による差別の禁止が明文化されるとともに、労働時間の柔軟性向上が企図された[41]。かくして、EU官僚制におけるジェンダー平等は、これを推進する規定が整備されると同時に、その直接間接の障壁が徐々に撤廃されてきた。

更に、全体を通して見ると、EU官僚制が性を巡る論点の多様化に対応した点も指摘できる。職員規則制定当初、生物学的性（Sex）として出現した規定は、複数回にわたる改正を経て社会的性（Gender）および性的指向（Sexual Orientation）の語が併記されることとなった。改革以前に出現した批判が男女平等に関するものであったこと、また当時の状況に照らして女性にとって不公正な状況を改善することが急務であったことから、初期の改革は共同体行政への女性の関与の強化を旨としたものであった。それ故に、本章も主として男女の平等に着眼して分析を行っている。しかし、改革では単に男女間の平等の促進だけではなく、両者いずれにも分類されることを望まない性的マイノリティの権利及び地位を保護する規定が並行して整備された。加えて職員構成に関する記述において、女性（female）という表現が、十分に代表されていないジェンダー（under represented gender）という表現に置換されてきたことからも、ジェンダー平等を巡る施策がより高次の段階へと発展していることが伺える。これらの点は、基本的人権という点から語られるSDGsの趣旨にも適う変化であったと評価できよう。

一連の改革による最も大きな変化は、ジェンダーに関する考慮が国籍に関する条項と併記されるようになったことである。従来EUの人事行政においては、第二原則である地理的配分原則がいかなる場合に第一原則である能力主義原則に優先されるかが問題となってきた。それゆえ国籍に関わる規定は規則中の随所に現れているが、ジェンダーに関する規定は長く考慮事項の一つとしての位置付けであった。しかし、2010年の改正で「採用に係る権力は、ジェンダー及び地理的配分を考慮した上で、能力主義に基づく選考過程を通して行使される(42)」との記述がEEASに関する規定として初めて出現した。同規定は現在までに一般条項にこそ挿入されていないものの、一連の変化からは、ジェンダー平等に関する考慮が地理的配分原則と同等の地位を得て、国際官僚制における第三の原則とも言うべき地位を獲得したと指摘することができる。

第４節　EU官僚制におけるジェンダーの現在

欧州ガバナンス改革に機を得たEUにおけるジェンダー平等の促進を目指す諸施策と、その背後で行われた複数回にわたる職員規則の改正を経て、ジェンダーを巡る考慮はEU官僚制において地理的配分原則と同等の強靭性を持つ規範となった。本節では、一連の改革の帰結としてEU官僚制がどのような変化を遂げたか概観し、積み残されている課題と今後必要な対策についてその展望を示す。

1　EU 官僚制のジェンダーを巡る改革の意義

EU 官僚の配員や処遇に関する規定は、特に2004年以降、漸進的ながら着実な変化を遂げてきた。一連の改革を経て、EU 官僚制におけるジェンダーを巡る各指標は以下のような状況にある。

まず、EU 官僚制全体におけるジェンダーバランスについて見ておきたい。図１は、EU 官僚の国籍、年齢、ジェンダー別の割合を表したものである。EU 職員全体に占める女性の割合は、1995年時点で44%、2012年時点で

図１　EU 官僚制全体のジェンダー構成

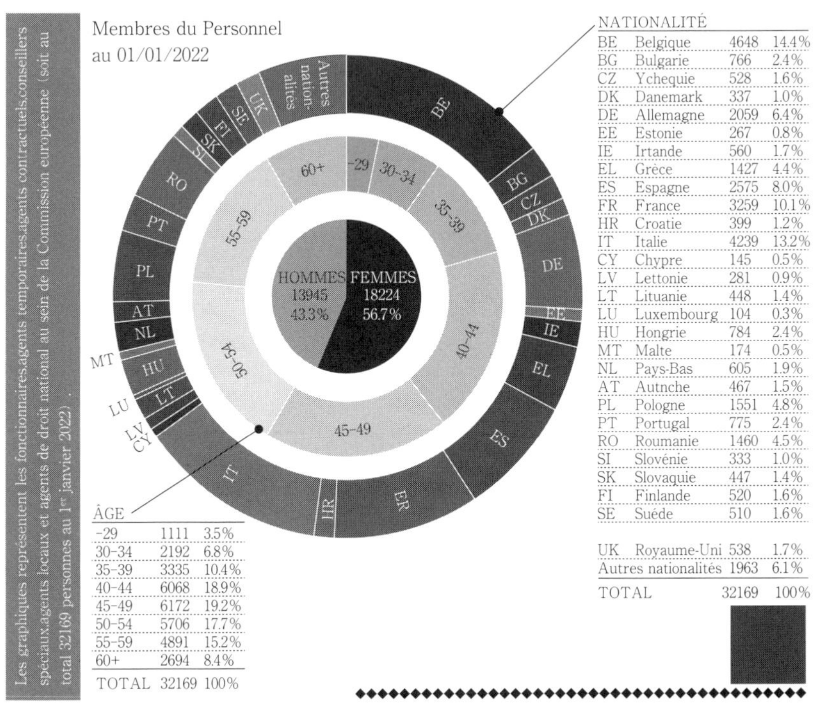

European Commission (2022) "Human Resource Key Figures on Staff Members"

図2　欧州委員および総局長に占める女性の割合の推移

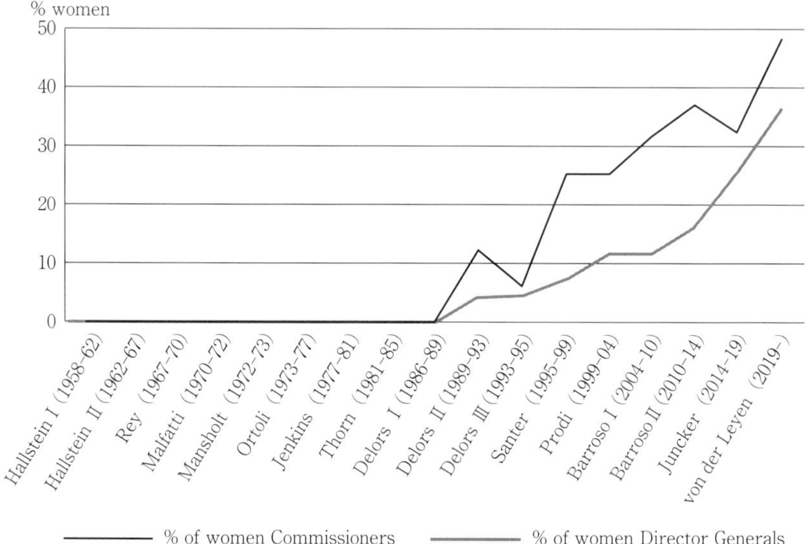

Hartlapp, M. and Blome, A. (2021) "Women at the Top of the European Commission-Drivers and Barriers" European Policy Analysis-Vol. 6, p. 4.

52%と推移してきているが[(43)]、同図によると2022年時点では女性職員が全体の56.7%を占めており、近年もその割合が継続的に上昇していることが見て取れる。2000年代の変化は、2004年以降本格化したEUの東方拡大によって、言語能力と学歴の高い女性が多くEU官僚に志願したことが原因とされるが[(44)]、近年もなお女性職員割合が上昇を続けているという事実は、前節で概観した職員規則を中心とする人事政策上の方針転換の奏功を裏付けるものと言えよう。これに加え、EU官僚制の中心である欧州委員会における要職者に占める女性の割合も継続的に上昇している。図2からも明らかなように、第二次ドロール委員会において、初めて女性の欧州委員と総局長が誕生して以来、現在のフォンデアライエン委員会に至るまでその割合は継続的に上昇している。正確を期すと、欧州委員は官僚ではなく政治家であるが、EU官僚である総局長職に限定しても、その全体に占める女性の割合は40%

に迫る水準にある。同図が提示された元の文脈は、要職者に占める女性の割合が継続的に上昇していることを評価しつつ、同一政策領域において欧州委員と総局長の両方が女性である事例はなく、男性中心的な恣意的な考慮が残存している可能性を指摘する批判的なものであった(45)。しかし2022年現在では、欧州委員、総局長、副総局長が全員女性となる事例も確認されている(46)。これらの点を踏まえると、職員規則の改正を中心とする官僚制内部のジェンダー構成比の是正に向けた一連の改革は、一定程度望ましい帰結をもたらしたと評価することができる。

2　EU 官僚制のジェンダーを巡る現代的諸課題

欧州委員会を中心とする EU 諸機関の努力によって、EU 官僚制内部におけるジェンダー平等は実質的に進展してきたといえるが、残存する課題もある。特に以下の３点については、近年の変化の意義を大きく損ねかねない性質を持っており、今後 EU が真摯に取り組むべき課題と言えよう。

一点目は、上級行政官職に限定した女性割合の低さである。EU 職員全体に占める女性の割合は上昇してきたが、官僚制において特に大きな影響力を行使しうる立場に、いまだ女性が少ないことが指摘されている。表１に示す欧州委員会のデータによれば、AD11級～AD16級の EU 職員数を男女で比

表１　上級行政官の男女比

	総数	うち男性	うち女性	男性を１とした女性の割合
AD16	35	27	8	0.296
AD15	163	99	64	0.646
AD14	692	470	222	0.472
（AD14-16小計）	（890）	（596）	（294）	（0.493）
AD13	1414	918	496	0.54
AD12	2099	1234	865	0.701
AD11	1058	608	450	0.74
総計	5461	3356	2105	0.627

European Commission（2022）“Statistical Bulletin-HR-April 2022” より筆者作成

較すると、全ての級において男性の職員数が上回っている。総数で見ても男性3356人に対して、女性は2105人となり、局長級相当以上（AD14級以上）に限定すると、女性職員の数は男性職員の半分となっている。前段で紹介した通り、総局長や欧州委員における女性の割合は近年改善傾向にあるが、このようにメディアへの露出の少ない要職を巡る人事において男女の公正な処遇が確保されているとはいえず、改善が必要と言えよう。

二点目は、職員規則をEU諸機関の外局（EUエージェンシー）に適用することが困難な点である。職員規則は1962年に制定されて以来、EU官僚制を巡る中核的な規範として重要な役割を果たしてきており、本章で概観したその変化にはEU官僚制全体の改善に寄与する意義が認められる。他方で、職員規則はEUの主要諸機関の人的組織に適用されるため、数千人に及ぶ大きな人的組織を想定して制定された経緯がある。ジェンダー平等が進展した欧州ガバナンス改革以降の一連の行政改革では、EUエージェンシーと呼ばれる外局が多く設置され、EUを構成する大小の組織が増加することとなった。それらのEUエージェンシーを支える比較的小規模な人的組織にもこれを統率する規則が必要となるが、単純に職員規則を準用する（行政学的に表現すると「横出し」する）場合、新設組織の柔軟性が損なわれ、「ミニ＝コミッション化[(47)]」するとの指摘がある。流動的な行政組織改革の意義を損ねることなく、ジェンダー間格差の是正をより広汎に進めることのできる方策が模索される必要がある。

三点目に、民族的背景の多様性に対する配慮の問題が置き去りにされている点である。民族的背景に基づく差別の禁止は、2004年の職員規則改正によって直接的には明文化されたが、その淵源は1962年の職員規則で定められた人種に基づく差別的処遇の禁止に求めることができる、ジェンダーと同等の歴史を持つ論点である。しかし、国際官僚制の従来の原則である職員の国籍の問題や、本章で検討したジェンダーの問題が積極的に議論されてきた中で、民族的背景に関する問題は十分に対処されてこなかった。実際に、EU官僚の大部分は欧州にルーツを持つ白人であるため、近年多様化の進むEU社会を反映した組織とは言えず、代表的官僚制の観点からこれを懸念する見方もある[(48)]。SDGsに掲出され、極めて明晰な国際規範として認知されるようになったジェンダーの問題だけではなく、実際にEU官僚制が抱える内部の不均衡、不公正が包括的に匡正される必要があると言えよう。

おわりに

本章は、EU官僚制において、ジェンダーを巡る考慮が受容される過程について詳らかにするものであった。1970年代以降、EU社会におけるジェンダー平等は具体的な法制を伴って推進されてきたが、EU官僚制内部のジェンダーの問題は1990年代まで置き去りとなってきた。この点においてEUは、ジェンダー平等を唱道しながらも自らが抱える課題には時機を得て向き合わないという、いわば「紺屋の白袴」の状態であった。しかし、2000年代に本格化する行政改革の中で、従前の課題は漸変的ながら着実に解決されてきた。

多様な政策分野に男女が平等に参与する環境を確保することは、政策の形成、決定、実施の全ての段階において特定の社会的集団の利益に偏重した意思決定を防ぎ、社会全体が政策を享受することにつながる。その取組みの一つとして、公的な組織において従来少数であった女性の割合を男性と同等レベルに引き上げることは、国内国際両レベルの行政に男女が平等にコミットすることで政策効果の増進や組織運営の適正化に対して大きな寄与があると認識され、これが推進されてきた。実際にこのような論理は、EU職員の待遇を巡る諸政策が議論される過程で、欧州委員会内の一部部局で援用されていた(49)。

しかし、本来女性の社会参画を推進する際の根拠は、その取組みが何らかの便益を生むからという理由ではなく、第一義的にはすべての人間がジェンダーを問わず本質的に平等であり、ジェンダーによらず同等の社会的権利を享受できることが当然であるという倫理である。本章で概観したEU官僚制におけるジェンダー平等推進の過程に照らすと、この第一義的根拠は主としてEUの外部において継続的に唱道されていたものの、1990年代までは不幸にも実質的な改革には結実しなかった。その中で、2000年代以降本格化する欧州ガバナンス改革では、市民のEUに対する信頼を強化するという観点も併せて、EU 諸機関が一部加盟国の進言に傾聴し、結果としてEU 自身がジェンダーに関わるあらゆる不公正に対処する明確かつ一貫した指針を堅持するに至った。一連の改革からは、EU がその官僚制における問題を成功裏に解消する上で、ジェンダー平等という規範を「自分のもの」にし、官僚制内部のジェンダーを巡る不公正を「自らが改善する必要のある問題」として認識するようになった過程が看取される。

EU 官僚制におけるジェンダーを巡る問題が完全に解消されたといえる状況にはなく、EU 諸機関は引き続き残存する問題の解決に向けて議論を重ねている。とはいえ、EU 社会においてジェンダー平等に関する議論が早期から成熟してきた事実や、EU におけるジェンダーメインストリーミングの事実上の最後の軛がEU 官僚制であったことを考慮すると、EU には依然として先駆的な成功事例として各国で参照される必然性が認められる。本章はEU 官僚制が規範を受容する過程を中心的に分析するものであったが、ジェンダー平等の観点から、SDGs の実現に向けてEU が対外的にどのように寄与できるかについても、今後併せて検討する必要があるだろう。

(1) World Economic Forum (2022) "World Gender Gap Report: Insight Report 2022 July", p.10.
(2) 国際連合広報センターより「ジェンダー平等を実現しよう」(URL: https://www.unic.or.jp/activities/economic_social_development/sustainable_development/sustainable_development_goals/gender_equality/(2023年1月14日閲覧))
(3) Council of Europe (1998) "Gender Mainstreaming, Conceptual Frameworks, Methodology and Presentation of Good Practices, Final Report of Activities of the Group of Specialists on Mainstreaming", Strasbourg, Council of Europe.
(4) Traité instituant la Communauté Économique Européenne et documents annexes, p.100.
(5) Booth, C. and Bennett, C. (2002) "Gender Mainstreaming in the European Union: Towards a New Conception and Practice of Equal Opportunities?", *The European Journal of Women's Studies*, Vol. 9 (4), p.436.
(6) ドゥフレンヌ第1事件はCase 80/70、第2事件はCase 43/75である。EU 法史上の重要判例は第2事件であり、中村民雄/須網隆夫編著(2010)『EU 法基本判例集[第2版]』日本評論社、43-51頁に詳しいが、本稿ではジェンダー平等を巡る実効的法制度の限界を直接指摘した初例として第1事件について述べる。

(7)　European Court Report (1971) "Judgment of the Court of 25 May 1971.-Gabrielle Defrenne v Belgian State-Reference for a preliminary ruling: Conseil d'Etat-Belgium-Equal pay-Case 80-70", pp.445-453.

(8)　EQOP 02-97/rev DG V/D/5 (1997) Strategy Paper: Mainstreaming of Gender and Equal Opportunities Perspectives into All Community Policies: A Strategy for the Follow up to the Communication (COM) (96) 67 Final, Jaunary. Brussels: European Commission.

(9)　Booth and Bennett *op. cit.*, pp.438-440.

(10)　European Commission（URL: https://commission.europa.eu/about-european-commission/organisational-structure/commission-staff_en（2023年１月14日閲覧））より。なおこの数字は、EU の主要機関以外の組織に所属する職員を計上するか否かによって揺れる場合があるが、最も狭い解釈を採用しても２万人以上である。

(11)　European Commission (2022) "Human Resource Key Figures on Staff Members"

(12)　European Personnel Selection Office "Staff Categories"（URL: https://epso.europa.eu/en/eu-careers/staff-categories（2020年12月９日閲覧））なお、常勤の秘書官は極めて少数であり、2022年現在最上位の AST/SC６級の職員はいない (European Commission (2022) "Statistical Bulletin-HR-April 2022" より)。

(13)　Ban, C. (2010) "Reforming the Staffing Process in the European Union Institutions: moving the sacred cow out of the road", *International Review of administrative Science*, 76 (１), pp.6-7.

(14)　Ban, C. (2013) *Management and Culture in an Enlarged European Commission: from Diversity to Unity?*, Palgrave Macmillan, p.73.

(15)　EPSO "Home >> How to Apply"（URL: https://epso.europa.eu/en/how-apply（2020年12月９日閲覧））なお、一部上級職には競争試験を経ずに選考する政治任用手続が適用される場合もあるが、その割合は年々低下している。詳細は拙稿（2022）「キャビネの変化に見る欧州委員会の透明性―構成員、活動倫理、情報公開の分析から―」『日本 EU 学会年報』第42号、168-170頁を参照。

(16)　福田耕治（2012）『国際行政学―国際公益と国際公共政策［新版］』有斐閣、91-99頁。

(17)　Eur-lex (2022) Consolidated text: Regulation No 31 (EEC), 11 (EAEC), laying down the Staff Regulations of Officials and the Conditions of Employment of Other Servants of the European Economic Community and the European Atomic Energy Community, 01962R0031-20200101, p.19.

(18)　次節、並びに、福田耕治（1992）『EC 行政構造と政策過程』成文堂、151-152頁を参照。

(19)　ノーブルメイヤー原則については福田耕治（2012）、前掲書、91-92頁を参照。

(20)　代表的官僚制の概念自体の出現は1960年代に遡ることができる（例えば Mosher, F. C. (1968) *Democracy and the public service*, Oxford University Press.)。EU 官僚制

に関する研究の論点としてこれを明確に位置付けた代表的な研究として Gravier, M. (2008) "The 2004 Enlargement Staff Policy of the European Commission: The Case for Representative Bureaucracy" *Journal of Common Market Studies*, 46 (5), pp. 1025-1047. 等が挙げられる。

(21) Badache, F. (2019) "A Representative Bureaucracy Perspective on Workforce Composition in International Organizations: The case of the United Nations secretariat", *Public Administration*, 98 (2), p.394.

(22) OJ (1962) 1385, Regulation No 31 (EEC), 11 (EAEC), p.151.

(23) *Ibid.*, p.177.

(24) Minto, R. and Mergaert L. (2018) "Gender mainstreaming and evaluation in the EU: comparative perspectives from feminist institutionalism", *International Feminist Journal of Politics*, 20 (2), p.214.

(25) 例えば、1991年の第3次機会平等活動プログラムや、1992年の構造基金内における「女性のための新たな機会（NOW）」の創設など。詳細は Booth and Bennett *op. cit.*, pp.437-440.

(26) Pollack, M. A. and Hafner-Burton, E. (2000) "Mainstreaming Gender in the European Union", *Journal of European Public Policy*, 7 (3), p.440.

(27) Schön-Quinlivan, E. (2011) *Reforming the European Commission*, Palgrave Macmillan, pp.58-65.

(28) NPM については、久保木匡介（2007）「NPM から公共経営へ」藤井浩司／縣公一郎編『コレーク行政学』25-49頁を参照。

(29) Pollack and Hafner-Burton *op. cit.*, pp.5-7.

(30) Ban (2013) *op. cit.*, pp.72-76.

(31) OJ (2004)L124, Council Regulation (EC, EURATOM) No 723/2004, p.5.

(32) 詳細は、福田耕治（1992）、前掲書、141-152頁。

(33) Eur-lex (2022) Consolidated text: Regulation No 31 (EEC), 11 (EAEC), laying down the Staff Regulations of Officials and the Conditions of Employment of Other Servants of the European Economic Community and the European Atomic Energy Community, 01962R0031-20200101, p.27, Article 27.

(34) OJ (2004)L124 *op. cit.*, p.34.

(35) Ban (2010) *op. cit.*, p.5. 但し、このような選考委員会の「仲間選び」的選考により専門性の観点が損なわれかねないことから、更なる改革が企図されている。

(36) OJ (2004) L124 *op. cit.*, p.2. および、OJ (1992) L49, Commission Recommendation 92/131/EEC.

(37) OJ (2004) L124 *op. cit.*, p.10.

(38) *Ibid.*, pp.13-14.

(39) OJ (2010) L311, Regulation (EU, Euratom) No 1080/2010, p. 4.

(40) *Ibid.*, p.8.

(41)　OJ (2013) L287. Regulation (EU, EURATOM) No 1023/2013, p.17, p.55.

(42)　Eur-lex (2022) *op. cit.*, p.71.

(43)　Ban (2013) *op. cit.*, p.181.

(44)　*Ibid.*, p.179.

(45)　Hartlapp, M. and Blome, A. (2021) "Women at the Top of the European Commission-Drivers and Barriers" *European Policy Analysis*-Vol. 6, p.6.

(46)　例えば、教育・青年・スポーツ・文化総局では、2023年１月時点で、担当欧州委員（Mariya Gabriel）、総局長（Themis Christophidou）、副総局長（Viviane Hoffmann）全てを女性が務めている。(https://commission.europa.eu/about-european-commission/departments-and-executive-agencies/education-youth-sport-and-culture_en#leadership-and-organisation（2023年１月５日閲覧）)

(47)　Schout, A. and Pereyra, F. (2011) "The Institutionalization of EU Agencies: Agencies as 'Mini Commissions'", *Public Administration*, 89, pp.430-431.

(48)　Ban (2013) *op. cit.*, pp.177-178.

(49)　Pollack and Hafner-Burton *op. cit.*, pp.447-448.

第10章

EUの戦略的自律と技術主権

――産業・技術基盤の強化とSDGs――

佐藤隆信

はじめに

欧州において、「戦略的自律」は欧州が他国の干渉を受けず、自律的に行動を選択するための概念を意味してきた。国家間の対立が安全保障、経済、社会の様々な分野に影響する中で、戦略的自律の概念は多様な政策分野に適用されている。中でも、先端技術の獲得をめぐる対立の深刻化は、各国に技術の管理や支援をはじめ、これまでの技術政策の見直しを迫っている。

欧州連合（European Union：EU）は、戦略的自律に基づく方針を技術政策に適用し、「技術主権」という概念の下で、技術の研究開発から製造までの一連の産業・技術基盤のあり方について、見直しを進めている。これは、EUが技術政策を進めるにあたり、欧州の域外から干渉を受けず自律的に判断する必要性があるとのEUの認識を示している。近年、先端技術は将来的に社会・制度のあり方にも影響するとして注目を集めている。他方、技術の研究開発等は、これまで主に民間主導で進められてきたため、技術の適用可能性といった潜在性や、それら技術の保有者の実態把握は十分な状態にない。

経済のグローバル化は、国境を越えて市場を統合し、自由な企業活動や人・モノの交流を進めた。経済のグローバル化が進展する中で、技術の研究開発から製造に至る供給網や交流も国境を越えて進展した。このような傾向は、民間主体の役割を拡大してきた。しかし、地政学的対立の高まりや、新型コロナ感染症の拡大による供給網への影響は、欧州を含め各国にこれまでの経済のグローバル化の流れや、産業・技術基盤の対外依存を見直させる契機となった（European Council,（2021））。

産業・技術基盤のあり方に変化が求められる中で、EU では欧州のニーズと利益に基づく見直しを進めようとしている。他方、経済のグローバル化を通じて相互依存が進んだ世界では域外依存のリスクの管理には限界があり（Farrell, Newman, (2020)）、過剰な管理は保護主義にもつながる。さらに、世界でも有数の技術の研究開発力を有する欧州の政策は将来の技術の普及という観点から持続可能な開発にも影響する。本章では、技術の獲得をめぐる競争がどのような概念で捉えられ、欧州では戦略的自律の関係からどのように発展してきたかを概観し、EU の政策から今後の動向を展望する。

第1節　技術政策の分析視角と近年の変化

1　技術をめぐる競争と協力――テクノ・ナショナリズムとテクノ・グローバリズム

国家は、先端技術の獲得をめぐり競争と協力を繰り返してきた。技術の獲得をめぐる国家間の競争と協力は、国家の技術政策の性質から、「テクノ・ナショナリズム」と「テクノ・グローバリズム」という二つの概念で捉えられてきた（Ostry, Nelson, (1995)）。テクノ・ナショナリズムは、ある国が自国の保有する先端技術を他国から保護し、関連する産業の競争力強化を維持しようとする概念（Nelson, (1993)）であり、各国に自国の経済や安全保障の観点から、研究開発支援や輸出入の管理・支援といった様々な手段で自国の技術力の優位性維持を促す。反対に、テクノ・グローバリズムは、技術の普及が全ての国家・企業・市民の利益となるとする概念（Archibugi, Michie, (1995)）で、維持可能な経済成長といった国際社会が共有する目的に基づき、各国に政治的な立場等の国家の壁を越えて協調を促す。

テクノ・ナショナリズムは、1980年代に深刻化した日米ハイテク摩擦を経験した米国が、自国の先端技術が他国に渡ることを防ぐ目的で進めた技術政策を指して用いられはじめた（Reich, (1987)）。このような経済や安全保障上の優位性確保に向けた文脈で、自国の技術力の優位性維持を追求する政策（Montresor, (2001)）は、1990年代以降、経済のグローバル化の進展により変化した。経済のグローバル化の進展は、技術革新における市場の役割を拡大し、その主導権を民間企業に移行させた。このような時代背景に合わせて、各国は、国家が主導していた研究開発への民間主体の参加を一定の条件下で民間に開放するなど、一定の条件を付しつつも、国家が民間企業の研究開発コストやリスクを一部負担し、国境を越えた交流を促すテクノ・グローバリズムの要素を反映させた民間主導の技術政策を進めてきた（山田、(2001)）。

近年、各国の技術政策は新たに変化の様相をみせている。新型コロナ感染症の拡大や、米中対立は、政治・経済・理念の多岐に渡る側面で国家間の政策方針の違いを明らかにしたことで、各国はこれまでの民間主導の技術革新のあり方について見直すことになった。さらに、各国は近年の先端技術の影響から、安全保障を理由（Moore (2019)）として、技術や金融・人的資本の交流といった民間の経済活動のあり方に関しても、国家間の関係を考慮せざるを得ない状況となっている。

2　先端技術の獲得と発展の方針

近年の先端技術の獲得をめぐる競争は、人工知能（AI）やビッグデータといった第四次産業革命により登場したデジタル産業に関わる技術を焦点としている（Capri, (2020)）。これらの先端技術は、技術標準や製品規格といった規範や制度を形成し、それらに基づく活用が広がることで市場シェアの拡大とともにさらに発展する。

技術による自国の技術力の優位性の向上と維持を目的として、規範形成や制度構築と合わせて進められる技術政策は技術に関する主権として考えられてきた（Montresor, (2001)）。技術に関する主権は、ある国が自国の社会制度やガバナンスのあり方について、他国から干渉を受けず自律的に判断することを表す「主権」（Krasner, (2001)）の概念を技術に適用したもので、自国の産業や技術革新に向けた能力向上や優位性の維持を目的とした政策と結び付くとされる（Grant, (1983)）。

EUは、この主権の用語を技術に加えて、デジタル、データといった様々な分野の政策に適用しており、研究開発及び実装を進めるうえで、技術標準や製品規格といった制度面の整備に関する取組と並行的に発展させることを方針としている（European Parliamentary Research Service, (2021)）。EUにおいて、このような主権の概念は、EU の戦略的自律の概念から派生したものである。

第2節　EU の戦略的自律の経緯と展開

1　EU の戦略的自律と安全保障

EU は、戦略的に重要な政策分野において、他国に依存せず自らの利益と価値に基づき自律的に行動を選択することが必要であるとして、それを戦略的自律（European Parliament, (2022)）と定義している。EU の戦略的自律の概念は、元来、安全保障・防衛分野から生じたものである。戦略的自律という用語は、冷戦後1994年のフランスの国防白書において既に登場する。フランスを端緒とする戦略的自律の概念は、欧州において、長年、安全保障・防衛分野の政策に関して自律的に決定する権利という観点から議論されてきた。

欧州は、1993年11月にマーストリヒト条約を発行し、共通外交・安全保障政策（Common Foreign and Security Policy：CFSP）を設置した。また、1998年の「欧州防衛に関する英仏共同宣言（サン・マロ宣言）」では、EU が自律的に行動するための能力の必要性が打ち出された。しかし、1999年のコソボ紛争では、EU は独自に十分な対処ができず、EU が自律的に行動するための能力は欧州と米国の軍事力格差の解消や、北大西洋条約機構（NATO）との役割分担を焦点とするようになった（Howorth, (2018)）。同共同宣言に基づき、2000年に設置された欧州安全保障・防衛政策（European Security and Defence Policy：ESDP）では、欧州が軍事の文脈で自律的に行動する能力を構築する道筋が開かれた（Howorth, (2017)）。

2003年には、「欧州安全保障戦略（European Security Strategy：ESS）」が示され、欧州は多国間の国際システムを通じて、その規範的パワーを基調とする方針を明らかにした（福田、(2021)）。同戦略の背景には、グローバル化により安全保障上の脅威が軍事からテロ、組織犯罪、地域紛争といった形に変化したことがあった（European Parliament, (2003)）。2009年にはリスボン条約の発効により、ESDP が共通安全保障・防衛政策（Common Security and Defence Policy：CSDP）に改称され、EU の対外政策の柱の一つとなった。そして、

2016年 6 月に発表された、「EU 外交・安全保障政策に関するグローバル戦略（European Union Global Strategy：EUGS）」では、「戦略的自律（Strategic Autonomy）」が欧州の平和と安全を守るために重要であると繰り返し言及され（EEAS,（2016））、EU の戦略を方向付ける概念となった。

2　EU の戦略的自律と概念の多様化——レジリエンスと技術

EU の戦略的自律は、2016年頃までは安全保障・防衛分野の政策に関連して議論されてきた。しかし、2017年以降は国際情勢の変化に対応し、焦点が変化する。2017年 1 月には、米国第一主義を掲げたトランプ政権が成立した。トランプ政権下において、米国は、EU からの鉄鋼・アルミニウム製品に対して関税を課すなど、経済面で強硬な姿勢をみせた。2017年 3 月には、英国が EU に正式離脱の意思を通告した。EU とつながりの深い米国や、加盟国であった英国の EU 離脱は、EU が域外の国に依存するリスクを明らかにするとともに、EU に域内の一層の結束の必要性を認識させた。

2019年には、新型コロナ感染症が発生し、翌年以降には世界的に拡大した。新型コロナ感染症の拡大は、欧州において医薬品・医療機器、半導体、原材料等の供給を停滞させた。このような事態は、欧州に戦略的に重要な物資を域外に依存することの脆弱性を再確認させた（Monsees, Lambach,（2021））。このような課題に対応するため、2020年 3 月に欧州委員会は、「欧州の新産業戦略」を策定した。同戦略は、航空宇宙・防衛やエネルギーといった14の産業分野の国際競争力の強化とともに、気候変動及び将来のデジタル化への対応を課題として設定した。なお、2021年 5 月の更新版においても、戦略的に重要な技術・産業分野の域外依存の現状は解消されていないとして、継続して対応する必要性を示している。

EU の方針の転換は、政治的な言説からも確認することができる。2020年 6 月、ボレル EU 外務・安全保障政策上級代表は、欧州委員会のブルトン域内市場担当委員と連名で、欧州には一層の結束、レジリエンス、主権が必要であると発表した。同発表では、戦略的自律における安全保障・防衛の重要性が協調されるとともに、欧州の自律と主権の確保には経済面でのレジリエンスが必要であるとされた。また、2020年12月、ボレル上級代表は、EU の戦略的自律は経済・技術面での欧州の自律を含む必要があり、EU の戦略的自律の達成は、EU にとっての「政治的生存の過程」であるとした。このようにして、EU の戦略的自律は、欧州の利益の保護を目的として、安全保障・防衛分野から経済・技術分野に対象を拡大した。

しかし、EU の戦略的自律において、安全保障・防衛分野の優先度が低下したわけではない。EU は戦略的自律の観点から、安全保障・防衛分野と他分野の政策の関係性を新たに模索している。2021年２月、欧州委員会は行動計画において、民生分野の重要技術やデジタル技術を安全保障・防衛及び宇宙分野の技術と相乗的に獲得する方針を示した。2022年２月、欧州委員会は重要技術の研究開発に関して欧州の主導権を確実にするため、安全保障・防衛のための重要技術ロードマップを提示した。同時に、同年２月、欧州委員会は欧州防衛への貢献に関する政策文書において、安全保障・防衛分野と民生分野に重なる技術の両用性を意識して重要技術の研究開発を進める方針を示している。このようにして、欧州では、戦略的自律の概念が技術に拡大し技術主権の概念が確立された。

3　EU の戦略的自律と守るべき価値

2022年２月末に起きた、ロシアによるウクライナ侵攻は、EU に戦略的自律における安全保障・防衛分野の重要性に再度眼を向けさせた。2022年３月、EU は非公式の首脳会合において、「ベルサイユ宣言（Versailles Declaration)」を採択し、防衛力の強化、エネルギーの域外依存低減、より強固な経済基盤の構築、域内投資の活発化といった方針を明らかにした。同時に、同年３月には同宣言に続いて、EU の今後10年間の安全保障・防衛を強化するための「戦略的コンパス（A Strategic Compass for a stronger EU security and defence in the next decade)」を公表した。戦略的コンパスは、EU の戦略的自律を欧州としての一体性と自律という形で確認し、民主主義に基づく価値や原則を守るため、米国等の価値を共有する国や、NATO 等の地域のパートナーとの協力の強化を強調している（EEAS, (2022))。これらの方針を基に、EU は防衛力の強化に向けた取組を進めている。

2022年５月、欧州委員会は EU の防衛力及び防衛産業・技術基盤の強化を進める行動計画を明らかにした。これは、欧州防衛機関（European Defence Agency：EDA）が防衛費、防衛産業、防衛力の3つの観点でEU全体としてあるべき水準との乖離を分析し、財政面を含む必要な対応を提案したものに基づく取組となっている。特に、航空・ミサイル等の域外依存の高い分野や、ミサイル防衛強化といった優先課題への対応するため、加盟国の共同調達に向けた調整枠組の設置が予定されるとともに、2年間で5億ユーロの予算が計上された。その他にも、防衛産業の製造能力の把握、重要資源の安定供給、軍民両用技術の研究開発の見直しといった施策が検討されている。

EUが自律的に政策判断を行ううえで、安全保障・防衛分野は重要な要素に位置付けられるが、それは最終的に欧州が自身のルール、原則、価値に従って政治的に決断することを目的としている（European Council on Foreign Relations,（2022））。先端技術は、安全保障・防衛分野及び民生分野の両面で重要性が増しており、その社会での実装から普及するまでの一連の流れの主導権を握ることは、EUが欧州の利益や価値に沿って政策判断を行うために必要な要素となっている。このような背景から、安全保障・防衛分野及び民生分野の両面からEUの技術主権の確立に向けた取組が進められている。

第3節　EUの安全保障力の強化

1　EUの域内軍事協力の進展

EUは、2016年6月の「EU外交・安全保障政策に関するグローバル戦略（EUGS）」以降、様々な安全保障力強化のための施策を進めてきた。同戦略の実行計画において定められた、「常設構造化協力（Permanent Structured Co-operation：PESCO）」は、2017年12月に正式に発足し、加盟国が共同して軍事調達や能力構築を進めることで軍事分野の連携を深めることを目的としている。「常設構造化協力（PESCO）」の設置は、2009年のリスボン条約に既に明記され、2017年6月の欧州理事会で創設が合意されていたものの正式な発足には至っていなかった。現在、「常設構造化協力（PESCO）」は、第1期（2018－2020年）を経て、第2期（2021-2025年）にあり、2021年時点でEU加盟国から25か国が参加している。第2期の段階では、訓練・演習、災害対処、海洋監視、サイバー・宇宙等を対象とする46の事業が展開されている。これらの事業は主に各加盟国の防衛力の底上げを目指すものとなっている（Biscop,（2018））。

2　EU の安全保障と研究開発力の向上

「常設構造化協力（PESCO）」と合わせて、欧州委員会は欧州における安全保障・防衛分野の研究開発を支援するため、「欧州防衛基金（European Defence Fund：EDF）」を設置した。「欧州防衛基金（EDF）」は、「防衛研究の予備的行動（Preparatory Action on Defence Research：PADR）」（2017-2019年）、「欧州防衛産業開発計画（European Defence Industrial Development Programme：EDIDP）」（2019-2020年）を経て、2021年６月より開始された。「欧州防衛基金（EDF）」には、2021年から2027年度の多年度財政枠組（Multiannual Financial Framework：MFF）において、約79億ユーロの予算が当てられる予定となっている。「欧州防衛基金（EDF）」は、予算の軍事利用を認めてこなかった EU にとって、大きな転換点（Haroche,（2018））となった

「欧州防衛基金（EDF）」の2022年度の作業計画では、化学・生物・放射能物質・核（CBRN）対処等、情報システム、センサー、サイバー、宇宙をはじめとする15の分野で提案が公募された。また、2022年には、安全保障・防衛分野の技術革新を促進するため、EU 防衛イノベーション・スキーム（EU Defence Innovation Scheme：EUDIS）が設置された。欧州委員会は、同スキームを通じて、安全保障・防衛分野への還元を想定した軍民両用技術の研究開発や中小企業支援を行うため、EU の技術革新に向けた事業を担う、「欧州イノベーション会議（European Innovation Council：EIC）」、欧州防衛機関（EDA）の EU 防衛イノベーションハブ（Hub for EU Defence Innovation：HEDI）との連携を進めている。これらの取組は、民生分野の成果を安全保障・防衛分野に還元させることを意図したものとなっている。

第4節　新興技術とEUの安全保障の論理の拡大

1　新興技術の研究開発と社会実装

EUは、これまでも安全保障・防衛分野の政策において、軍民両用技術の研究開発を支援してきた。しかし、近年は支援対象となる技術の範囲が拡大している。2007年の「欧州の防衛技術・産業基盤戦略」、2014年の「欧州防衛産業ロードマップ」において、軍民両用技術は防衛技術・産業基盤を支える構成要素として位置付けられていた。

しかし、近年では、安全保障・防衛分野と民生分野の境界がより曖昧になる中、両分野は政策において統一的に検討されている。2021年2月の欧州委員会の行動計画は、安全保障・防衛分野と民生分野を横断的に研究開発することで、相乗的に技術力を向上させるとの方針を明らかにしている。また、2022年2月の「安全保障・防衛のための重要技術ロードマップ」は、安全保障・防衛分野の重要技術の多くが民生技術に由来するようになったとして、両分野の横断的な研究開発の促進を推進する必要性に触れている。

欧州委員会が想定する安全保障・防衛分野の重要技術には、人工知能（AI）やビッグデータに関連する技術といった、デジタル・エレクトロニクス分野の他、製造、航空宇宙、エネルギー、モビリティなどの分野に関係する技術が例示されている。これらの重要技術のうち、想定される技術成熟度（Technology readiness levels：TRL）の低い技術は、適用可能性が明確でない新興技術として位置付けられ、安全保障・防衛分野と民生分野を区別することが困難となっている（German Council on Foreign Relations,（2021））。

安全保障・防衛分野に応用され得る重要技術が民生分野に広がる中、新興技術の保有者については、民間企業・研究機関の対象範囲とともに、これらの民間企業・研究機関がどのような新興技術をどのレベルで保有しているかは十分明らかではない。EUは先端技術の現状や、その技術開発の主体を把握するため、EU重要技術観測機関（EU Observatory of Critical Technologies）を設置し、先端技術の傾向分析、重要技術や供給網の対外依存度を明らかにする取組を進めている（Fiott, Theodosopoulos,（2020））。EUの取組は、安全保障・防衛分野に直結する重要技術の対象が曖昧となる中で、これまで民間主導で進められてきた技術についても現状を把握し必要な対応の見直しにつながるものとなっている。同時に、EU の取組は、外交や安全保障・防衛分野のハイ・ポリティクスの論理を民間での技術の研究開発等に適用する試みとする解釈もある（Csernatoni, (2021)）。

2　技術主権と持続可能な開発

技術主権は、技術の研究開発や実装のあり方に影響を与え得る。EU の「安全保障・防衛のための重要技術ロードマップ」は、技術の研究開発に関する方針は開かれたものであるとしつつも、同時に、透明性、多様性、自由な競争といった価値を共有するパートナーとの協力関係に沿って実施すると定めている。技術の研究開発等における価値の要素の考慮や他国への依存の低減に向けた取組は、技術の普及やグローバル規模で統合されてきた供給網の分割といったことも生じ得る。このような傾向が深刻化した場合には、世界は異なる理念、政治・経済制度、技術標準等から構成される別々のブロックに分断される可能性もある（Gourinchas, (2022)）。

2015年に、国連持続可能な開発サミットで、持続可能な開発目標（Sustainable Development Goals : SDGs）が採択された。持続可能な開発目標（SDGs）の達成のためには、新しい技術の研究開発や、安定した産業化を進めることが、不可欠な要素に設定されている。EU は、持続可能な開発目標（SDGs）の採択以降、様々な政策分野に導入してきており、産業・技術に関する政策はその一つの分野となっている。EU には、技術・産業の持続可能な開発と価値に基づく協力のあり方といった方針を両立させるための整理が求められている。

おわりに――展望

近年の地政学的な変化は、国家間の関係に影響を与える要素を変化させた。国家間の関係においては価値を含めた対立が、安全保障、経済、社会の様々な政策分野に拡大した。EU は、欧州の価値を守り維持するための自律的な政策判断を目指し、元来、安全保障・防衛分野で議論されてきた戦略的自律の概念を他の政策分野に適用することを選択した。技術はこれらの政策分野に重なるもので、新興技術のように応用可能性が未だ十分に確定していないものでも、安全保障、経済、社会への潜在的な影響から、各国の競争の焦点となっている。

様々な政策分野に対する影響から、産業・技術に関する信頼性や安定性の必要性が認識される中、各国は民間主導で進められてきた産業・技術に関する政策を見直している。EUも同様に、技術主権の概念の下で、欧州域内の既存の供給網を把握し、他国からの影響力行使や不測の事態に備えて、リスクを低減することを試みている。さらに、EUは、将来の技術についても今後の発展を見据えて、同様のレジリエンスを確保することを意図して事前に研究開発や実装のあり方に一定の方向性を示そうとしている。

技術の研究開発等に携わる官民主体の関係性の変化は、技術の利活用や普及に影響する（Edquist,（1997））。冷戦終結後に長らく主流であった、民間主導の技術政策は転換期を迎えている。産業・技術に関する信頼性や安定性を確保するためには、リスクを低減する観点から国・地域を考慮し、グローバルな企業活動や、人・モノ・資本の流れを一定管理する必要性が生じている。

リスクのあり方や影響が変化する中、価値を守り維持する取組は重要な一方で、政治性を持つものとして解釈され易く、自律や主権の概念を持続可能性とどのように両立させるかが課題となっている。経済のグローバル化の進展に伴い、技術や産業面での関係が国境を越えて複雑化した中で、既存の供給網の把握を進めること、将来的な研究開発等に関して他国との関係を構築し直すことは容易でなく、実際に実現可能な範囲や程度を見極める必要があるだろう。また、このような取組を進めるうえでは、民間を含めた多様な主体が関係するため、EU内でも意向の調整が容易ではない。EUが技術の研究開発等の関係を見直すにあたり、分断や格差につながる懸念を払拭するためには、現在の情勢や課題から将来的に生じ得るリスクを基に、取組を進める過程においてより広い理解を得る形で発展させることができるかが鍵になる。

参考文献

Alex Capri, (2020), "Techno-nationalism and the US-China tech innovation race New challenges for markets, business and academia", Hinrich Foundation.

Antonio Calcara, Raluca Csernatoni, and Chantal Lavallée, (2021). "Emerging security technologies and EU governance: actors, practices and processes", Routledge.

Charles Edquist, (1997), "Systems of innovation approaches — their emergence and characteristics", Routledge.

Daniele Archibugi and Jonathan Michie, (1995), "The globalization of technology: A new taxonomy", *Cambridge Journal of Economics*.

Daniel Fiott and Vassilis Theodosopoulos, (2020), "Sovereignty over Supply? The EU's ability to manage critical dependences while engaging with the world", European Union Institute for Security Studies.

European External Action Service (EEAS), (2022), "Strategic Compass for Security and Defence". https://www.eeas.europa.eu/sites/default/files/documents/strategic_compass_en3_web.pdf

EEAS, (2016), "Shared Vision, Common Action: A Stronger Europe A Global Strategy for the European Union's Foreign Aermanent Structured Cooperatind Security Policy". https://www.eeas.europa.eu/sites/default/files/eugs_review_web_0.pdf

European Council, (2021), "Statement of the Members of the European Council". https://www.consilium.europa.eu/media/48625/2526-02-21-euco-statement-en.pdf

European Council on Foreign Relations, (2022), "European Sovereignty Index". https://ecfr.eu/special/sovereignty-index/#terrain-technology

European Parliamentary Research Service, (2021), "Key enabling technologies for Europe's technological sovereignty", European Parliament.

German Council on Foreign Relations, (2021), "Promoting Technological Sovereignty and Innovation: Emerging and Disruptive Technologies" https://dgap.org/sites/default/files/article_pdfs/Report-2021-22.pdf.

Henry Farrell, Abraham Newman, (2020), "Chained to globalization: Why it's too late to decouple", *Foreign Affairs*.

Jolyon Howorth, (2018) "Strategic autonomy and EU-NATO cooperation: threat or opportunity for transatlantic defence relations?", *Journal of European Integration*, Vol 40, Issue 5.

Jolyon Howorth, (2014), "Security and Defence Policy in the European Union", Red Globe Press.

Linda Monsees and Daniel Lambach, (2021), "Digital sovereignty, geopolitical imaginaries, and the reproduction of European identity", *European Security*, Vol 31, Issue 3.

Paul Grant, (1983), "Technological sovereignty: forgotten factor in the 'hi-tech' Razzamatazz", Prometheus, Critical Studies in Innovation, Vol 1, Issue 2.

Pierre-Olivier Gourinchas, (2022), "Shifting Geopolitical Tectonic Plates". https://www.imf.org/en/Publications/fandd/issues/2022/06/Shifting-geopolitical-tectonic-plates-straight-talk

Pierre Haroche, (2018), "The European Defence Fund: how the European Commission is Becoming a Defence Actor", the L'Institut de Recherche Stratégique de l'École militaire (IRSEM).

Raluca Csernatoni, (2021), "The EU's hegemonic imaginaries: from European strategic autonomy in defence to technological sovereignty", *European Security*, Vol 31, Issue 3.

Richard Nelson, (1993), "Technical innovation and national systems", Oxford University Press.

Robert Reich, (1987), "The rise of technonationalism", *The Atlantic*.

Sandro Montresor, (2001), "Techno-globalism, techno-nationalism and technological systems: organizing the evidence", *Technovation*, Vol 21, Issue 7.

Scott Moore, (2019), "Trump's Techno-Nationalism". https://www.lawfareblog.com/trumps-techno-nationalism

Stephen D. Krasner, (2001), "Problematic sovereignty: Contested rules and political possibilities", Columbia University Press.

Sven Biscop, (2018), "European Defence: Give PESCO a Chance", Survival, Global Politics and Strategy, Vol 60, Issue 3.

Sylvia Ostry and Richard Nelson, (1995), "Techno-nationalism and Techno-Globalism: Conflict and Cooperation", Brookings Institute Press.

福田耕治、(2021)「EUの戦略的自律性と欧州ガバナンス　ブレグジット・新型コロナ危機以降の現状と課題」、『JFIR World Review 特集「欧州政治」のリアル』日本国芦フォーラム（JFIR）

山田敦、(2001)「ネオ・テクノナショナリズム　グローカル時代の技術と国際関係」有斐閣

第11章

人権・社会政策における EU と国際機関の協働

――ILO を中心とするその変遷と持続可能な開発――

引　馬　知　子

はじめに――国連 SDGs と EU にみる「パートナーシップ」

持続可能な開発は、「将来の世代のニーズを満たすアビリティを損なうことなく、現在のニーズを満たす開発」であると、国連のブルントラント委員会（環境と開発に関する世界委員会）は1987年に定義した。これには２つの重要な発想が含まれるという（UN. Secretary-general 1987: 41）。ひとつはこのニーズにおいて、特に世界の貧困層の本質的なニーズを最優先にすべきとした考えである。ふたつは、現在および将来のニーズを満たす環境のアビリティには、技術や社会組織の状況次第で制限が課されるとした考えである。その後の持続可能な開発は、環境、経済、社会の視点をもって検討されてきた。国連サミットは2015年、こうした流れを受けて「我々の世界を変革する：持続可能な開発のための2030アジェンダ（以下、「2030アジェンダ」）」を採択し、本書のテーマでもある SDGs（持続可能な開発目標）を提示した。

「2030アジェンダ」は、よりよい世界を目指す、人間、地球、繁栄、平和のための2030年までの行動計画である。その宣言部分は、世界で数十億の人々が貧困のうちに尊厳ある生活を送れず、国内的及び国際的な不平等は拡大していること、機会、富及び権力の不均衡は非常に大きく、またジェンダーの不平等が依然として主要課題であることを指摘する。同アジェンダはこれらに対して、すべての人の人権を実現し、人々が尊厳と平等のもとにその持てる潜在能力の発揮を確実とすること、“誰一人取り残さない”包摂的な世界の構築を謳った（UN 2015: 1-4）。また、人権と基本的な自由の尊重、保護、促進の責任が、国連憲章に従って国家にあることを強調したのである

（UN 2015: 5-6）。

さらに「2030アジェンダ」は、以上の課題への対応を含むSDGsの達成のためには、地球規模の一層の連帯の精神に基づき、諸アクターのパートナーシップによる貢献が不可欠であるとした。すなわち、すべての国、ステークホルダー、人々の参加によって「持続可能な開発のためのグローバル・パートナーシップ」を活性化し、これを通じて目標達成への諸手段の動員を目指すのである（UN 2015: 2, 10-11）。EU（欧州連合）は、こうした国際潮流にあってとくに2000年代以降、国連やその専門機関であるILO（国際労働機関）などの国際機関と人権・社会政策におけるパートナーシップを強化し（本章3節）、「2030アジェンダ」と同分野の青写真を描くにあたり積極的な役割を担った（European Commission 2020, ILO 2012他）。同アジェンダの国連採択後には、EUは国家でも政府間組織でもない超国家的な性格を有する組織として、EUの人権・社会政策の展開と加盟国との権限分担などに基づく権能に依拠して（2，3節）、EU加盟国と共にその域内及び全世界においてSDGsを履行する実施主体にもなっている。

本稿は以上を踏まえて、EUとILOを中心とする国際機関の関係に焦点をあて、第一に、両者の社会的側面（社会政策及び人権政策）における協働がいかにはじまり、第二にこれがどのように展開し、第三に持続可能な開発を目標に据えた現在の協働の形にいかに至るのかを、1950年代～60年代、1970年～90年代、2000年代以降に区分して時代を追って検討する。そのなかで、相互補完関係にあるEUの社会的側面の法と政策に特に焦点をあて、それらの蓄積が結果としてEUの権能を拡大させ、国際機関との対等なパートナーシップを生み出したこと、及び、権限の分担を含むその内実を明らかにする。また、人権及び社会政策が、EUによる取組とILO等との諸協定、国際条約やSDGsの履行等が交錯するなかで多層的に展開し、人々の人権や生活保障において新たな可能性を拓きうることに触れる。

第1節　欧州統合と社会的側面における草創期の協働
(1950年〜60年代)

1　一国を超えた社会的側面の取組と欧州統合

第二次世界大戦後の世界秩序の創造において、国連（1945年設立）やILO（1919年設立）、欧州評議会（1949年設立）等の国際機関は、人類社会のすべての構成員の固有の尊厳と平等な権利の承認を自由、正義、平和の礎として確認し、フィラデルフィア宣言（ILO 1944年）、世界人権宣言（国連1948年）及び国際人権規約（国連1966年）、欧州人権条約（欧州評議会1950年）を採択した。また、社会経済的な構造のもとで人権が確保され難い人々の状況を踏まえ、女性差別撤廃条約、障害者権利条約などの国連人権条約と選択議定書及び、人権と労働が交わる中核的労働基準（労働における基本的原則と権利）としてのILO10条約等のILO条約と勧告を制定していく。

これらの国際文書はくわえて、人々の尊厳と平等な権利の承認が可能となる状態の実現を、国家及び国際政策の中心的な目的に据えるべきことを示し、履行の主体としての国家の役割を明確にした。同時にこれらの国際機関は、国々による履行を支援するシステムの形成、行動計画、調査研究や情報の普及に順次取り組んでいった。すべての人に自由及び尊厳、経済的保障や機会平等（均等）などの恩恵が届かない状況にあって、こうして一国を超えた人権政策や社会政策は着手されていった。

一方、EUは、欧州の平和、繁栄、安定を目指し、加盟国がその主権の一部を移譲して統合を進める超国家機関である。1958年に原加盟国6か国[(1)]でEEC（欧州経済共同体）として発足し、2023年時の加盟国は27である。当初のEU（EEC）は、経済的な統合機関として、公正経済競争を主とする視点から社会政策関連の一般的あるいは政策協力規定を若干設けた以外は社会的側面に関わる内容に乏しかったと評される。しかしながら、こうした当時の国際的な状況にあって、基本的人権の推進、労働・生活条件の向上、雇用機会の増進を扱う国際機関であるILOは、EUとの協働は1958年に遡ると記している（ILO 2012: 2他）。これはEUと国際機関の社会的側面における何らかの関係が、EU 設立当初からあったことを示している。さらに当時に関わる文献によれば、EU と国際機関との関係は、EU（EEC）設立を協議する1955年にすでに確認できる。

国際機関が EU に関わったこの最初の出来事は、EU（EEC）の創設に向けた協議の結果をまとめた、2つの報告書にまず具現化されている。ひとつはメッシーナ会議の決議を受けて策定された、広く知られる「スパーク報告（正式名称：一般共通市場に関するブラッセル報告）」(2)である。もう一つは日本ではほとんど論じられていない ILO による「オーリン報告（正式名称：欧州の経済協力における社会的側面」(3)である。両者は、実際に一対の関係をもって策定されていた。以下では、メッシーナ会議（1955年）及び欧州統合の始まりに関わる両報告の内容を確認し、1960年代までの社会的側面に関わる EU と国際機関の協働の草創及び、その内容をまず明らかにしていきたい。

2　メッシーナ決議及びスパーク報告と社会的側面

EU（EEC）を発足させるローマ条約（1957年調印、1958年発効）は、メッシーナ会議における欧州石炭鉄鋼共同体（以下、ECSC）を発展させて欧州統合を目指す、6か国外相による決議（1955年6月）に基づき起草された。同決議は、団結した欧州（a united Europe）を、共通制度の発展、各国経済の段階的な統合、共通市場の設立及び、各国の社会政策の漸進的な調和を通じて確立していく継続的な努力を支持するとした。また、欧州防衛共同体（EDC）設立条約の批准否決（1954年8月）や欧州政治共同体（EPC）設立条約案の中断という困難も受けて、欧州統合の一歩は経済分野で踏み出すべきとした。同時に、社会政策の調和を含む上記の取組が、世界における欧州の地位を維持し、その影響力を回復し、域内の人々の生活水準の向上のために不可欠であるとした(4)。

同決議は、経済分野の活動として必要である事項（決議Ⅰ. B(a)-(h)、C）と社会的な分野に関する事項を（決議Ⅰ. D）の双方を同様に取りあげた。また、欧州統合に向けた条約または取り決めの起草準備と作業の調整を目的とする委員会の招集を明記し（決議Ⅱ）、この委員会はあらゆる協力を ECSC の最高機関、OEEC（欧州経済協力機構、後の経済開発協力機構：OECD）、欧州評議会及び ITF（国際交通大臣会議）の事務総長に要請するものとされた。こうして設置されたスパークを委員長とする「単一欧州市場の設立について検討する委員会（通称、スパーク委員会）」は、これらの国際機関に一定程度協力を求めた上でスパーク報告を完成したと考えられる。

この欧州統合を方向づけたスパーク報告（1956年 6 月）をみると、その設置目的に沿って一般共通市場を形成する視点から報告書がまとめられていることがわかる(5)。メッシーナ会議の決議（1955年 6 月）が各国の社会政策の漸進的な調和などに言及していたのに対し、同報告書の社会的側面に関わる内容は全体に対して若干となり、それらも経済的側面からアプローチされている。そのなかで社会政策に関わる内容としては、特に以下の 3 点が挙げられる。

1 つ目は、特定の企業や種類の生産を優遇しても競争や経済活動を歪めないと判断される、個人や非営利機関、特定の地域の振興に用いられる補助金に関する規則（スパーク報告第 2 編）である。2 つ目は、歪みの是正や歪み自体がない場合でも行われる、漸進的な各国法の調和化（同第 2 編第 2 章）としての男女の給与の平等（the equality of salaries）、週の労働時間の長さ、有給休暇の期間に関わる各国政府の特別な努力についてである（同第 2 節）。3 つ目は、欧州の資源の開発と最大限の活用に関わる労働者の自由移動における保護措置や、職業へのアクセスと職務遂行に関わる国籍を理由とする差別的規制（法律、行政、行政慣行）の撤廃措置である（同第 3 編第 3 章）。

以上のように同報告は、社会的側面の内容が限定的であり、そのこと等から自由主義的であると多々評される。しかしそもそも、委員会に課された検討の目的からすれば、ある程度それは必然であったといえる。またこのことは、ILO の協力によるオーリン報告の検討を踏えたことにもよっていた。

3　オーリン報告と社会的側面

スパーク報告と一対の位置づけにあったオーリン報告は、ILO のもとで欧州統合の社会的側面に焦点をあてて作成された。同報告は、スパーク報告やこれを受けた条約起草委員会、その後の政府間会議、ひいてはローマ条約自体にかなりの影響を与えたという（Davies 1993, Barnard 1996, Deakin 1996, De

Schutter 2006他)。前述の ECSC の外相たちによるメッシーナ会議の決議(1955年6月)に先だって、ILO 理事会と第128回総会(1955年3月)は、ILO 第1回欧州地域会議(1955年1-2月)の議論を受けて「欧州経済協力の社会的側面の課題に関する専門家グループ」の任命を決定した。オーリンを議長とする専門家グループは2期間(1955年9月15日～21日と1956年2月6日～13日)にわたり会合を開き、"欧州の建設"に関わる社会的側面を広範かつ詳細に検討した。結果はオーリン報告として、スパーク報告の公表と同じ年月である1956年6月に ILO 第132回理事会で予備討議に、第133回において審議に付された。ILO は同年8月には、さらにその要約も刊行している(6)。

オーリン報告は、検討対象としての「欧州(ヨーロッパ)」が何を指すのかを特定したうえで、主に4つの課題を設定し結論を導いている(7)。課題とは、①労働コスト、特に社会的費用における国際的な格差が、自由な国際貿易の障壁になるか否か、②より緊密な経済協力が、特定の産業に従事する人々にもたらしうる苦難を最小限に抑えるための政策が必要か、③より自由な国際市場が確立された場合、ヨーロッパ諸国がより高度な国際協議と協力によって社会政策を形成し、実行することが必要か、④より自由な国際的な労働移動に関連する社会問題について、である。

同報告は全体として、将来の欧州経済共同体に社会的側面やその問題に関わる権限を付与する必要はなく、またこれを推奨するものでもないと結論付けた。例えば、自由貿易の体制は、参加国が物価水準をほぼ安定させる原則に合意すれば、より容易に運営でき、ひいては賃金と社会的な給付が平均生産性と歩調を合わせて増加する、産業発展を促進する適切な措置が取られれば低所得国の労働者の生活水準は向上するとした(オーリン報告パラグラフ226)。報告書は一般的な規範から各国は自らの社会政策の形成と実行を望むと仮定し、社会的・経済的条件が異なる国が一律の社会政策を追求する理由はなく、関係国の社会政策の本質的な特徴に反せずに明確に国際的な調整や調和が必要な場合のみ、労使の国際的な協議が役立つ可能性があるとした(同パラグラフ115-116、272-273等)。その例外は、実質賃金の差が相対的に小さいと解された ECSC 6か国の状況を前提条件として、男女同一賃金の原則に対する保護が一部の地域で不十分であるため、不当な比較優位性がうまれ、競争の歪みが生じることについてであった（同パラグラフ113、162等）。そのうえで、ILOの「同一報酬条約（第100号条約）1951年」を考慮した差異の段階的な撤廃が望ましいこと、さらには同様なことが、週単位の労働時間や有給休暇の設定についていえることをまとめている。

オーリン報告は、欧州経済共同体（後のEEC）の加盟国が以上の事項に関わるILOや欧州評議会が採択した国際条約に署名すれば、社会的側面について必要な結果が得られるとした。また、より緊密な欧州経済協力に関連する特定の社会問題について、欧州経済共同体の加盟国がILO条約を使用することを提案した（同パラグラフ116）(8)。実際にEU（EEC）の創設前に欧州委員会は加盟国の社会問題における協力の促進のためにとして、ILO第1号条約（労働時間）、第52号（有給休暇）、第63号（賃金および労働時間の統計）、第81号（労働監督）、第87号（結社の自由と団結権）、第88号（雇用サービス）、第95号（賃金保護）、第96号（有料職業紹介所）、第97号（移民労働者）、第98号（団結権・団体交渉）、第100号（平等な報酬）、第102号（社会保障の最低基準）条約を、EU加盟6か国が共通して批准するよう提案したという（Johnson 2003: 10）。このEUの要請による特定のILO条約の加盟国による批准は、当時必ずしも積極的に実現されることはなかった(9)。ただし、EU加盟国のILO条約の批准に関わるEUとILOの関係のあり方は、その後もEU地域の社会的側面の推進に向けた重要な結節点となり続けていく。

4　社会的側面におけるEUと国際機関の協働の草創

ILOにおける以上の議論や結論を踏まえたスパーク報告は、ECSCの6か国外相会議で1956年に採択され、スパーク委員会は条約起草委員会に改組となり、EU（EEC）を発足させるローマ条約は起草された。一対をなすスパーク報告とオーリン報告の内容を受け、ローマ条約（1957年）は社会的側面において、①国家補助の規定（旧第107条）、②男女同一賃金原則（旧第119条）、労働時間（有給休暇制度の均衡、旧第120条）、③国籍による差別禁止（旧第48条）、欧州社会基金の創設（旧第123条、125条）、職業訓練（旧第128条）を実定した。これらのEUによる社会的な規定は、1970年代以降になると社会経済情勢や特に男女平等分野の欧州司法裁判所における先決裁定等を契機として、労働と人権分野に関わって展開を見せる（2節で後述）。しかし当初のEU（EEC）の社会的な諸規定は、全体として加盟国に法的義務を課したり、直接的に個人に権利を付与する権限をEUに与えることを想定しない、一般的宣言あるいはプログラム的なつくりとして描かれていた。いずれにしても、今日まで続くEUの社会経済法制度の根幹となる構造は、ILOとの協働も影響しつつ発足時に基礎づけられたである。

Du Schutter（2006: 120-122）は、「ローマ条約の起草者たちが、オーリン報告の哲学に相当な借りをつくったことは、欧州統一の社会的目標が共通市場に従属していることで明らかである。その手段は共通市場に対する障壁の撤廃である一方で、社会的進歩はその副産物として表れるのである」と記している。また、Johnson（2003, 2005）はILOによるEU社会政策における関わりを公開記録とインタビュー等を通じて詳細に検討し、両者の関係はECSC（1952年設立）まで遡り、1952年から1972年にかけて欧州委員会とILOはかなりの協議と協力を行い、ILOは社会分野における国際的な法規の整備において意図して主導的な役割を担ったことを明らかにしている。あわせてEU（EEC）発足が議論された当時、欧州評議会で1961年に採択をみる「欧州社会憲章」の最初の構想はすでに知られていたという（Du Schutter 2006: 120）。EU（EEC→EC）加盟国とILO及び欧州評議会の加盟国は当時から今日も重なっている。こうしたことから、当初のEU（EEC）は国際機関による社会的な取組と規範を“借用”しつつ、このことがEUの経済統合への焦点化を時に容易にしていたとも言いうるのではないだろうか。

EU（EEC）が発足した1958年には、ローマ条約第117条（生活・労働基準の促進）と第229条（国連及び専門機関との有益な連絡の維持）、ILO憲章第12条（公的国際機関と協力等）に基づき、EEC初代欧州委員会委員長ハルシュタインとILO事務局長モースが、「ILOとEEC間の連絡に関わる協定」を締結した。同協定では、“両組織は社会的・経済的進歩、生活・労働条件の改善、雇用の促進に対する共通のコミットメントを有している”として、両機関のための意見表明の可能性、情報交換、技術支援の条件などに合意した。こうして両者の協働の様式はつくられはじめた。今日のILOが振り返って記載する1958年以来のEUとの関係のはじまりとはこの協定を指し（本章1節

1)、EUも1958年頃を関係性の発端と捉えている(European Parliament 2019: 12他)。

以後、両者は同協定に基づき公式の書簡を、1961年、1989年、2001年、2021年に交換している(1989年以降は、2、3節で後述)。1958年に続いて、1960年と1961年にも協定が結ばれ、後者ではEUとILOが年2回会合を行う常設連絡委員会の設置が合意をみた。これはEUとILOの関係において現在重要な役割を担う、2001年以降のハイレベル・グループ会合(毎年1回)の開催に繋がっていく。

全体として1970年代までの両機関の関係において、ILOは一国を越えた社会的側面の主たる創り手であった。ILOは明らかに両者の上級機関として、充実した研究者や専門家ネットワークを有しており、社会分野の法整備をリードしていたと欧州議会は記している(European Parliament 2019: 17)。EU(EEC)は統合の初期段階にあり、ILOは、特に安全衛生、職業訓練、社会保障、労働移動に関して、EECへの情報提供者としての役割を担い、またILO条約は、両者の協力分野を示唆する上で重要な役割を果たしていた。しかし、1970年代に入るとEUの社会政策への望みはILOの望みを上回り、両機関のバランスは完全に変化していくこととなる。

第2節　人権と社会政策における協働とEUの内的発展
(1970年～1990年代)

1　社会経済情勢の変化と協働の継続

1970年代～90年代のEUは、自身の社会政策や人権政策の内的な発展に集中し、これを遂げる時にあった。ILOを含む国際機関との協働は優先されず、多くの協力関係は主として非公式であり、取り決めはアドホックで成果もまちまちであったという(European Parliament 2019: 2, 109)。一方でこの時期、EUとILOは、前述の常設連絡委員会にくわえて、以下で記すように双方の社会・雇用問題を扱う重要な会議への互いの参加を公式に設定した。またILOがEUの社会的側面の政策に関わる等、互いの組織の理解を促し、関係形成は継続して図られていた。

両機関の関係には、1970年代から90年代の経済社会の構造的な変化も影響を与えていた。1970年代に顕在するEU域内の経済格差の拡大や失業率の上昇、社会的排除等は、産業や経済の発展が自動的に富や機会の分配をもたらすわけではないことを認識させた（1節3のオーリン報告の見解等も参照）。その後の90年代の技術革新とグローバリゼーション、さらには少子高齢化に関わる課題も、EUによる一国を越えた社会政策を必要とさせた。こうした状況は、ILOの専門的知識と発達したネットワークによるEUへの新たな協力の土壌を生み出したという（Johnson 2009他）。並行して、EUはこの期間を通じて権能を徐々に高めていき、社会政策の内容と加盟国に対する拘束力はILOの機能を凌駕するようになっていく。こうしたなかで持続可能性あるいは持続可能な開発と社会政策を具体的に政策に結び付けていったのは、1990年代のEUであった。本節では、EU政策とEU立法及び司法の動向を追いながら、EUとILOの間の関係形成とEU社会政策における権能の拡大等を考察していきたい。

2　EU社会政策の内的発展とILOとの課題（70年～80年代）

経済統合に重点を置いた初期のEUは、1970年代になると社会政策へのEUによるコミットメントを表明するようになった。第一次EU拡大を目前にした「拡大EU（EC）加盟国首脳」による1972年のパリサミットの声明は、次のようにはじまっている。「経済の拡大はそれ自体が最終目的ではない。その第一の目的は、生活条件の格差の縮小にあり、これはすべての労使の参加により実行されなければならない。このことは生活の質と生活水準に改善をもたらすはずである。欧州の特徴にふさわしく、無形の価値と環境保護に特別の注意を払うことを通じた進歩は人類に役立ちうる。」[(10)]。また声明は、共同体（EU）の任務が増大し新たな責任が課されていくなかで、その共通の関心、能力の範囲、任務の大きさを明確にする時がきたとして、欧州が世界情勢において自らの声を上げ、その人的、知的、物的資源に見合う独自の貢献をすること、成長と安定を両立させる恒久的な解決策を模索する必要があること等を提示した。首脳たちは、経済社会的な決定への労使の関与を高めることを必須とし、労使の協議を経て、1974年までに社会政策に関わる具体的な措置と行動計画を策定すること等を掲げたのである。

パリサミットの声明通り、EU 理事会は1974年、EU 初の「社会行動計画（1974年 -1976年）」を採択した（European Council of the EC 1974）。ここではEU の方針と取り組みが、雇用、職業指導と職業訓練へのアクセスおよび労働条件と賃金、これに関わる男女平等の確保、移民労働者、若者と高齢者、障害者等の包摂を対象に、域内の完全かつより良い雇用・労働と生活条件の向上等を目指して示された。EU の行動計画は、1980年代には女性、障害のある人々等の特定のカテゴリー毎にも継続的に策定及び実施されるようになっていく(11)。これは後に、現在の「平等の連合（a Union of Equality）」の総称の下で策定される、人権及び社会政策に関わる性別、人種・民族、障害、SOGI（性的指向・性自認）等を事由とする行動計画及び戦略と、これらの内容を含む「2030アジェンダ」の SDGs 達成に向けた取組へと発展した。

以上の政策動向と並行して、1970年代からは EU 法のもとで男女平等分野や企業のリストラクチュアリング、労働安全分野の指令（二次法）の制定が徐々に進み、欧州司法裁判所における社会的側面に関わる判例が増加した。とくに、ローマ条約（旧第119条）を根拠に展開を始める男女平等分野では、一連の欧州司法裁判所の判決（例えば、Defrenne 判決：71年～1986年）によって、EU 法のもとで域内で共通する個人の平等に関わる具体的権利の付与が現実となった。当初、前述（1節4）のように個人に直接的な権利を付与する EU の権限を想定していなかった状況は転換をみせ、さらに男女同一賃金指令（1975年）や社会保障における男女平等待遇指令（1979年）をはじめとする二次法が状況の変化を捉えて生み出されていった(12)。

この時期は、ドロール欧州委員会委員長（1985年就任）のもとで、雇用や経済に関わる共通見解や「労働者の基本的社会権に関する EC 憲章」の策定が進むなど社会的側面において全体的な進展もみられた（同憲章は1989年に採択）。紆余曲折がありつつも、EU 指令等を含む EU 社会労働法の形成は進み(13)、加盟国内法に優位する EU 法の権限は拡大していった。また、「欧州司法裁判所の法的メカニズムの強化は、国家が当事者である ILO 条約とは異なり、個人である市民が共同体（EU）の拘束力のある社会立法に直接アクセスできることを意味し、これは EU 法が ILO 条約と対立した場合に、グローバルなシステムを“切り捨てる”ことを意味して」いったのである（Johonson 2003: 8）。こうしてILO条約とは異なる権能を有するEU立法は、社会的側面においてもEU域内で優先されるようになった。

以上の状況を捉えて、ILOは1988年に3つの課題を指摘した。第一は、ILOはスイスに拠点があるが、EU（EC）がEU内に拠点がある出先機関を望んだこと、第二に、EU法規が複雑化するにつれ、ILO条約と矛盾するようになったこと、第三に、（一国を越えた社会政策における）意思決定プロセスの分散化についてである（Johnson 2003, European Parliament 2019: 17,（　）内は筆者による）。これらの問題を解決し、協力関係を活性化するために1989年、EUとILO間で第2回目の書簡の交換が行われた。ここで、ILOは公式オブザーバーの地位をEUに正式に与え、EUは社会・雇用問題を扱う会合に公式にILOの代表を招待することとなった。その上でこれらの課題は1990年代以降、EUとILOの協働のもとに順次その解決や対応が図られていくこととなる。

3　協働とEUの権能及び持続可能な開発（90年代）

1990年代になるとEU条約を改正するマーストリヒト条約（1992年調印、1993年発効）によって欧州市民権の創設（旧第8条）、補完性の原則（旧第3b条）等が新たに規定され、EU条約本体とともに社会政策議定書と協定が締結をみた。これによりEUの権限の位置づけはより明確となり、また、加盟国が特定多数決で決定できるEUの社会政策事項が増えるなかで、育児休業、非典型労働等の労働条件、労働者の情報提供・協議等、さらなるEU二次法（指令等）の採択が範囲を広げて進んでいった。

同時にEU政策においては欧州委員会が1993年12月、経済成長への焦点化だけでは不十分であるとして「成長、競争力、雇用――21世紀への課題と進むべき道」と題して、教育、訓練、積極的な労働市場政策に重点を置くいわゆる「ドロール白書」を公表した（European Commission 1994）(14)。マクロ経済目標と同等に雇用を重視する最初の転換をEU政策に促す同白書は、ILOがそれまでの間で最も影響を与えた出来事かつ政策文書であったという（European Parliament 2019: 12）。ここでは、持続可能な開発（発展、development）、インフラ投資における国家の積極的役割、EU による共通の研究開発など、EU が ILO と協働で本格的に検討したさまざまなかつ重要な概念が、実際の EU 政策に落とし込まれた。そのうえで、マーストリヒト条約下における新自由主義的な改革に対して社会的側面を強化し、競争と連帯を結びつける社会政策の目標が設定された。ドロール白書はまた、持続可能な開発を目標として掲げたおそらく初めての EU の公式文書であるという（European Parliament 2019: 111）。その冒頭には持続可能な開発が、次のように記されている。

「この白書は、欧州経済の持続可能な開発のための基礎を築き、それによって欧州経済が国際競争に耐え、必要とされる数百万人の雇用を創出できるようにするために、地方、国、共同体レベルでの議論を促進し、その意思決定を支援することを目的とする（European Commission 1994: 3）。」

さらにアムステルダム条約（1997年調印、1999年発効）における雇用政策条項の規定を受けて（旧第125～旧第130条）、1997年のルクセンブルグ雇用サミットからは欧州雇用戦略（EES）を毎年策定し、加盟国間の雇用政策の具体的な調整が EU で共通して図られることとなった。1990年代初頭までの EU 加盟各国の雇用政策は、伝統的に各国と OECD や ILO 等の間の協働で進められてきた。これに対して EES を契機に、EU と加盟各国及び国際機関による労働に関わる多層的な協働のプラットフォームが生まれることになったのである（EU 2015）。ここでは新たに雇用に関わる測定可能な指標の重要性や比較可能なデータを用いていくことが強調され、これは以後の EU における指標や統計の開発とその成果を根拠とする政策展開に大きく貢献していった。ILO は1999年にその活動の中核的概念として「ディーセントワーク」を提唱するが、EU とその加盟国においてこれと同義とされる EU の「雇用の質」の議論と関係政策がより具体的かつ一貫して展開したことは、EU が策定していった指標やデータの役割が大きかったとの指摘がある（Burchell et.al. 2013）。2010年代以降になると、EU はこうした取組を土台に世界を見据えた ILO のディーセントワークの推進に関わっていくのである。

4　EU社会政策の権能の拡大とILOとの協働

1990年代の政策から法的取組に目を向けると、次期のEU条約改正に向けた加盟国による政府間会議（1996年3月～）は、EUの社会政策に加えて人権政策を進める契機となった。条約改正の理由は2つあげられたが、そのうち一つは「欧州の建設」という事業に市民を関係づける不可欠性であった。政府間会議に関わるリフレクショングループ（1995）は、「EUが内部で直面する喫緊の課題は、欧州建設に対する人々の公的事項に関わる不満の高まりである。これには、経済的、政治的、制度的な理由がある。特に若年層や長期失業者の深刻な高失業率、社会的拒絶と排除、代表する者とされる者の間の関係の危機、複雑性が増すEUに関わる情報の欠如、犯罪の憂慮すべき組織化等がある。これらは加盟国単独では十分に解決できない」と述べている(15)。

政府間会議は、「人々のヨーロッパ」にEUが関わる必要性、欧州社会モデルや欧州評議会の欧州人権条約へのEUの加入等を含む人権の推進をあげ、人権の項目を設けて、人々の平等取り扱いや差別禁止規定における事由の範囲拡大を早くから論じた。これを受けて制定されたアムステルダム条約（1997年調印、1999年発効）は、EUの使命として、経済の発展と共に、高水準の雇用と社会保護、男女平等、生活水準と生活の質の向上を規定し、また人種・民族、宗教・信条、障害、年齢、性的指向に拠らない非差別措置をEUが全会一致で取れる旨や、性別に関わる男女平等と職場における平等待遇の政策、及びジェンダー主流化等を規定した（旧第13条等）(16)。また雇用政策条項が設けられ、EU加盟国は共通の枠組みのもとで雇用指針を毎年出すことになった（旧第125条～第130条）。

他方でEUは1990年代以降、EUによる社会的側面における法制度が内的に発展し、加盟国内法に優位するEU法規が増え複雑化するなかで、ILOが1989年に課題として示したILO条約に対するEUの立場、及びEU加盟国との間で生じる矛盾や関係性について調整する試みを開始した（2節2参照）。このため、欧州委員会はILO170号条約（ILO化学物質条約 1990年）に焦点をあて、これに対してEUが対外的権限を有するか否か、EU加盟国との共同行動による行使等に関わる見解を欧州司法裁判所に求めた。こうして出された1993年の「意見2/91［1993］」は、ILO 条約に対する EU の権限等を明らかにしていくうえで重要な判例となった(17)。欧州司法裁判所は、一つ一つの法規の範囲と性質、内容を評価した上で、公約が EU 法規に影響を与える種類のものであり、EU が大規模な規制を有する分野に関わる場合等には、ILO 条約に対して EU が加盟国との関係において「排他的対外権限」を有するとした。また、その後の2006年「意見1/03（ルガノ意見書）」(18)でも上記が再確認され、法規の範囲、性質、内容、将来の展開への考慮が判断において重要となることが示された。

ILO の制度においては、ILO 条約は ILO 憲章（第19条5項 d）のもとで、ILO 加盟国、すなわち国家のみが批准できる。一方で、EU 域内では EU 社会政策と人権分野の進展により、同分野の権限と実施を EU と EU 加盟国が一定範囲において分担し合うようになった。こうしたなかで、欧州委員会はこの時期に、ILO との関係において全 EU 加盟国が批准すべき ILO 条約を特定し、EU 加盟国が当該の ILO 諸条約を未批准とせずにその履行を義務にして、EU 加盟国間の社会政策と ILO への対応に一貫性を持たせようとした。しかし、この提案は、EU 自体が ILO の構成主体である ILO 加盟国の政労使に法的に含まれていない等を理由として、ILO 加盟国でもある EU 加盟各国の賛同を十分に得られなかった。この点では EU を通じた EU 加盟各国による ILO 条約の批准義務の要請という手段が、ILO と EU の新たな協働的なリーダーシップを公式に生み出すことにはならなかったのである（Johnson 2005）。

いずれにしても2000年頃までには、EU は域内共通の社会的側面の枠組みや最低基準を相当程度法的に規定するとともに、雇用や社会的排除を中心に実態把握や比較可能なデータ等を用いた共通政策の実施を目指すようになった。EU の法的メカニズムは強化され、EU 立法によって社会的側面において ILO 条約とは異なる拘束力が加盟国に課されていくなかで、EU 法と ILO 条約が対立した場合には EU 法が優先され、EU 域内では ILO 条約を凌駕するようになった。また EU は、人権と社会政策を実施するための専門知識、資源、行動手段を手に入れていったのである。同時にその過程で、EU と ILO をはじめとする国際機関との連携は、双方が対等とまでは言えないまでも、実質的に深化していった。

第3節　EU の権限の拡大と ILO を中心とする緊密な協働 (2000年～現在)

1　EU 人権・社会政策と EU の価値及び目的の提示

2000年以降は EU が社会政策と共に人権領域に法制度上も明確にコミットし、EU が ILO をはじめとする国際機関と対等かつ緊密に協働していく時代を迎えていった。その象徴的な出来事は、アムステルダム条約第13条を具現化する社会政策と人権政策に関わる「人種・民族平等待遇指令 (2000年)」と宗教・信条、年齢、障害、性的指向に拠らない雇用と職業上の平等待遇を定める「雇用平等一般枠組指令 (2000年)」の制定である。あわせて同年、「EU 基本権憲章 (2000年)」が EU 市民や域内住民の政治的、社会的、経済的権利を法的に定める文書として採択をみた。くわえて、「男女平等統合指令 (2006年)」や労働や社会的包摂の政策に象徴される EU の社会的側面への取組等の進展は、EU 条約改正において現行のリスボン条約 (2007年調印、2009年発効) の新条項として反映されるに至った。

EU の社会的側面に関わる実績を礎に、リスボン条約は、EU の価値や目的を新たに定め、人間の尊厳、平等、人権、非差別、多様性の尊重を謳うようになったのである (TEU 第2、3条、TFEU 第10条、19条)。また、「EU 基本権憲章 (2000年)」に法的価値を付与し、欧州評議会の欧州人権条約への EU の加入を明記した (TEU 第6条1、2)。こうして「EU 基本権憲章」は条約と同じ法的地位を得て、EU 諸機関だけではなく、EU 法の範囲内で EU 域内で法的拘束力を有するようになった。あわせて欧州人権条約の EU の実際の加入に関わる議論が進展していった[19]。

2　ILO 条約に対する EU 及び加盟国の権限の分担

こうしたなかで、本章が中心的に検討した EU と ILO、さらには EU と加盟国間の人権・社会政策における協働は、前例のない法政策上の形態を生み出している。EU アキ (EU 法の総体) と現行の ILO 条約との関係における欧州委員会の整理と分析によれば（European Commission 2013）、ILO 条約に対するEU と加盟国の対外的な権限の性質とそれに基づく手続、権限の配分は、リスボン条約（TFEU）等に照らして表1のように4分類して把握できる。分類に基づく個々の ILO 法規と EU 加盟国との実際の関係は表2が示すとおりとなる。これらによれば、例えば、現行の ILO 条約の56%（検討対象の72条約のうち40条約）は EU と加盟国の「共有対外権限」のもとにあり、35%（72条のうち25条約）は、EU の「黙示の排他的対外権限」と関わりがある。

一方、EU の「明示の排他的対外管轄権」に該当するものは少なく、ILO 第94号条約（労働条項（公契約）条約 1949年）及び第29号条約（強制労働条約 1930年）が該当している。時代性等から ILO 条約と EU 法規が非適合となる場合が、ILO 第89号条約（夜業（女性）条約（改正）1948年）や上記の ILO 第94号条約等の4条約で確認されている。以上から EU は、ILO 憲章等が当初に履行主体として想定した国家（国家機関）ではないものの、今日、多くの ILO 条約に関わって EU 加盟国と共に対外的な権限を有し、その範囲内において履行主体としての責任を有するようになったことがわかる。

EU の社会的側面における法政策が積み上げられていくなかで、以上で検討したように ILO 条約に重なる EU の権限は広範となり、2000年以降、超国家期間である EU は、同分野において ILO とより対等かつ緊密な連携を図るようになった。この新たな段階の協働は、両者が連携及び協力し合うなかで単独では実現が難しい事業とその目的達成を効果的に目指す仕組を意味する「パートナーシップ」という用語で表現されるようになった（本章はじめにも参照）。

3　EU の権能と国際条約履行における協働

EU が対外権限を有する事項における ILO のパートナーシップの内実ある例として、EU 域内及び対外的なディーセントワークの推進がある。ディーセントワークは ILO が1999年の第89回 ILO 総会で提唱し、ILO の積極的な働きかけによって国連 SDGs の17目標のうち、目標8「ディーセントワークと経済成長（邦題：働き甲斐も経済成長も）」として明示されている[20]。欧州委員会は2000年、そのなかでも人権と労働が重なる ILO 中核的労働8

条約（現10条約）について、まずその一条約である第182号（最悪の形態の児童労働条約 1999年）の加盟国の批准に関する勧告を発表した[21]。さらに、2001年には「中核的労働基準の推進とグローバル化のなかでのソーシャル・ガバナンスの改善」と題したコミュニケーションを出している[22]。これらの文書においては、基本的権利と持続可能な開発の促進が目的に据えられた。また、同コミュニケーション等を受けて、すべてのEU加盟国は2002年までにILOの中核的労働基準に関わる８条約の批准を終え、ILO同基準の目標達成に対して共通の意志を見せるようになった。これらは近年のEUによる国際機関との協働に基づく、グローバルな「ビジネスと人権」の議論及び、2022年の「デューディリジェンス指令案」等にも繋がっていく。

あわせてEUの「排他的対外権限」に属する国際条約については、優先度を考慮しつつ、EU理事会が加盟国に批准の権限を与える決定が行われるようになった（表１、２参照）。2015年のEU加盟国に対する「社会政策に関連する事項に関わるILOの強制労働条約（1930年）の2014年議定書の批准について権限を与える理事会決定」を含め、その対象となるILO条約は2023年

表１　ILO条約に対するEU及びEU加盟国の対外権限と批准手続

対外権限の性質の分類	批准のための手続的な含意
EUの排他的対外権限（明示または黙示）に該当するもの	（EU）加盟国は、当該のILO条約の批准のためにEU理事会の承認を必要とする。加盟国とEUは、TEU第４条および第13条に基づき、誠実な協力の義務を負う。
EUと加盟国の共有対外権限に該当するもの	（EU）加盟国は、（EUとの）誠実な協力の義務を負うことを条件に、ILO条約を自律的に批准しうる。
EUの「特別」な調整対外権限に該当するもの	（EU）加盟国は、（EUとの）誠実な協力の義務を負うことを条件に、ILO条約を自律的に批准しうる。
加盟国の権限に該当するもの	（EU）加盟国は、（EUとの）誠実な協力の義務を負うことを条件に、ILO条約を批准するか否かを自律的に決定しうる。

（出典）European Commission（2013）Analysis–in the light of the European Union acquis –of the ILO Conventions that have been classified by the International Labour Organisation as up to date, p. 7–8. 筆者訳。表題と（）内は筆者による。

表2　ILO 条約と EU 及び EU 加盟国の対外権限における分類

	現行の各 ILO 条約の4つの対外権限に対する区分け			
分野	EU と加盟国の共有対外権限	EU の排他的対外権限	EU の「特別」な調整対外権限	加盟国の権限
基本的人権	C87, C98, C105, C111, C138, C182	C29, C100		
ガバナンス（優先）	C81, C129, C144		C122	
港湾労働者		C152		
児童労働の撤廃	C77, C78, C124			
雇用政策と促進	C158	C181	C159	
機会及び取扱における平等	C156			
漁業従事者、海上労働、船員		C185, C186, C188		
結社の自由、団体交渉	C141、C151 C154			C135
先住民族・部族	C169			
労務行政と監査	P81, C160	P110		C150
妊産婦（母性）保護	C183			
移民労働者		C97, C143		
労働安全衛生	C120, C148, P155, C161, C167, C176, C187	C115, C139, C155, C162, C170, C174, C184, C189		
社会保障	C168	C102, C118, C121, C128, C130, C157		
特定のカテゴリーの労働者	C172, C177	C110、C149		
職業ガイダンスと訓練			C140, C142	
賃金	C173	C94		C95, C131
労働時間	C14, C106, C171,	P89		

（出典）European Commission（2013）op. cit. p. 8-9.　筆者訳。表題は筆者による。表中の C は条約、P は議定書の意。

までに5条約1議定書に及んだ。くわえて2020年には、「ILO の暴力及びハラスメント条約（2019年）（第190号）の批准の権限を与える理事会決定案」が提案されている（Council of the EU 2023）。しかし一方で、EU 理事会における最終合意がいつも容易に進むわけではない。2023年現在、同提案についてはEU 加盟国による ILO 第190号条約批准のための最も適切な手段や、理事会決定の採択を可能とするために加盟国が必要とする事項の明確化について模索が続いている。

EU は以上のように国際機関や加盟国とさまざまな見解に基づく検討を継続し、欧州の社会的側面の現在と未来の姿を創り出しているといえる。また、本章では紙幅等から言及にとどめるものの、人権・社会政策におけるEU と国際機関との協働においては、国連の人権条約（障害者権利条約 2006年）を EU が地域的統合機関として初めて批准するという、ILO 条約の履行とは一味違う権限の分担を含む法的取り組みも2010年に実現している。ここでは、EU と EU 加盟国の双方が国連人権条約をそれぞれ批准し、双方が履行の法システムに組み込まれるなかで前例のない国連との協働が行われるようになった[23]。EU 地域の社会的側面の法的ガバナンスは多様な手段を用いて複層的となり、そのもとでグローバルかつ具体的に人々の人権や生活保障の向上が試みられているのである。

4　持続可能な開発を目標に据えた戦略的な政策と協働

2000年以降の以上の法的な動向は、政策的な取り組みと相互補完的かつ不可分で進められてきた。EU による人権と社会政策における役割が高まるなかで、EU と国連の専門機関である ILO は2001年に10年ぶりに書簡を交換し、グローバリゼーションの社会的側面の軽視に対する懸念と、国際社会の諸機関を含むさまざまなレベルで総合的なアプローチが新たに求められていることを共有した[24]。書簡は、EU の ILO におけるオブザーバー資格を再確認し、EU と ILO の協力のための戦略的目的として、中核的労働基準の確保、女性と男性の雇用促進、社会保護の強化、労使対話の促進の4つを掲げた。さらに政策的枠組みとして、経済開発と貿易の自由化とともに労働基準と人権の尊重を促進する共通の関心事やその重要性、これらに ILO のディーセントで生産的な仕事、EUの差別や社会的排除、基本的人権に関わる取組等が貢献できること等に触れている。また、欧州雇用戦略による情報交換、社会保護問題での協力、世界の他の地域との労使対話、対外政策と開発協力などもあげられた。前述のEUによる中核的労働基準に関わる取組とILO条約のEU加盟国の2022年の批准完了は、こうしたEUとILOとの問題の共有を受けた上での対応だったのである。

EUとILOは2001年の書簡の一環として、「戦略的パートナーシップ」に署名し、年に1回のハイレベル会合を持ち、持続可能な開発、公正で包摂的なグローバリゼーション、ディーセントワークの推進、グローバル・ソーシャル・フロア、グリーン・ジョブ等における協働を共に掲げるようになった。あわせて2001年、EUは「より良い世界のための持続可能な欧州――持続可能な開発のためのEU戦略」を発表した(25)。本章第2節3で記した1990年代以降の持続可能な開発を通じた社会の構築は、EUの域内及び対外的な人権及び社会政策の文書においても最終目標に据えられ、EUはILO等とのパートナーシップを近年さらに重視するようになった。

EUは2002年には、ILOが設立した「グローバル化の社会的側面に関する世界委員会（WCSDG）」において積極的な役割を果たすとともに、2003年には国連とEUの間で「財務・管理的枠組」(26)を制定した。一方、EU内の「欧州2020　――スマート、持続可能、包摂的な成長のための欧州戦略（2010年）」(27)及び「欧州社会権の柱（2017年）」(28)とその行動計画といったEUの重要な社会経済戦略や政策も、ハイレベル会合での協議やILOとの協働のもとに描かれたことがわかっている(29)。

2021年には欧州委員会雇用・社会権担当委員シュミットとILO事務局長ライダーが改めて書簡を交換した。そこで両機関は、“多国間主義、平和、人権、民主主義、持続可能な開発、公正な移行、そして雇用、労働における権利、社会的保護、社会対話の推進に共通のコミットメントを有する”ことを確認し、両機関のパートナーシップの範囲のさらなる拡大に合意したのである。

おわりに――グローバルアクターとしてのEU・ILOとSDGs

本章は、人権・社会政策におけるEUと国際機関（政府間機関）との協働やその内実を、時代を追って検討した。そのなかで同分野のEUの内的発展と対外政策においてILO等の国際機関は継続して重要な位置にあり、さらに近年EUは国際機関と共にグローバルアクターとしての役割も果たすようになったことを明らかにした。

EUとILO等との関係は、EU（EEC）の設立前からはじまっていた。その関係性はEUの社会経済的な法政策の基礎的枠組に影響を与え、また1960年代までのEU地域の人権・社会政策においてはILO等は意図して主導的な役割を担っていた。欧州評議会の取組もあわせて考慮され、EUは主として経済統合に注力したのである。1970年代以降になると、当初の設定を超えて、EUが社会政策に取り組む必要性は高まり、時機も得てEUは同分野の取組を進め、その履行をEU加盟国に要請する手段を含む内容や拘束力はILO条約等による国際規範を凌駕していった。また1990年代前半には、EUは「持続可能な開発」を同分野の政策と結びつけて提示し、これはEUの全体を束ねる中心的な目標として位置づけられ、徐々に対外的にも影響を及ぼしていった。

EUの人権分野の権能は特に2000年以降に拡大し、社会政策分野の権能と相まって、その内容が重なるILO条約等に対して、EUとEU加盟国との権限分担の整理が行われるようになった（表1、2参照）。こうしてEU地域の人権・社会政策は、名実ともに国際、地域、国、地方の取り組みが不可分に効力をもって交錯する複層的なものなった。EUはその権能を礎にして、2010年代以降には国際的な人権・社会政策をも視野に入れて、国連やその専門機関であるILO等と対等なパートナーシップを結ぶようになった。本章が記したように、世界における欧州のプレゼンスの確立は、EU（EEC）設立を目指すメッシーナ決議（1955年）が示した目標のひとつであり、長い年月をかけてEUはこれを社会面でも実現していったといえる。国連の「2030アジェンダ」は、その成果の一つとしてもみることができる。

国連の「2030アジェンダ」に関わり、SDGsとEUの法政策（例えば、目標8の“ディーセントワークと経済成長”とEUの雇用の質に関わる政策、目標5の“ジェンダー平等を実現しよう”とEUの男女平等政策等）の内容は重なっており、現行のEUの諸戦略や行動計画はSDGsとの関わりを必ず明示している。また中核的労働基準の遵守等において、EUは域内のみならず本章が論じたように、ILO等との協働のもとにグローバルな人権保障を促す仕組を生み出しつつある(30)。くわえて近年、持続可能な開発に関わって、EUとILOは共同で生涯学習の普遍的な権利、男女平等のための変革的で測定可能なアジェンダの実施、社会保護の強化、普遍的な労働保障の確立、時間主権の確立、技術の活用と管理などを含む、ディーセントかつ持続可能な仕事への投資を拡大する「人間中心アプローチ」を提唱するのである。

すべての人の人権と基本的な自由の尊重、保護、促進をSDGsが中心に据えるなかで、EU及びその加盟国は国際機関との70年近くにわたる協働の上で、ユニークかつ実質的な貢献をEU域内及びグローバルな場で行おうとしている。本章が示したその取組の進展如何で、持続可能な社会とそのために必須となる多様な状況にある世界の人々の人権と生活保障は形づくられうるであろう。

(1)　EU原加盟国は、イタリア、ドイツ（加盟時西ドイツ）、フランス、ベルギー、ルクセンブルグであり、6か国による体制は第一次拡大（1973年）まで続いた。

(2)　スパーク報告については、Information Service High Authority of the European Community for Coal and Steel, June 1956, The Brussels Report on the General Common Market, Luxembourgを参照。

(3)　オーリン報告については、ILO (1956), Social Aspects of European Economic Co-operation. Report by a Group of Experts, Studies and Reports, New Series, No. 46, Geneva。Cinniにおいてオーリン報告を表題に入れる論文はないが（2022年5月1日アクセス）、EUの統合、社会政策・労働関連の文献では、少なくとも古賀和夫(1999)「ヨーロッパ経済共同体（CEE）とフランス産業界（2）——ローマ条約調印まで」『佐賀大学経済論集』32（4）p. 101（p. 95-120）佐賀大学経済学会、濱口桂一郎（2022)「新・EUの労働法政策」労働政策研究・研修機構p. 3においてオーリン報告への言及がある。

(4)　メッシーナ会議の決議については、Resolution adopted by the Foreign Ministers of the ECSC Member States (Messina, 1 to 3 June 1955), Archives historiques du Conseil de l'Union européenne, Bruxelles, Rue de la Loi 175. Négociations des traités instituant la CEE et la CEEA (1955-1957), 01-03.06.1955, CM3/NEGO/006. を参照。

(5) The Messina Conference Source, Centre virtuel de la connaissance sur l'Europe by UNI.LU, Minutes of the Messina Conference（http://www.cvce.eu/obj/the_messina_conference-en-a3ed7e08-7a5d-4a5d8532-d6ef402c6788.html updated: 08/07/2016)（2022年６月１日アクセス）を参照。

(6) オーリン報告は註４。要約は、"Social Aspects of European Economic Co-operation", International Labour Review, Vol. 74. No. 2, Aug. 1956, pp. 99-123. に掲載されている。またオーリン報告を検討する当時の論考として、André P. (1957), Social Aspects of European Economic Co-operation, ibid, Vol. 76, no. 3, September 1957, pp. 244-256、Heilperin, M. A. (1957) *Freer Trade and Social Welfare: Some Marginal Comments* on the "*Ohlin Report*", International labour review., Vol. 76, No. 3, Mar. 1957, ILO, pp. 173-192、等も参照。

(7) 検討対象となるヨーロッパは、当時の西ヨーロッパと限定し（ここでの南欧 Southern Europe とは、フランス南西部と南イタリアを意味するという)、特に ECSC６か国の経済統合を視野に入れながら課題を論じている。

(8) あわせて同報告は、「同一報酬条約」のようないくつかの ILO 条約をすべての西欧諸国が批准していないことに留意すると記している。欧州諸国がこれらの ILO 条約に沿った法律を制定し、当該の ILO 条約がより広範に適用されるために、未批准国が直面する困難の理由を調査し、対応手段を検討することは有益であるとも指摘している（同パラグラフ116)。

(9) 当時、ベルギーも同様の提案を行っていた。ILO 条約批准国と批准時期の ILO によるリストを確認すると、これらの ILO12条約のうち、1970年代半ばまでに全 EU 加盟国が実際に批准を終えたのは、第87、88、98、100、102号条約の計５条約のみであった。

(10) Statement from the Paris Summit (19 to 21 October 1972), Bulletin of the European Communities. October 1972, No 10. Luxembourg: 14-26. 参照。

(11) 「女性の機会平等の促進に関する新共同体行動計画（1982～1985)、「障害者の社会的統合を促進する第一次行動計画（1983～1987)」。柴山恵美子、中曽根佐織（2004)「EU の男女均等政策」日本評論社、引馬知子（2010)「障害者の社会的排除と人権保障」荒木誠之、桑原洋子編（2010)『社会保障法・福祉と労働法の新展』信山社、等参照。

(12) Hepple, B. (2009) "Equality at Work", in Hepple, B. and Veneziani, Bruo eds. (2009), The Transformation of Labour Law in Europe, -A Comparative Study of 15 Countries 1945-2004, Hart Publishing, 黒岩容子（2019)「EU 性差別禁止法理の展開」日本評論社、等参照。

(13) とくに英国の保守党政権による社会政策への一連の反対は、EU の社会政策分野の立法や政策の成立を、1980年代からマーストリヒト条約発効までの時期に難しくした。引馬知子（1996）「EU の社会労働政策と英国の不参加―持続可能な発展と福祉の向上の実現をめぐって」日本 EC 学会年報第16号、有斐閣、等参照。

(14)　関連の経緯として EUR-Lex-c11318 (2005) The birth of the European Employment Strategy: the Luxembourg process (November 1997) も参照。

(15)　Unspecified (1995) Progress report from the chairman of the Reflection Group on the 1996 Intergovernmental Conference. SN 509/1/95 REV. (REFLEX 10), Madrid, 1 September 1995、等参照。

(16)　金丸輝男編（2000）「EU アムステルダム条約　―自由・安全・公正な社会を目指して―」ジェトロ、等参照。

(17)　Decision of 19 March 1993 [1993] ECR I-1061.

(18)　Opinion 1/03 of 7. 2. 2006 Opinion of the Court (Full Court) 7 February 2006

(19)　近年、EU は EU 基本権憲章に関わる多くの文献を出している。European Commission (2020b) Strategy to strengthen the application of the Charter of Fundamental Rights in the EU (COM (2020) 711 final)。くわえて、山本直（2010）「EU 人権政策」成文堂、中西優美子（2015）「欧州人権条約加入に関する EU 司法裁判所の判断」『一橋法学』第14巻第 3 号：297-325、等参照。

(20)　例えば、第10代 ILO 事務総長となったガイ・ライダーの公約のひとつは国連の「2030アジェンダ」にディーセントワークを入れることであった（A vision statement by Guy Rider, Candidate for the post of ILO Director-General 参照）。

(21)　2000/581/EC 参照。

(22)　COM (2001) 416 final 参照。

(23)　EU の障害者権利条約の正式確認（批准）と履行の現状については、引馬知子（2012）「EU の正式確認」長瀬修他編『障害者の権利条約と日本』生活書院、引馬知子（2018）「EU」長瀬修他編『障害者権利条約の実施』信山社、等参照。

(24)　2001/C 165/12 参照。

(25)　COM (2001) 264 final 参照。

(26)　COM (2001) 231 final 参照。

(27)　COM (2010) 2020 final 参照。

(28)　EU (2017) The European Parliament, the Council and the Commission solemnly proclaim the following text as the European Pillar of Social Rights

(29)　例えば、ILO (2016) Studies on Growth with Equality, Building a Social Pillar for European Governance, 等参照。

(30)　ILO, Decent work and the 2030 agenda for sustainable development（発行年未記載）等参照。

引用文献

Barnard, C. (1996) "The Economic Objectives of Article 119", in Hervey, T., and

O'Keeffe, D. (eds.), Sex Equality Law in the European Union: 321-334

Burchell, B., Piasna, A., Sehnbruch, K., and Agloni, N. (2013) The quality of employment and ecent work: Definition, Methodologies, and ongoing debates, Cambridge Journal of Economics: 1-19

Council of the EU (1974) Council Resolution of 21 January 1974 concerning a social action programme.

Council of the EU (2022) Council Conclusions on EU Priorities in UN Human Rights Fora in 2022 (5277/22)

Council of the EU (2023) Proposal for a COUNCIL DECISION authorising Member States to ratify, in the interest of European Union, the violence and Harrassment Convention, 2019 (No. 190) of the International Labour Organization-Exchange of views.

Davies, P. (1993) "The Emergence of European Labour Law", in McCarthy, W. (ed.), Legal Intervention in Industrial Relations: Gains and Losses: 313-359

Deakin, S. (1996) "Labour Law as Market Regulation: the Economic Foundations of European Social Policy", in Davies, P., Lyon-Caen, A., Sciarra, S. and Simitis, S. (eds.), European Community Labour Law: Principles and Perspectives: 62-93

De Schutter, O. (2006) "The Balance Between Economic and Social Objectives in the European Treaties", La Documentation française, Revue française des affaires sociales: 119-143

European Commission (1994) Growth, competitiveness and employment-the Challenges and ways forward into the 21st century.（白書の公表は1993年12月）

European Commission (2013) Analysis-in the light of the European Union acquis-of the ILO Conventions that have been classified by the International Labour Organisation as up to date.

European Commission (2020) Commission Staff Working Document, Delivering on the UN's Sustainable Development Goals-A Comprehensive approach (SWD (2020) 400 final)

European Parliament, (2019) Policy Department for Economic, Scientific and Quality of Life Policies, Directorate-General for Internal Policies, EU and ILO-Shaping the Future of Work

EU (2005) The birth of the European Employment Strategy: the Luxembourg process (November 1997)

ILO (2012) The ILO and the EU, partners for decent work and social justice-impact of the years of cooperation

Johnson, A. (2003) Social Policy at the global level: EU Member States at the ILO, Paper presented at the 8 th EUSA Conference March 2003

Johnson, A. (2005) European Welfare States and Supranational Governance of Social

Policy, Palgrave MacMillan
Johnson, A (2009) "EU-ILO Relations: Between Regional and Global Governance", in Orbie, J. and Tortell, T. (eds) The European Union and the Social Dimension of Globalization: How the EU Influences the World, Routledge: 81-97
UN. Secretary-General (1987) Report of the World Commission on Environment and Development: note by the Secretary-General, World Commission on Environment and Development
UN (2015) Transforming our world: the 2030 Agenda for sustainable development (A/RES/70/1)

第12章

EUによる難民排除の諸相
――基本権保障をめぐる法と政治――*

大 道 寺 隆 也

はじめに――《要塞ヨーロッパ》の多面性

本章は、欧州連合（European Union, EU）の出入国管理政策の多面性を詳らかにしつつ、その問題性、特に難民排除の問題を照射することを目的とする[(1)]。

欧州は世界有数の難民受入地域である一方、それが《要塞ヨーロッパ（Fortress Europe）》であるという批判もある。すなわち、EU基本権憲章（Charter of Fundamental Rights of the EU, CFR）や欧州人権条約（European Convention on Human Rights, ECHR）に基づく高度な人権保障制度を備えながらも、その外囲国境では難民排除が常態化していると言われているのである。EUは、「自由・安全・司法の領域（Area of Freedom, Security and Justice, AFSJ）」の護持を目標の一つに掲げ、域内では人の自由移動を確保しつつ治安の維持を図ろうとするが、まさにそのために域外からの「望ましからざる」人々の流入を阻止しようとする。その結果として様々な人権侵害が生じており（例えば、生命に対する権利や実効的司法救済に対する権利）、批判を集めている（e.g., 大道寺 2022）。こうした動きが「持続可能な開発目標（Sustainable Development Goals, SDGs）」における、「我々は誰一人取り残さないことを誓う」という高潔な宣明と相反することは論を俟たない。

《要塞ヨーロッパ》をめぐる研究は多い。しかし、その多面性に関心が払われてきたとは言いがたい。一口に《要塞ヨーロッパ》と言っても、国や地域によって排除の仕方は異なっているが、その諸相を記述し整理する作業は、特に邦語では行われていない。難民排除およびそこから生じる基本権侵害が多面的な現象であるのであれば、かかる不正義を匡正し、基本権侵害の救済を図り、権力体としてのEUを統制しようとする試みもまた多面的であるはずである。そこで、本章は、EUの難民排除がいかに行われているのか、および、そうした難民排除の諸政策がいかに統制されうるのかを問う。①ハンガリー・セルビア国境における実践、②ギリシャ・トルコ国境における実践、③イタリア・リビア国境における実践の3つの事例の記述を通して、上述した問いを検討する。これら3事例は、EUやその加盟国による難民排除の実践を網羅しているわけではないが(2)、陸上と海上における排除、そしていわゆる「域外出入国管理政策（external immigration policy）」の問題を代表している。事例の分析に当たっては、EUに加えて、国連難民高等弁務官事務所（United Nations High Commissioner for Refugees, UNHCR）などの国際機構や、アムネスティ・インターナショナル（Amnesty International）などのNGOsが発出する文書類の分析を行うことで(3)、EUによる難民排除の実践がいかに語られ、問題化され、匡正が図られているかを詳らかにする。

本章は、まずEU出入国管理政策を、その《二重の外注》と呼ぶべき構造に着目して簡潔に概観する（第1節）。次いで、上記①～③の事例研究を通して、EUがいかに難民を排除しており、それに対していかなる異議申立がなされているかを分析する（第2節）。その作業を踏まえて上の3つの事例を整理しつつEU統制の方途について若干の検討を加えた上で（第3節）、議論の要約および今後の課題を述べる（おわりに）。

第1節　EU出入国管理政策の概観

1　欧州共通庇護体制（CEAS）の発展

EUの庇護政策は、1985年に合意されたシェンゲン協定に遡れる。同協定により、西独、仏、伊、ベネルクス三国の間で国境管理が撤廃されることとなる。この措置は、しかし、いわゆる「庇護の買い回り（asylum shopping）」や「庇護のたらい回し（asylum in orbit）」を招く恐れがあり、欧州共同体（European Community, EC）共通の庇護政策が要請された。こうして1992年に、いわゆるダブリン条約が合意された（第1次ダブリン体制、Dublin I）。同条約の趣旨は、「欧州諸共同体加盟国のいずれかで行われた庇護申請の審査責任国を決定する条約」という正式名称が示す通りである。庇護申請の審査責任国の決定の仕方は、大要、次の通りである[4]。

・庇護申請者の家族がいずれかの加盟国で難民の地位を得ており、かつその国に合法的に居住しているならば、その国が審査責任を負う。
・庇護申請者がいずれかの国正規の居住ビザを有している場合は、その国が審査責任を負う。
・庇護申請者が加盟国に非正規に（irregularly）入国していた場合、その国が審査責任を負う。

仮に庇護希望者が上のような仕方で決定された審査責任国とは異なる加盟国に所在していた場合、「正しい」審査責任国へと送還されることとなる。こうした基本構造は、現行の第3次ダブリン体制（Dublin III）に受け継がれている[5]。

1999年に発効したアムステルダム条約で庇護政策が「共同体化」されたことに伴い、欧州共通庇護体制（Common European Asylum System, CEAS）の確立に向けた作業が開始された[6]。その中で、多国間条約であったダブリン条約はEU法に編入され、CEASの中核を担うこととなる（第2次ダブリン体制, Dublin II）。しかし、第2次ダブリン体制は、庇護希望者の基本権の観点から批判を浴び、2013年に修正を強いられる（後述）。

2015年頃からいわゆる「難民危機」が発生したとされる。中東や北アフリカからの多数の難民が流入し、CEASが機能不全に陥ったというのである[7]。特に、海岸に横たわる男児の遺体の写真が国際的注目を集めて以降、主にシリア内戦を逃れてきた人々への対応が求められるようになり、2015年8月には、ドイツのメルケル首相がダブリン規則の実施停止および独自の難民受入を宣言した。こうした中、2015年9月には、緊急リロケーションに関する理事会決定が採択され、庇護希望者の受入負担の分担が図られたが、一部加盟国はこれを拒否し、CJEUに持ち込んだ[8]。

こうして第3次ダブリン体制が機能不全に陥る中、新たな共通庇護体制——第4次ダブリン体制（Dublin IV）——が模索されるも、交渉は頓挫している。例えば2016年には、責任分担のための「矯正的分配メカニズム（corrective allocation mechanism）」などが提案されたが（European Commission 2016）、成立には至っていない。

2020年９月、停滞していたCEAS改革をいわば「仕切り直す」企図として、「移民・庇護新協約（New Pact on Migration and Asylum）」が提案された（European Commission 2020）。この「新協約」は、難民の選別および排除を予定している。例えば、そこで提唱されている「入国前スクリーニング」や第三国「協力」の強化は、そのための措置であると言えよう。また、「新協約」は、「危機」対応について重点的に検討している。例えば、2001年に採択されたものの一度も発動された例がなかった一時保護指令（Temporary Protection Directive, TPD）の改正を示唆しつつ(9)、「移民および庇護分野における危機および不可抗力状況に対応するための規則」の採択が提案された。

しかし、こうした提案は、2022年11月の時点では実現していない。2022年２月以降のウクライナ避難民流入という事態を前に、EUは急場しのぎとしてTPDを発動したが、長期的に見て、ウクライナ避難民がいかに処遇されるかは不透明である。

2　難民受入の《二重の外注》

CEASの特徴は、その《二重の外注》の構造にある。すなわち、EU加盟国間の《外注》と、EUから第三国への《外注》である。

EU加盟国間の《外注》とは、上述したダブリン体制を指す。それが《外注》であるのは、シェンゲン圏の内側にある国々が、ギリシャやイタリアといった周縁国に、国際的保護申請の審査を行わせる点においてである。戦禍や迫害を逃れる人々の多くは陸路または海路でEUに向かうため、周縁国に庇護希望者が集中する。ダブリン体制では多くの場合、こうした多数の人々の審査責任国となるのは「最初に入国した国（country of first entry）」、つまり周縁国であり、それらの国々には負担が集中する。これらの国々の従前からの庇護制度の不備も相まって、庇護希望者の基本権が十分に保障されないという事態が生じた。かくてダブリン体制は、UNHCRや欧州審議会（Council of Europe, CoE）の批判の対象となり、制度改革を余儀なくされていく。2013

年には、送還先加盟国に「体制上の欠陥（systemic flaws）」がある場合は送還してはならないという規定が盛り込まれた（大道寺 2017）。

EUから第三国への《外注》とは、EUと第三国との間の取り決めに基づく、しばしば制限的な出入国管理政策――いわゆる域外出入国管理政策――を指す。その代表例が、2016年3月に発出されたEU・トルコ声明である（European Council 2016）。そこでは、「ギリシャの島嶼部からトルコに送還されたシリア人一人につき、1人のシリア人がトルコからEUへ送還される」という、いわゆる「1対1メカニズム」の導入などが合意された。この声明の適法性を裁判所で争おうとする動きもあったが、EU一般裁判所は、EU・トルコ声明の適法性を判断する管轄権を持たないと判断した(10)。同合意の締結主体はEUではなく加盟国だからというのがその理由であったが、この声明は、トルコからの人の移動の影響をほぼ受けないEU加盟国も参加する中、欧州委員会委員長や欧州理事会常任議長も列席した上で締結されたものであることから、裁判所の判断には疑問も呈されている（Gatti and Ott 2019）。

また、ギリシャは、トルコを「安全な第三国（safe third country）」と指定し、庇護希望者のトルコへの送還がノン・ルフールマン原則の侵犯に当たらないと主張しているが、そうした姿勢には批判も集まっている（e.g., UNHCR 2021）。

EUは、こうした《二重の外注》構造に基づいて難民を排除しようとしている。次節では、陸上と海上とで異なる難民排除の実際について検討する。

第2節　EUによる難民排除の実際

本節では、陸上・海上における「押し返し（pushback）」および海上における「引き戻し（pullback）」の事例を題材に、EUおよびその加盟国がいかに難民を排除しているかを概観する。「押し返し」とは、EU加盟国へ向かう難民の入国を拒否し、個別の判断なく近隣諸国に送還するか、海上に放置する措置であり（大道寺 2022）、「引き戻し」とは、しばしばEUの支援を受けた近隣諸国が難民のEUに向けた出国を妨げる措置である。

1　陸上における「押し返し」とその統制：ハンガリー・セルビア国境

ハンガリー・セルビア国境はいわゆるバルカン・ルートの一部であり、特にいわゆる「難民危機」以降、中近東からの庇護希望者が通過するようになった。これに対しハンガリーは、「危機」対応を口実に、庇護希望者の排斥を志向した政策をとるようになった。最たる例が、クロアチア国境およびセルビア国境における「壁」の建設である。また、緊急リロケーションに関する理事会決定の実施を拒否したほか（先述）、いわゆる「ストップ・ソロス法」を採択し、市民社会による庇護希望者への支援活動を違法化した。こうした中でハンガリーは、セルビアとの国境沿いに「通過区域（transit zone）」を設置した。

この「通過区域」は、庇護希望者に自発的退去を促す施設であると言える。ハンガリーの国内法は、庇護希望者に、「通過区域」で庇護申請を行うよう義務付けているが、「通過区域」は、十分な食料や滞在設備を欠く尺地に過ぎない。他方、「通過区域」からの退出（すなわち出国）は自由とされた。それどころか、警察が庇護希望者をセルビアへと「エスコート」しているとも言われる（Than 2016）。こうしてハンガリーは、有形の物理力を行使することなく、庇護希望者が自発的に出国するよう仕向けていたのである。

欧州委員会とCJEUは、こうした実践を問題視した。委員会はハンガリーの国内法がEU法に反しているとして義務違反訴訟を提起し、CJEUは違反を認定した[11]。CJEUは、「国境壁やセルビア・ハンガリー国境の間の空間がいかなるインフラもない尺地でしかないことをハンガリーは認識しており、そこに強制的に追放された第三国民は、住居および食事を得るためにセルビアに行く他に選択肢はなかった」と述べ（第257段）、EU法（不法滞在者送還指令）に違反していると判断した。

この判決の数ある論点の中で特筆すべき点は、「危機状況」を宣言することでEU法の適用を免れようとするハンガリーの試みをCJEUが否定した点である。ハンガリーは、AFSJに関する諸規定が「法および秩序の維持ならびに域内治安維持に関して加盟国が負う責任の遂行を妨げない」とするEU運営条約（Treaty on the Functioning of the European Union, TFEU）第72条に依拠し、EU法からの逸脱を正当化しようとした：「TFEU第72条は、大量入国から生じる危機状況を宣言し、かかる状況において逸脱的な手続規則を適用することをハンガリーに認めている」（第141段）。ハンガリーはこうして、国境管理がEU法の規律の外にあると主張したのである。しかしCJEUは、「法および秩序ならびに域内治安維持を理由に取られる全ての措置をEU法の射程から除外するような一般的例外をTFEUが含むと推論することはできず、そうした例外を認めることは、EU法の拘束的性質とその統一的適用を脅かすことになる」とした（第214段）。換言すれば、CJEUは、TFEU第72条を用いたEU法からの逸脱を容易には認めない姿勢を示し、以て、EU法による出入国管理の規律の浸食を防ごうとしたのである。

CJEUはこの判決の後も、ハンガリーによる陸上の「押し返し」のEU法違反を認定する判決を下している。例えば、2020年5月14日判決では、「通過区域」に留まる義務を第三国民に課すことが、EU法上の「勾留」に当たるとした[(12)]。同判決を受けてハンガリー政府は「通過区域」の閉鎖を宣言したが（OHCHR 2020）、新たに導入された制度の下でも庇護申請は困難であり続けているという（Hungarian Helsinki Committee 2021, 3-4）。

なお、2021年には、ECtHRも、上述の実践が、外国人集団追放禁止を定めたECHR第4議定書第4条違反に当たると判断している[(13)]。

2　海上における「押し返し」とその統制：ギリシャ・トルコ国境

ギリシャとトルコの間の海上国境では、ギリシャ沿岸警備隊とFrontex（欧州国境沿岸警備機関）による入国阻止行動が行われている。ヒューマン・ライツ・ウォッチの研究者によれば、ギリシャ沿岸警備隊は、ボートで到着した難民をトルコ国境近くに送り返した上で放置しており、その際にボートのエンジンを外してしまう例もあるという（Cossé 2022; see also: Amnesty International 2021）。ギリシャ沿岸警備隊やFrontexの船舶が難民を乗せた船舶に接近し、銛などで航行を妨害するほか、拳銃を用いた威嚇も行われている。国際移住機関（International Organization for Migration, IOM）によれば、2021年以降だけでも、ギリシャ・トルコ国境の「押し返し」によって58名の死亡が確認されている（IOM 2022）。

「押し返し」で批判されてきたのはもっぱらギリシャ沿岸警備隊に限られ

ていたが、2020年に報道NGOであるBellingcatがFrontexの関与を暴露し（Waters, Freundenthal, and Williams 2020）、以来Frontexには批判が集まり、「押し返し」は政治問題化していった。「押し返し」反対デモ行進がギリシャ国内で展開されたほか、2021年8月には、イルヴァ・ヨハンソン内務担当委員がギリシャへの資金供与の中止を示唆した（大道寺 2022, 154-155）。加えて、EU不正対策局（OLAF）は2021年1月にはFrontexに対する調査を開始した（Barigazzi 2021）[14]。こうして2022年4月にはレジェーリ長官が辞任に追い込まれた（Rankin 2022）。

海上における「押し返し」は、ECtHRにとっての関心事でもあった。2012年にはすでにイタリアによる公海上の「押し返し」がECHR違反に当たると判断していたが[15]、ギリシャ・トルコ間の「押し返し」についても、2022年7月にECHR違反を認定した[16]。しかし、ギリシャの「押し返し」が停止される兆候は、現時点では見られない。

3　海上における「引き戻し」とその統制

「押し返し」は、EU加盟国に入国した（あるいはその国境地帯に接近した）難民をEU加盟国が排除する措置であるが、司法の場において、その違法性は再三確認されてきた。そのリーディング・ケースが上述のヒルシ・ジャマーア事件であった[17]。この事件の最大の論点は、公海上で行われた行為についてECtHRの管轄権が及び、ECHRの域外適用可能性が認められるか否かであった。ECtHRはこれを認めたため、ECHR締約国は、公海上であっても「押し返し」を適法に実施することができなくなった。

ヒルシ・ジャマーア事件を受け、イタリアは、自ら「押し返し」を行うのではなく、リビアに「引き戻し」を行わせるよう政策を変更した（Pijnenburg 2018）。2017年にイタリア・リビア間覚書が締結される[18]。そこにおいてイタリアは、「不法移民との戦いに際し、防衛省の国境警備隊および沿岸警備隊、ならびに内務省の権限を持つ機関および部門に代表されるリビアの諸機関へと、技術やテクノロジーに関する支援を与えることを約定」した（第1条）。また、リビアへの資金提供や訓練の供与も定められている（第2条）。この下で、イタリアはリビアによる「引き戻し」を支援している。

加えて、EU自体もリビアを「支援」している。2015年には「移民に関するヴァレッタ・サミット」において、「アフリカのためのEU緊急信託基金（EUTF Africa）」の設置が合意された。EUTFの枠組でIOMがリビア沿岸警備隊に訓練の提供や設備調達を行い（Bradley 2020, 86）、「引き戻し」を支えている。

こうした「引き戻し」の構図――排除的な出入国管理のいわば「外注」――を是正する試みは市民社会から生まれている。例えば、複数の難民支援NGOsが自由権規約委員会へ申立を行っている（Statewatch 2020）。また、「引き戻し」の中でリビア沿岸警備隊が海上での船舶支援活動を行うNGOの活動を妨害し、結果として複数の死者が出た事案について、グローバル法行動ネットワークというNGOがECtHRにイタリアを被告として出訴し、現在係争中であるという（Moreno-Lax 2020）。

かかる動きはあるとはいえ、「引き戻し」は、「EUによる移動者排除に資するような域外第三国の主権的行為」であるがゆえに、ヨーロッパ法（EU法、ECHR、および各国の憲法）による統制は困難であり、このことはEU立憲主義の限界を構成する（大道寺 2022）。

第3節　EUはいかに統制されうるか？

ここまで概観してきた事例を整理すると次のようになる（表1）。本節で

表1　EUによる難民排除の諸相（筆者作成）

事例	状況	排除の仕方	統制のあり方
ハンガリー・セルビア国境の「押し返し」	入国済	「通過区域」で暗黙裡に出国を促す。	CJEU判決。 ECtHR判決。
ギリシャ・トルコ国境の「押し返し」	入国済／未入国	ギリシャ当局およびFrontexによる海上阻止行動。	委員会の批判。 NGOsの批判。 ECtHR判決。
リビアによる地中海での「引き戻し」	未入国	EUやイタリアの支援を受けた沿岸警備隊による海上阻止行動。	市民社会の批判。

は、以上の事例を、法と政治の両面から簡潔に考察してみたい。

1　難民排除の法的統制

難民がEU加盟国に入国できた場合、ヨーロッパ法による統制が働きうる。そこには例えば以下のような規定がある。

・生命に対する権利（ECHR第2条）。
・外国人集団追放の禁止（CFR第19条、ECHR第4議定書第4条）。
・ノン・ルフールマン原則の確認（CFR第19条、送還指令）[19]。
・収容は最終手段であり、そこにおいて人間の尊厳が尊重されること（収容条件指令）[20]。

これらの法規範に基づいて、司法も「押し返し」を規律しようとしている。ハンガリー・セルビア国境の事例では、CJEUが「押し返し」を広く解釈して、「危機」のレトリックに基づく例外措置を許容しない姿勢を示した。ECtHRも、公海上での行為に関するECHRの域外適用可能性を認めたヒルシ・ジャマーア事件のように、締約国の条約違反認定に向けて積極的な姿勢を示している[21]。

こうした司法の積極姿勢は難民排除の規律につながりうるが、2つの課題がある。第一に、司法救済は、時間がかかる事後救済でしかない。例えば、ECtHRがギリシャのECHR違反を認定した*Safi and Others*事件は、出訴から判決まで8年かかっている[22]。第二に、CJEUやECtHRの管轄権は第三国――CJEUならEU非加盟国、ECtHRならECHR非締約国――には及ばないため、それらの国の行動は統制し得ない（だからこそ、『外注』が行われている）。だとすれば、司法以外の統制の形態を検討する必要が生じてくる。

2　難民排除の政治的統制

EUおよびその加盟国による難民排除の諸政策に対しては、EU内外から批判が集まっている。EU内部の動向としては、例えば、欧州議会がFrontexに対し、ギリシャでの活動状況の説明を求めた上で、基本権を尊重するよう要求した（European Parliament 2020）。加えて、EUオンブズマン、EU基本権庁（Fundamental Rights Agency, FRA）およびOLAFによる調査が行われている。

さらに、EU 外部の——EU の正式な意思決定に参加していない——アクターからも批判が集まっている。例えば、国連の「移民の人権に関する特別報告者」報告において EU 加盟国の「押し返し」が報告されている（United Nations Human Rights Council 2021）。また、CoE の議員総会（Parliamentary Assembly of the CoE, PACE）も、EU 加盟国による「押し返し」を非難する決議を採択した（PACE 2019）。こうした批判の背景には、各種人権 NGOs の告発・報告活動がある（e.g., Amnesty International 2021; Human Rights Watch 2022）。こうした外部からの批判は、法的拘束力を帯びるわけでも、EU やその加盟国の行動を直接に変容させるわけでもない。しかし、それでもなお、EU 外囲国境における難民排除の問題を暴露し政治化（politicize）することで、間接的に、EU 統制に向けた動きを作り出している。

おわりに

本章は、EU の難民排除はいかに生じているのかという記述的な問いと、それがいかに統制されうるのかというやや規範的な問いの 2 つの問いを検討した。EU 加盟国や EU 機関は、入国した難民を、しばしば警察力も行使して排除しており、その行為には、Frontex 等の EU 機関も、いわば「共犯」として関わっている。入国していない難民については、EU および加盟国は、域外第三国との「声明」や「覚書」により、第三国に「引き戻し」を行わせている。こうした難民排除の政策には、難民が EU 加盟国に入国できた場合は、ヨーロッパ法による統制が働く。一方、「引き戻し」の法的統制は困難であるが、種々の批判を通した政治化に期待することは可能であろうと思われる。

本章は、事例を記述し整理した論文である。従って、今後の課題としては、EU による難民排除とその統制の理論的な含意を探ることが求められるだろう。結局のところ、「なぜ EU やその加盟国は難民を排除しようとしているのか」という根本的問題は未回答のままであり、種々の先行研究を見ても、通説は存在しないと思われる。しかし、EU やその加盟国による難民排除が人権侵害を引き起こし続けている以上、研究の一層の蓄積は、いわば衒学趣味ではなく、EU 研究者に向けられた実践的要請なのである。

＊　本章は、日本学術振興会科学研究費20K13437、18H03617、20H01467の助成を受けた研究の成果の一部である。

(1)　本章では、「難民（refugee）」という概念を、いわゆる「条約難民」（難民条約に定められた定義に沿い、政治的迫害の存在を認めて受入国が難民として認定した人々）と同一視せず、より広い意味、すなわち、戦争や飢餓、気候変動といった種々の理由で非自発的に移動してきた人々という意味で用いる。

(2)　例えば、スペインの飛び地であるセウタおよびメリリャにおける「壁」の問題や、2022年の初頭に問題化したポーランド・ベラルーシ国境における排除の問題がある。これらの問題については別稿を期したい。

(3)　EU 司法裁判所 (Court of Justice of the EU, CJEU) や欧州人権裁判所 (European Court of Human Rights, ECtHR) の判例の分析を含む。

(4)　なお、本章では、asylum seeker (s) を「庇護希望者」と、asylum applicant (s) や applicant (s) for asylum を「庇護申請者」と、それぞれ訳す。前者は後者よりも広い。なぜなら、「庇護希望者」には、庇護申請手続を利用できていない人々が含まれるからである。

(5)　Regulation (EU) No 604/2013 of the European Parliament and of the Council of 26 June 2013 establishing the criteria and mechanisms for determining the Member State responsible for examining an application for international protection lodged in one of the Member States by a third-country national or a stateless person (recast). OJ L 180/31, 29 June 2013. 第１次ダブリン体制以降現在まで、変更されてきた点もある。例えば、成人に随伴されていない未成年者の扱いは大幅に拡充された。それは EU と UNHCR の相互作用の所産でもある（大道寺, 2020、第３章)。

(6)　このことは1999年のタンペレ欧州理事会で合意された。

(7)　ただし、本章は、「難民危機」という表現をできるだけ避けるか、「いわゆる『危機』」などと留保を付して用いる。なぜなら、「難民危機」という表現には次の２つの問題があるからである。第一に、その表現は、事実認識として必ずしも精確でない。CEAS の構造的欠陥は2015年以前からすでに政治および司法の場で問題とされていた。第二に、その表現は、難民排除を正当化する契機をはらんでいる。つまり、「難民」―しばしば「移民」と一括りにされる―が「危機」をもたらすのならば、「難民」を入れないか追い出すことが解決策となるという論理が伏流しているのである。それゆえ筆者は、たとえ一般に流布している表現であっても、留保なく危機と表記するべきではないと考える。

(8)　スロバキアとハンガリーは当該決定を不服として CJEU に出訴したが退けられ

た。ハンガリー、ポーランド、チェコは履行を拒んだため、欧州委員会から義務違反訴訟を提起され、敗訴している（川村 2019, 203-204）。

(9)　Council Directive 2001/55/EC of 20 July 2001 on minimum standards for giving temporary protection in the event of a mass influx of displaced persons and on measures promoting a balance of efforts between Member States in receiving such persons and bearing the consequences thereof, OJ L 212/12, 7 August 2001. なお、広く読まれているEU法の教科書では、TPDは「事実上現存しない」とさえ書かれている (Tsourdi and Costello 2021, 809)。

(10)　Case T-192/16, *NF v European Council*, EU: T: 2017: 128.

(11)　C-808/18, *European Commission v Hungary*, EU: C: 2020: 1029.

(12)　C-924/19 PPU and C-925/19 PPU, *FMS and Others v Országos Idegenrendészeti Főigazgatóság Dél-alföldi Regionális Igazgatóság and Országos Idegenrendészeti Főigazgatóság*, EU:C:2020:367, para. 231.

(13)　ECtHR Judgment, *Shahzad v Hungary*, app. no. 12625/17, 8, July 2021.

(14)　なお、2022年10月には、ドイツのメディアがその調査報告書をリークした：https://cdn.prod.www.spiegel.de/media/00847a5e-8604-45dc-a0fe-37d920056673/Directorate_A_redacted-2.pdf (Accessed: 26 November 2022)。

(15)　ECtHR Judgment, *Hirsi Jamaa and Others v Italy*, app. no. 27765/09, 23 February 2012.

(16)　ECtHR Judgment, *Safi and Others v Greece*, app. no. 5418/15, 7 July 2022.

(17)　See *supra* note 15. 判決の詳細については、佐藤（2013）、大道寺（2022）など。

(18)　「覚書」は、ブリュッセル自由大学（ULB）に拠点を持つ「オデッセウス・ネットワーク」のWebサイトから閲覧できる：https://eumigrationlawblog.eu/wp-content/uploads/2017/10/MEMORANDUM_translation_finalversion.doc.pdf (Accessed: 22 November 2022).

(19)　Directive 2008/115/EC of the European Parliament and of the Council of 16 December 2008 on common standards and procedures in Member States for returning illegally staying third-country nationals, OJ L 348/98, 24 December 2008.

(20)　Directive 2013/33/EU of the European Parliament and of the Council of 26 June 2013 laying down standards for the reception of applicants for international protection (recast), OJ L 180/96, 29 June 2013.

(21)　ただし「押し返し」がECHR違反でないと判断した例もある。ECtHR Judgment, *N.D. and N.T. v Spain*, app. nos. 8675/15 and 8697/15, 13 February 2020.

(22)　See *supra* note 16.

参考文献

川村真理.（2019）『難民問題と国際法制度の動態』信山社.

佐藤以久子.（2013）「イタリア・リビア間の公海での追返しに対するノン・ルフールマ

ン―Hirsi Jamaa and Others 対イタリア（ヨーロッパ人権裁判所大法廷2012年２月23日判決）―」『国際人権』第24号，pp. 144-146.

大道寺隆也．(2017)「欧州共通庇護体制形成をめぐる国際機構間関係―EU 内外の諸主体の交錯とその理論的含意―」『日本 EU 学会年報』第37号，pp. 134-153.

大道寺隆也．(2020)『国際機構間関係論―欧州人権保障の制度力学―』信山社.

大道寺隆也．(2022)「EU による『押し返し（pushback）』政策の動態―EU 立憲主義の可能性と限界―」『日本 EU 学会年報』第42号，pp. 142-161.

Amnesty International. (2021) *Greece: Violence, Lies, and Pushbacks-Refugees and migrants still denied safety and asylum at Europe's borders*. Available at: https://www.amnesty.org/en/wp-content/uploads/2021/07/EUR2543072021ENGLISH.pdf (Accessed: 15 November 2022).

Barigazzi, J. (2021) *EU watchdog opens investigation into border agency Frontex*. Available at: https://www.politico.eu/article/olaf-opens-investigation-on-frontex-for-allegations-of-pushbacks-and-misconduct/ (Accessed: 15 November 2022).

Bradley, M. (2020) *The International Organization for Migration: Challenges, Commitments, Complexities* (Abingdon: Routledge).

Cossé, E. (2022) *European Courts Slams Greece Over Deadly Migrant Pushback: Inquiry on Pushbacks Is Urgently Needed*. Available at: https://www.hrw.org/news/2022/07/08/european-court-slams-greece-over-deadly-migrant-pushback (Accessed: 15 November 2022).

European Commission. (2016) Proposal for a Regulation of the European Parliament and of the Council establishing the criteria and mechanisms for determining the Member State responsible for examining an application for international protection lodged in one of the Member States by a third-country national or a stateless person (recast). COM(2016)270 final, 4 May 2016.

European Commission. (2020) Communication from the Commission on a New Pact on Migration and Asylum. COM (2020) 609 final, 23 September 2020.

European Council. (2016) *EU-Turkey statement, 18 March 2016*. Available at: https://www.consilium.europa.eu/en/press/press-releases/2016/03/18/eu-turkey-statement/ (Accessed: 11 November 2022).

European Parliament. (2020) *Respect of fundamental rights in Frontex operations: MEPs demand guarantees*. Available at: https://www.europarl.europa.eu/news/en/press-room/20201127IPR92637/respect-of-fundamental-rights-in-frontex-operations-meps-demand-guarantees (Accessed: 26 November 2022).

Gatti, M. and Ott, A. (2019) 'The EU-Turkey statement: legal nature and compatibility with EU institutional law', in Carrera, S. et al. (eds.) *Constitutionalising the External Dimensions of EU Migration Policies in Times of Crisis: Legality, Rule of Law and Fundamental Rights Reconsidered*, Cheltenham: Edward Elgar, pp. 175-200.

Human Rights Watch. (2022) *"Their Faces Were Covered": Greece's Use of Migrants as Police Auxiliaries in Pushbacks*. Available at: https://www.hrw.org/sites/default/files/media_2022/04/greece0422_web_0.pdf (Accessed: 29 November 2022).

Hungarian Helsinki Committee. (2021) *Submission of the Hungarian Helsinki Committee to the UN Special Rapporteur on the human rights of migrants*. Available at: https://helsinki.hu/wp-content/uploads/HHC_UNSR-migration_pushbacks.pdf (Accessed: 14 November 2022).

IOM (International Organization for Migration). (2022) *More than 5,000 Deaths Recorded on European Migration Routes since 2021: IOM*. Available at: https://www.iom.int/news/more-5000-deaths-recorded-european-migration-routes-2021-iom (Accessed: 15 November 2022).

Moreno-Lax, V. (2020) 'The Architecture of Functional Jurisdiction: Unpacking Contactless Control—On Public Powers, S.S. and Others v. Italy, and the 'Operational Model.'', *German Law Journal*, 21 (3), pp. 385-416.

OHCHR (United Nations Office of the High Commissioner for Human Rights). (2020) *Closure of "transit zones" by Hungary: an important step forward*. Available at: https://www.ohchr.org/en/statements/2020/05/closure-transit-zones-hungary-important-step-forward?LangID=E&NewsID=25911 (Accessed: 14 November 2022).

PACE (Parliamentary Assembly of the CoE). (2019) Pushback policies and practice in Council of Europe member States. Resolution 2299(2019), 28 June 2019.

Pijnenburg, A. (2018) 'From Italian Pushbacks to Libyan Pullbacks: Is Hirsi 2.0 in the Making in Strasbourg?', *European Journal of Migration and Law*, 20 (4), pp. 396-426.

Progin-Theuerkauf, S. (2021) 'Defining the Boundaries of Future Common European Asylum System with the Help of Hungary?', *European Papers*, 6 (1), pp. 7-15.

Rankin, J. (2022) *Head of EU border agency Frontex resigns amid criticisms*. Available at: https://www.theguardian.com/world/2022/apr/29/head-of-eu-border-agency-frontex-resigns-amid-criticisms-fabrice-leggeri (Accessed: 22 November 2022).

Statewatch. (2020) *Pull-backs by the Libyan Coast Guard: complaint filed with UN Human Rights Committee*. Available at: https://www.statewatch.org/news/2020/july/pull-backs-by-the-libyan-coast-guard-complaint-filed-with-un-human-rights-committee/ (Accessed: 22 November 2022).

Than, K. (2016) *New law allows Hungary police to return migrants beyond border fence*. Available at: https://www.reuters.com/article/uk-europe-migrants-hungary-law-idAFKCN0YZ168 (Accessed: 14 November 2022).

Tsourdi, E. (L.), and Costello, C. (2021) 'The Evolution of EU Law on Refugees and Asylum', in Craig, P. and de Búrca, G. (eds.) *The Evolution of EU Law* [3rd ed.]. New York: Oxford University Press, pp. 793-823.

UNHCR (United Nations High Commissioner for Refugees). (2021) *UNHCR's Position and Recommendations on the Safe Third Country Declaration by Greece.* Available at: https://www.unhcr.org/gr/en/22885-unhcrs-position-and-recommendations-on-the-safe-third-country-declaration-by-greece.html (Accessed: 14 November 2022).

United Nations Human Rights Council. (2021) Report on means to address the human rights impact of pushbacks of migrants on land and at sea. A/HRC/47/30, 12 May 2021.

Waters, N, Freundenthal, E. and Williams, R. (2020) *Frontex at Fault: European Border Force Complicit in 'Illegal' Pushbacks.* Available at: https://www.bellingcat.com/news/2020/10/23/frontex-at-fault-european-border-force-complicit-in-illegal-pushbacks/ (Accessed: 15 November 2022).

第13章

EU 復興基金 (Next Generation EU) 創設の政治過程

――「再配分」「法の支配」の選好配置――

原　田　　　徹

はじめに

EU を「危機」とともに語ることが恒常化している。2010年代前半には、欧州債務危機とそれに連動した EU 懐疑的なポピュリズム勢力の胚胎・伸長、さらにハンガリー等での「法の支配」毀損問題も抱え始めた。2015年には「難民危機」のピークを迎える一方、緊縮財政的な融資条件を拒むギリシャ国民投票結果を事実上無視して禍根を残したかと思えば、翌2016年の英国での EU 離脱（ブレグジット）を決定づける国民投票結果のほうは正当に衝撃視され、その後の離脱交渉が難渋する状況を見せつけられてきた。こうした2010年代を通じた EU の状況は、遠藤（2016）によって「欧州複合危機」と表現されて然るべきものだった。2020年代に入っても、世界規模での危機的事象として、コロナ危機、続いてウクライナ危機が発生し、EU もこれらの危機対応に追われている。

本章は2020年代の EU によるコロナ危機対応の政治過程を検討する。とくに各加盟国での経済活動停止への補償となる EU による財政支援政策に専ら着目し、それが EU で創設・構築されてきた2020年内の政治過程を観察する。本章は EU によるワクチン調達・分配等の政策は扱わないが、その理由は筆者の力量不足に因るものでしかない。EU によるコロナ危機対応としての財政支援政策は、具体的には Next Generation EU（次世代 EU：以下 NGEU と略記）と呼称される、EU 復興基金を創設する形で2020年内に結実した。NGEU は、EU の財政規模を高めつつ EU を介した加盟国間での財政移転、すなわち従来は忌避されてきた加盟国間での「再配分」を原理的に導入する仕組みとなるものであり、欧州統合の流れにおいてはEUの財政連邦主義的性質（超国家主義的要素）を強める事象として注目に値する。マルチレベルな政府階層において実質的な政策決定権限を有する層と財政権限を有する層とは同一であることが正義にかなうとして、NGEUを考察素材に含めながら、EU層での財政連邦主義・再配分強化を説く学術的論稿も出てきている（de Schutter 2022）。

このNGEUが構築されていく2020年内の政治過程を見ていく際に基軸とする着眼点は、冒頭に挙げた2010年代の幾多の「危機」との比較や継続を意識したものとする。なぜなら、NGEUが含む「再配分」「超国家主義」要素の強化の是非自体が、NGEUを創設する2020年の政治過程での二大争点のひとつであったが、2010年代前半の欧州債務危機の段階でも既に同じ争点を含む政治過程が展開され、かつその際はNGEUの場合とは逆に「再配分」を避ける帰結を見ていたため、この帰結の差異に関心が向かうからである。あわせて、2010年代を通じて伸張したEU懐疑的なポピュリズム勢力が、2020年のNGEU創設の政治過程で示すスタンスも注目に値するだろう。というのも、NGEUがEUの財政連邦主義（超国家主義）的要素を強めるというのであれば、直感的にはEU懐疑的なポピュリズム勢力はNGEUに強固に反対すると思われる一方で、たとえそうした勢力であっても、コロナ禍で苦しむ自国への財政支援を受ける実利的なメリットを優先してNGEUに賛成する可能性も想定されるからであり、実際の言動からそれを確認したいからである。同様に、NGEU創設の政治過程での二大争点のもうひとつとして、「法の支配」遵守を財政支援条件とすることの是非が立ち現れることになったが、「法の支配」毀損問題も先述のように2010年代前半から継続してきた危機事象であり、当初から諸アクター間で「法の支配」毀損勢力への対処の厳格さを巡る見解には違いがあった（原田 2017）。その2010年代の「法の支配」を巡る対立構図はそのまま2020年のNGEU創設の政治過程でも維持されているのか。それとも対立構図の組み替えが見られたりするのか。この点は2019年の欧州議会議員選挙による影響も勘案しつつ見極めたい。

本章の構成は次のとおりである。第1節では、2020年3月から7月にかけてのコロナ禍による経済危機へのEUの初期対応を見ていく。とくに欧州理事会でのEU首脳間の交渉等を通じて、EU加盟国間で政府間主義的にNGEUのコンセプトが立ち現れてくる経緯を辿っていく。NGEUの創設時点を2020年7月21日の欧州理事会での大枠合意のタイミングと等視する向きもあるが、NGEUをEUの正式な政策として定立するためには、欧州理事会で合意された大枠を具体化した政策案を欧州委員会がEU理事会と欧州議会とに提案し、それら両立法機関での審議・合意を得るという流れを辿らなければならない。そこで第2節と第3節では、2020年9月以降に展開されたEU立法機関でのNGEUを巡る具体的な政治過程を検討し、とりわけ欧州議会本会議で鍵となった票決結果や審議での議員らの発言を解釈する作業を行う。NGEUに関する先行研究(1)の多くは第1節で扱う政府間的交渉過程の段階にとどまる傾向にあるが、第2節と第3節での分析も含めてNGEUの政治過程を深掘りしていることと、2010年代の先行的危機との比較・継続性を意識してNGEUの政治過程を検討していることが、本章の研究の独自性である。欧州議会議員勢力が欧州社会を縮図的に反映していると理想的に捉えるとすれば、政府間交渉のみならず、欧州議会を観察することは、欧州社会を広く見据えた利害関係や選好配置を見渡せるメリットがある。第2節では、NGEUの財政連邦主義的要素（EU固有財源増加）の是非が争点となった、2020年9月の欧州議会本会議の状況を詳しく検討する。第3節では、「法の支配」遵守をNGEUによる財政移転の条件とすることの是非が争点となった、2020年12月の欧州議会本会議での諸勢力の選好配置を読み取る。第2節と第3節の欧州議会での政党会派や加盟国諸政党の選好配置を確認する際には、第1節での政府間的交渉の検討から浮かび上がった選好と合致的かどうかにも留意する。

第1節　コロナ禍による経済危機へのEUの初期対応

1　財政支援策の提案とその対立構図

ヨーロッパで新型コロナウィルスへの感染者が確認され始めたのは2020年1月下旬頃からであり、その後2020年3月上旬に感染者の急拡大を見た。EU各加盟国による移動制限・外出禁止措置等に伴って経済活動停滞が余儀なくされるなか、EU の最初期の対応としては、3月中旬に欧州中央銀行によってEU 各加盟国が遵守すべき財政規律ルールである安定成長協定の適用停止条項が発動されるとともに、3月19日には欧州委員会が域内市場の競争法ルールにて取締対象となる国家補助の特例措置を講じることで、各国内での大規模な財政出動を円滑に行う条件が整備された（Fabbrini 2022：189-190）。

並行して、EU による対コロナ財政支援策を要望する声が一部の EU 加盟国政府からあげられ、EU 首脳間での政府間主義的な交渉が始められた。まず、コロナ感染拡大とそれに伴う被害がとくに大きかったイタリアのコンテ政権（中道左派・民主党と左派ポピュリズム・五つ星運動との連立）から、EU 共通のユーロ債（corona bond）発行によって財源を確保したうえで、経済活動停止を余儀なくされた加盟国に財政支援を行う仕組みを構築することが提案された。EU 共通のユーロ債発行で資金調達する方式は、経済力が高い一部の加盟国の信用力を背景に財源を確保したうえで、それを財政移転することを含意する。つまり、実質的にEU の財政連邦主義（超国家主義）的要素を強めつつ加盟国間での「再配分」をもたらすことになる。このイタリアによる提案を契機として、3月26日のオンライン形式による欧州理事会等の機会を通じて政府間交渉が始められるなかで、加盟国ごとの見解の相違が浮き彫りとなってきた。

イタリア・コンテ政権の提案を最初に支持したのは、同じくコロナ感染の影響が大きいスペインのサンチェス政権（中道左派・社会労働党と左派ポピュリズム勢力・ポデモスによる連立）だった。3月25日には、イタリア・スペインとともに、フランス、ベルギー、ギリシャ、ポルトガル、アイルランド、スロベニア、ルクセンブルクの9加盟国政権が欧州理事会常任議長シャルル・ミシェル宛に共同書簡を提出して支持を表明した（Fabbrini 2022：190）。また、当初はEU 共通のユーロ債発行による復興措置という案を軽視していた様子のフォン・デア・ライエン欧州委員会委員長も、欧州委員会内にて3月末段階でユーロ債も含めた復興措置の具体的計画化の指示が行われている形跡からして、3月中にはそれを「現実味のある解決策」と考え始めていたことが窺い知れる（東野 2021：110）。

これに反対したのが、ドイツのメルケル政権（中道右派 CDU と中道左派 SPD

の大連立）と、「フルーガル・フォー[2]」（Frugal Four：倹約4カ国）と呼ばれる、オーストリアのクルツ政権（中道右派・国民党、緑の党の連立政権）、スウェーデンのロベーン政権（中道左派・社会民主党と緑の党の連立）、オランダのルッテ政権（右派リベラル・自由民主国民党（VVD）、中道右派・キリスト教民主アピール（CDA）、左派リベラル・民主66、中道・キリスト教連合（CU）による連立政権）、デンマークのフレデリクセン政権（社会民主党による少数与党政権）であった。ドイツとフルーガル・フォー諸国は、EU加盟国間での「再配分」に反対であり、EUによる財政支援が必要ならば、2010年代前半の欧州債務危機の際に設けたESM（欧州安定メカニズム）での融資を用いるべきとの論陣を張った（de la Porte and Jensen 2021：392-393）。これに対して、「再配分」を志向するイタリア・スペインらは、ESMによる融資条件が国内での緊縮財政の義務化であることを嫌って、ドイツとフルーガル・フォーの案を拒否したのであった。

こうした2020年3月段階でのEUを介した財政支援のあり方を巡る見解の相違は、2010年代前半の欧州債務危機の際の対立構図と相似している。欧州債務危機の際も、再配分的な財政支援を求めるギリシャ、イタリア、スペイン、ポルトガル等の南欧諸国とそれをフランス（当時サルコジ大統領）等が支持する一方で、これに対抗する形でドイツ（メルケル政権）やオランダらが各国内での緊縮財政実施による解決を主張するという対立構図が展開された（原田 2015：45-52）。欧州債務危機の際には、前述のESMといった融資メカニズムが設けられたはしたものの、融資条件としては「緊縮財政」を求めるものであったことから、基調としてはドイツやオランダらの「緊縮財政」派の主張が勝利し、南欧諸国とフランスによる「再配分」派は敗北した。しかし、対立構図としては相似する2020年の財政支援策構築の政治過程では、逆に「再配分」派の勝利へと帰結した。その状況を次に見ていく。

2　仏独主導による「再配分」的なNGEU案の導出

2020年4月中には、「再配分」派のフランス・マクロン大統領と「緊縮財政」派のドイツ・メルケル首相の仏独首脳間交渉が行われ、そこでマクロンの主張にメルケルが妥協する形で、つまりドイツが立場を変えてEU共通のユーロ債発行を伴う「再配分」を容認する形で話がまとまっていった。その結果は、2020年５月18日の仏独首脳オンライン共同記者会見にて披露された。その内容は、コロナ危機へのEUによる財政支援策として、融資ではなく返済不要の助成金による500ビリオンユーロ規模の復興基金パッケージを創設し、そのための資金は欧州委員会がEU共通のユーロ債として金融市場から調達するという案であり、これがNGEUの原型となる構想であった（POLITICO 2020）。また、マクロンの念頭にあったのは復興基金パッケージ単体での構築であったが、折しも交渉中であった次期７年（2021～2027年）のEU中期予算であるMFF（Multiannual Financial Framework：多年次財政枠組）に復興基金パッケージを盛り込むというメルケルの意向に合わせる形で合意された（東野 2021：111）。

こうしたメルケルの「再配分」派への翻意を伴う仏独主導による動きは、当然、「緊縮財政」派のフルーガル・フォーのオーストリア、スウェーデン、オランダ、デンマークの反発を招いた。この４カ国は５月23日に対抗提案をEU各首脳に送付し、たとえEU共通のユーロ債という財源調達方法を甘受するにしても、少なくとも返済不要の助成金とするべきではなく返済を要する融資であるべきことや、融資の使途条件も厳格に設定すべきことを訴えた（EurActiv 2020a）。

しかしその４日後の５月27日には、先の仏独提案に概ね沿う内容のNGEU案が欧州委員会によって公表された（European Commission 2020）。この欧州委員会によるNGEU案では、まず基金の名称をNext Generation EUとすることが初めて表明され、規模は750ビリオンユーロとされた。これは仏独提案の500ビリオンユーロの1.5倍にあたる。750ビリオンの内訳は500ビリオンが返済不要の助成金で250ビリオンが融資とされた。また、仏独提案どおりに、財源調達方法はEU共通のユーロ債によるものとされ、NGEUは次期MFFに盛り込むこととされた。あわせて次期MFFのEU予算規模でも、歳入の対GDP比上限を従来の1.2%から2.0%へと引き上げること、EU新規の固有財源として、グリーン課税（炭素課税、プラスチック包装廃棄物課税など）、デジタル課税、金融取引税を数年かけて順次導入するという新たな方針が示された。これらのEU歳入規模拡大やEU固有財源となる新規課税対象の拡張は、EU共通のユーロ債導入と同様に、EUの財政連邦主義（超国家主義）的要素を強めることになるものである。この点に関わる欧州議会での審議状況を次節で詳しく確認する。

3　欧州理事会でのNGEU案の大枠合意と残された課題

5月27日に欧州委員会が公表したNGEU案とそれを包含する次期MFF案をたたき台として6月から7月前半にかけて政府間交渉が進められ、最終的には7月17日開始の欧州理事会の5日目にあたる21日にようやくNGEU案の大枠の合意が成立した（European Council 2020）。その中身としては、まずNGEUの規模は欧州委員会提案通りに750ビリオンユーロとするが、その内訳比率ではフルーガル・フォー諸国に妥協して、390ビリオンを返済不要の助成金、360ビリオンを融資とすることとされた。EU共通のユーロ債による資金調達導入も合意された。

NGEUが有効に発効・実施されるためには、NGEUを包含する次期MFFの方針も固められなければならないわけだが、その次期MFFの合意もこの欧州理事会でなされた。しかし、過年度から交渉が進められてきた次期MFFの交渉成果の一部がこの欧州理事会で毀損されたのではないかという疑義が呈されることになった。たとえば、EUの教育政策を構成するエラスムス計画関連予算が削減されたほか、EUからの資金支出停止措置に該当する「法の支配」違反を定義する「総体的な不足（generalized deficiencies）」という文言が従来の交渉段階よりも曖昧化されたことが、欧州議会から槍玉にあげられた。とりわけ、MFFにて「法の支配」遵守をEU資金支出条件とすることは、MFFの構成要素となるNGEUでのコンディショナリティとしても適用され、「法の支配」毀損を指弾されてきたハンガリーやポーランドにとっては繊細な論点となる。この両国も含めて全会一致でNGEUと次期MFFの大枠の合意成立にこぎつけるために、欧州理事会では両国におもねって「法の支配」違反を定義する文言があえて曖昧化されたことは想像に難くない。しかし、この「法の支配」面での妥協を許容できない欧州議会としては、「法の支配」毀損という状態が曖昧で明確に条件化できず機能しないのであれば、コロナ禍の経済危機下でとりわけ早期発効が求められる

NGEU の稼働を遅らせることになろうとも、欧州議会が EU 予算案に賛同することはないと述べて反対したのであった（EurActiv 2020b, 2020c）。

いずれにしても、NGEU の大枠は欧州理事会で成立したが、それを具体化する立法措置は、欧州委員会による提案を受けた EU 理事会と欧州議会の審議・可決を経て決定される必要があり、それは2020年９月以降の EU 立法機関での政治過程として展開されることになる。そこでは、７月までの政府間交渉では劣勢に立たされたフルーガル・フォー（オーストリア・スウェーデン・オランダ・デンマーク）出身議員らのアクターの言動が注目されるほか、2019年の欧州議会議員選挙で伸張した EU 懐疑的なポピュリズム勢力の NGEU に対する選好や、NGEU でも適用が想定される「法の支配」のコンディショナリティ導入の是非をめぐる問題の処理状況に留意する必要があるだろう。第２節では、EU 共通のユーロ債導入と同じく EU の財政連邦主義（超国家主義）的要素を強めることになる EU 固有財源拡張の是非が審議された2020年９月の欧州議会本会議の状況を検討する。続いて第３節で「法の支配」コンディショナリティの是非が審議された2020年12月の欧州議会本会議の状況を読み解く。

第２節　EU 固有財源拡張に関する欧州議会での審議・票決（2020年９月）

1　欧州委員会の提案内容と審議・票決の着眼点

EU 共通のユーロ債導入と同じく、NGEU と連動する次期 MFF で EU 固有財源となる新規課税対象を拡張することは、EU の財政連邦主義（超国家主義）的性質を強めることになる。これに関する欧州委員会の正式な立法提案は「EU 固有財源システムに関する理事会決定の提案」（以下「固有財源提案」）として７月30日に出された。その内容は EU 固有財源となる新規課税を2021年から段階的に導入することだった。2021年１月からリサイクルできないプラスチック包装廃棄物の重量に基づく拠出金、排出量取引制度の見直しと排出枠有償販売収入、2023年１月から炭素国境調整措置による収入、デジタルサービス課税、巨大デジタル多国籍企業に対する域内デジタルサービス税、

2024年1月から金融融取引税、2026年1月から法人課税をベースとする拠出金を導入するという提案であった。

この固有財源提案は諮問手続（特別立法手続）に則るものであり、欧州議会としては「決議」（resolution）の形式で提案内容への意思表明を行う。その「決議」内容の審議・票決は2020年9月14－16日の欧州議会本会議で行われた。次項でその審議・票決を見ることで、NGEU と次期 MFF に原理的に埋め込まれた EU の財政連邦主義的要素に対する諸アクターの選好配置を把握する。留意点は大きく五つある。

第一に、各政党会派の賛否と各政党会派内での結束度を確認する。第二に、2010年代前半の欧州債務危機の際には、欧州議会の中道左右政党会派間での見解の相違、すなわち、ユーロ債導入も含めた EU の財政連邦主義強化について中道左派 S&D は賛成で中道右派 EPP は反対という構図だった（原田 2015）わけだが、それと比較して2020年の NGEU の政治過程でも同様の差異が見られるのかどうか。第三に、「フルーガル・フォー」のオーストリア、スウェーデン、オランダ、デンマーク出身議員らはどのような選好を示したのか。第四に、NGEU や次期 MFF で主な受益国となるイタリア・スペイン等の南欧出身議員らはどのような選好を示したか。第五に、「法の支配」毀損問題の当事者たるハンガリーやポーランド出身議員の選好はどうか。

2　票決結果と審議での発言内容の検討

（1）各政党会派の賛否と各政党会派内での結束度と造反状況の読み取り

表1は固有財源提案への決議案に係る欧州議会本会議票決結果（2020年9月16日）である（European Parliament 2020b）。決議案の内容は欧州委員会による固有財源提案の内容を概ね追認するものであり、賛成455・反対146・棄権88で可決された。各政党会派の賛否では、左派 GUE/NGL、欧州緑、中道左派 S&D、リベラル Renew、中道右派 EPP、無所属議員らが賛成であり、欧州懐疑 ID と保守 ECR が否定的である。ただし、会派ごとに結束度が異なる。欧州緑（68人全議員賛成）と欧州懐疑 ID（欠席1人を除き75人全員反対）は賛否は逆だが100% の結束度である。欧州緑以外の賛成多数会派では結束度が高い順に S&D 91.5%、EPP 79.0%、Renew 69.1%、GUE/NGL 63.2% となっ

表1　2020年9月16日固有財源提案への決議案に係る欧州議会票決の状況

	GUE/NGL 左派	Greens/EFA 欧州緑	S&D 中道左派	Renew リベラル	EPP 中道右派	ECR 保守	ID 欧州懐疑	無所属	合計
賛成	24	68	129	67	143	3	0	21	455
反対	5	0	7	20	15	19	75	5	146
棄権	9	0	5	10	23	39	0	2	88
欠席	1	0	5	1	6	1	1	1	16
合計	39	68	146	98	187	62	76	29	705

ている。保守ECRは棄権多数で63.9%だが、棄権と反対を合わせて否定票と扱えば95.1%の結束度である。

2010年代前半の欧州債務危機の際も中道左派S&Dは財政連邦主義の方向性に賛成であり、2020年の本票決でも高い結束度で賛成している。対して、欧州債務危機の際に財政連邦主義に反発していた中道右派EPPは、本票決では結束度はS&Dに比して低いにせよ賛成多数となっている。この中道左右会派で造反して反対・棄権した議員の状況を確認すると、まず中道左派S&Dでの反対7人のうち4人はマルタ出身議員で、3人はデンマーク社会民主党（国内与党）の全議員であり、棄権5人はスウェーデン社会民主党（国内与党）の全議員であった。7月までの政府間交渉での大枠合意にかかわらず、フルーガル・フォーの「緊縮財政」志向の維持が窺い知れる。中道右派EPPの反対15人の内訳は、スウェーデン穏健党4人、スウェーデン・キリスト教民主党2人、デンマーク保守党1人、フォルツァ・イタリア5人、仏共和党1人であり、棄権23人の内訳は、オランダキリスト教勢力（国内与党）5人、オーストリア国民党（国内与党）6人、仏共和党6人、統一アイルランド党5人、フォルツァ・イタリア1人である。ここから、中道右派EPPでも会派から造反して否定的であった多くが、フルーガル・フォー出身議員であることがわかる。「法の支配」毀損勢力の一角を占めるハンガリーの政権与党フィデスはEPPに属してきた[(3)]が、そのフィデス議員11人は全員賛成している。議事録を見ると、フィデス所属のタマス・ドイチュ（Tamás Deutsch）議員は書面にて「欧州議会は7月の欧州理事会の決定内容を尊重していないのでおかしいです。今回の新しい独自財源の提案は、貧しい加盟国からより多くの資源を奪い、金持ちを助けることになるでしょう」と述べている（European Parliament 2020a：75）。言説内容としては反対的見解を表明しながらも、票決では賛成票を投じるという、言行不一致的なスタンスが垣間見えよう。

それに対して、もう一方の「法の支配」毀損勢力であるポーランドの政権与党「法と正義」は、保守会派ECR内での筆頭政党として所属し、反対19人中4人、棄権39人中の23人を占めている。会派をまたぎはするものの「法の支配」毀損の二勢力の間でEUの財政連邦主義に関しては賛否が割れている。「法と正義」所属で反対票を投じたボグダン・ゾインサ（Bogdan Rzońca）議員は「新規のEU固有財源がとくにポーランド企業にとって過重負担となるのを懸念します」と発言している（European Parliament 2020a：64）。ECRの反対19人は他にスペインVOX4人、オランダJA21の3人、スウェーデン民主党3人を含む。

反対で結束度100％の欧州懐疑IDの内訳は、独AfD（ドイツのための選択肢）10人、デンマーク国民党1人、オーストリア自由党3人、イタリア・レガ（同盟）29人、仏国民連合23人、オランダ自由党1人、フィン人党2人である。議事録を確認すると、独AfDのヨアヒム・クース（Joachim Kuhs）議員が「この新たな固有財源は、EUの新たな主権をもたらします。これは加盟国を弱めるもので、加盟国からEUへの拠出金が減るのではなく逆に増えることになってしまいます」（European Parliament 2020a：66）と述べているほか、仏国民連合のエルベ・ジュバン（Hervé Juvin）議員は「ヨーロッパは主権国家でもない人工的な器にすぎないのに課税するというのがそもそもおかしいです。しかも、構想された財源だけではNGEUのユーロ債の返済にも足りないでしょう。課税の決め方もまったく民主的ではないです」と述べている（European Parliament 2020a：71）。

賛成多数だが結束度は69.1％とそれほど高くないリベラル会派のRenewはどうか[(4)]。反対20人の内訳だけを見てみても、独自由民主党5人全員、独自由投票党1人、スウェーデン中央党2人、スウェーデン自由党1人、オランダVVD（国内与党）5人全員、デンマークVenstre4人、アイルランド共和党２人であり、やはりフルーガル・フォーの財政連邦主義に対する否定的態度が目立つ。

予想に反するのは、伝統的に財政連邦主義や再配分に賛同的な左派 GUE/NGL で意外と結束度が低いことである。反対・棄権票の内訳を確認したところ、反対５人はスウェーデン左翼党、デンマーク左翼勢力、オランダ動物党、アイルランドのシンフェイン党、ポルトガル左翼ブロックから各１人だった。反対５人のうち３人はフルーガル・フォー出身議員であり、かつ各国内野党所属であることを勘案すると、フルーガル・フォー諸国は政権与党だけでなく挙国一致的に「緊縮財政」派であるという可能性も論理的には成り立つ。また、ポルトガル左翼ブロックは反対１人の他に棄権２人も出しており、NGEU や次期 MFF でより多くの恩恵を受けるはずの南欧出身議員が否定的である理由が気になる。そこで、議事録で同党所属議員の発言内容を確認すると、棄権したジョゼ・グズマオ（José Gusmäo）議員が「いくつかの新規課税は数年後の導入ではなく、今すぐにでも導入すべき」と述べており、実施を早めるべきとの観点からの棄権であることがわかる（European Parliament 2020a：64）。否定的な左派議員の見解は、他にも棄権したベルギー労働者党所属のマルク・ボテンガ（Marc Botenga）議員が「プラスチックを使うコーラやカナダドライへの課税ではなく、まずは金融取引に課税すべき」（European Parliament 2020a：66-67）と述べているように、再配分や財政連邦主義的要素には賛同するものの、課税項目の優先順位や実施タイミングの遅さへの不満があり、それを否定票で表現しているものと解釈できる。

（２）「フルーガル・フォー」の国別の比較整理

既にフルーガル・フォー諸国出身議員らの否定的傾向は看取できたが、改めてこれら諸国を切り口に整理し直して比較考察してみよう。

まずオーストリアは、EPP７人（国民党：国内与党）は６人棄権で１人賛成、S&D５人は賛成、Renew１人は賛成、Greens/EFA（緑の党：国内与党）は３人とも賛成、ID３人（すべて墺自由党）とも反対となっている。次にオランダでは、EPP（キリスト教勢力）６人のうち５人棄権１人欠席、S&D６人ともに賛成、Renew７人のうち VVD（国内連立与党筆頭）５人は反対だが、民主66（国内連立与党）の2人は賛成となっている。Greens/EFA 3人は緑の党として全員賛成である。ECR 4人は3人反対・棄権1人、ID 1人反対、左派GUE/NGL 1人反対であった。以上のように、フルーガル・フォーのうちでも、オーストリアとオランダでは国内与野党の違いで賛否が割れており、必ずしも挙国一致的に「緊縮財政」派一辺倒というわけでもない。オランダでは国内連立与党で同じ欧州議会政党会派Renewに属する2政党間でも賛否が割れた状況にあり、Renewの結束度の相対的低さを裏打ちする格好となっている。

デンマークでは、EPP 1人反対、S&D 3人（国内与党）ともに反対、Renew 6人のうち社会リベラル2人は賛成だが、Venstreの4人は反対、Greens/EFA 2人は緑の党として2人とも賛成、ID 1人反対、左派GUE/NGL 1人反対だった。会派拘束が強い緑の党を別とすれば、フルーガル・フォーのうちでも、デンマークは国内与野党ともにほぼ挙国一致的にEUでの財政連邦主義に反対であることがわかる。緑の党のほかに例外的に賛成した2人の左派リベラル勢力はオランダでの民主66に符号する政党であり、Renew内の分裂状況はオランダ同様にデンマークでも表れている。

スウェーデンでは、Greens/EFAの緑の党3人は賛成だが、EPP 6人全員反対、S&D（国内与党）5人全員棄権、Renew 3人全員反対、ECR 3人全員反対、左派GUE/NGL 1人反対であった。つまり、緑の党を除き、スウェーデンは挙国一致的に国民性として欧州規模での財政連邦主義には否定的である。従来の手厚い福祉国家の印象とともにスウェーデン＝再配分志向と受けとめるのは早計である。たとえ国内での再配分の志向性は高くとも、EUという欧州規模での再配分に反対するというのは、両立しうるスタンスなのである。

（3）イタリア出身議員とスペイン出身議員の比較

NGEUでとくに受益国となるイタリア・スペイン出身議員の動向を確認しておこう。両国出身のポピュリズム勢力が欧州議会でも一定規模で存在するためにその賛否の状況も注視したい。まずイタリアでは、欧州政党会派では無所属だが国内連立与党の五つ星運動（左派ポピュリズム）の欧州議会議員

14人賛成、S&D で国内連立与党の民主党も全員賛成だが、EPP11人のうちフォルツァ・イタリアの５人反対・２人棄権となっている。ECR 所属で後に2022年に国内連立与党を形成する「イタリアの同胞」６人も棄権、ID 所属のレガ（同盟）29人が反対である。同国出身欧州議会議員全76人中33人が賛成で43人が否定的だった。対してスペインでは、ECR 所属の VOX４人の反対以外は国内与野党関係なく全員賛成であり、同国出身欧州議会議員全59人中55人が賛成であった。

予測としては、第１節で見た通り両国はコロナ禍で率先して EU での財政支援策を求めた経緯からしても、両国出身議員らは財政連邦主義的要素を含む NGEU/MFF に関する本票決で賛成多数となると思われた。この予測は実際の票決結果ではスペインには合致するがイタリアには当てはまらない。同時に、両国出身の EU 懐疑的なポピュリズム勢力は EU の権限拡大につながる NGEU に強固に反対する可能性もあれば、コロナ禍で苦しむ自国への財政支援を受ける実利を優先して賛成する可能性も想定される。この観点から票決結果を見渡すと、イタリアの五つ星運動とスペインのポデモスといった「左派ポピュリズム」に括られてきた勢力は、国内与党の地位も得つつ、NGEU や次期 MFF には「親 EU」的に賛同している。同勢力の EU 懐疑の根幹は欧州債務危機対応時のような緊縮財政路線にこそあり、それとは真逆の再配分や財政連邦的要素にはむしろ賛同的なのである。それに対して、右派ポピュリズムやそれに連携する勢力の本票決での投票行動から読み取れるのは、NGEU を通じて自国が財政支援を受ける実利で EU になびくことはなく、EU の財政連邦主義（超国家主義）が拡張すること自体への原理的な反対スタンスを優先した格好となっている。ともに NGEU からの恩恵を享受する両国で票決の賛否や結束度が割れていること自体が一見パズルではあるのだが、その原因は右派ポピュリズム勢力が欧州議会で占める議席数の規模が両国で大きく違うことを勘案すれば理解可能である。

第3節　「法の支配」コンディショナリティに係る欧州議会での審議・票決（2020年12月）

1　欧州議会決議案の内容と審議・票決の着眼点

NGEUを含む次期MFF案にて「法の支配」遵守をEU資金支出条件とすることの是非や、その条件の詳細規定の是非につき論争がある状況は既に第1節で見た。2020年秋の政府間交渉でも「法の支配」条件化に不満を持つポーランド・ハンガリーがNGEU/MFF成立を拒否権行使で阻止する意向も示すなか、2020年12月10-11日の欧州理事会で議長国ドイツの提案に基づく妥協が成立した（福田 2022:28）。この直後の12月16日に改めて「法の支配」コンディショナリティ導入の是非を中心争点とする欧州議会での審議・票決が行われた。本票決対象の決議案の内容は、EU加盟国に対するEU予算支出につき「法の支配」コンディショナリティを導入し、そのうえでEU復興基金たるNGEUとそれを含む次期MFFの正式成立として認めるものだった。次項でその票決結果を見ることで、「法の支配」遵守に関する諸アクターの選好配置を把握する。留意点は大きく四つある。

第一に、各政党会派の賛否と各政党会派内での結束度の確認である。第二に、2010年代と同様に、中道右派EPPと保守会派ECRが連携して「法の支配」毀損勢力とみなされるハンガリーのオルバン・ヴィクトル（Orbán Viktor）首相とその政党フィデス（EPP所属）やポーランドのヤロスワフ・カチンスキ（Jarosław Kaczyński）大統領を実質的権力者とする政党「法と正義」（ECR所属）を庇うかどうかである。2010年代の欧州議会では一貫してリベラル勢力が「法の支配」毀損勢力を糾弾する先頭に立って牽引し、それに中道左派S＆Dと欧州緑Greens/EFAと左派GUE/NGLが連携するのに対して、EPPとECRが所属政党を庇う構図が展開されてきた（原田 2017）。これと同じ構図が2020年のNGEUの政治過程でも繰り返されるのかどうかを注視する。第三に、「法の支配」に係るEU懐疑的なポピュリズム勢力の選好を把握する。第四に、引き続きフルーガル・フォー出身議員の動向にも留意する。前節で見たように7月の欧州理事会での大枠合意にもかかわらず9月段階でフルーガル・フォー出身議員らには財政連邦主義的な要素を含むNGEUへの否定的態度がくすぶっていたが、12月の本票決段階でも「法の支配」問題よりも「再配分」的要素への反対を主たる動機として否定的態度をとる可能性もあるからである。

2　票決結果分析と審議での発言内容の検討

（1）各政党会派の賛否と各政党会派内での結束度と造反状況の読み取り

表2は「法の支配」条件付でNGEU/MFF成立とする決議案の是非を問う欧州議会本会議での票決結果（2020年12月16日）である（European Parliament 2020d）。賛成496・反対134・棄権65で可決された。各政党会派の賛否ではGreens/EFA欧州緑、中道左派S&D、リベラルのRenew、中道右派EPP、無所属議員らが賛成多数であり、欧州懐疑IDと保守ECRが反対多数である。左派GUE/NGLは非常に割れており、賛成か反対かだけで言えば13対10で賛成多数だが、棄権が16であり、反対と棄権を合わせて「否定」票とみなせば否定的と解釈可能である。結束度では、再びGreen/EFA欧州緑（73人全議員賛成）が100％の結束度である。欧州緑以外の賛成多数会派では結束度が高い順にS&D 97.9%、Renew 93.8%、EPP 89.7%となっている。棄権と反対を合わせて「否定」票と扱えば、否定派の結束度としてIDは100％であり、ECRは98.4%（62人中1人だけ賛成）、左派GUE/NGLは66.7%となる。

表2　2020年12月16日「法の支配」条件付でNGEU・MFF成立とする決議案の欧州議会票決状況

	GUE/NGL 左派	Greens/EFA 欧州緑	S&D 中道左派	Renew リベラル	EPP 中道右派	ECR 保守	ID 欧州懐疑	無所属	合計
賛成	13	73	137	90	165	1	0	17	496
反対	10	0	0	1	14	55	47	7	134
棄権	16	0	3	5	5	6	28	2	65
欠席	0	0	5	2	3	0	0	0	10
合計	39	73	145	98	187	62	75	26	705

中道左派S&Dの「法の支配」毀損勢力への加罰志向性における結束度の高さは2010年代から見られたが、2020年12月の本票決結果でも同様である。本票決で例外的な棄権3人はデンマーク社会民主党（国内与党）3人全員である。このデンマーク出身議員らの真意を知るべく議事録を確認したが残念ながら発言情報の掲載はなかった。可能性としては「法の支配」毀損をEU資金停止で加罰するほど重大な悪行ではないとのスタンスでもありえる一方で、「法の支配」毀損勢力の加罰には賛同できてもフルーガル・フォーとして財政連邦主義的なNGEU/MFFに反対してそれらの成立の阻止を優先する立場が「棄権」という形で表現されたとも解釈できそうである。

リベラル勢力Renewも高い結束度である。反対は独自由投票者党の1人のみ、棄権5人はすべてチェコANO2011所属議員らであった。同党党首で首相のアンドレイ・バビシュ（Andrej Babiš）がオルバンと個人的に懇意な関係にあり、そのバビシュの意向が影響していると推測される。

中道右派EPPは89.7%の結束度で賛成（「法の支配」毀損勢力への加罰志向）だが、この結束度は2010年代の同会派よりも相対的に高い。反対14人の内訳は当事者たるハンガリーのフィデス10人それと連携する同国議員1人、スウェーデン・キリスト教民主党2人、フォルツァ・イタリア1人であり、棄権5人のうち2人はスロベニア出身議員で残る3人は仏共和党3人だった。議事録を確認すると、再びフィデス所属のタマス・ドイチュ（Tamás Deutsch）議員が書面で「ポーランドとハンガリーの協力が勝ち、ヨーロッパ全体が勝ちました。先週の欧州理事会での合意と、MFFを承認するという欧州議会の決定のおかげで、ハンガリーはハンガリー人のためにEUの財源を保護しましたし、EU条約の下でのハンガリー人への資金の配分と使用に政治的条件を付けることができないことを確認しました」（European Parliament 2020c：76）と述べており、「法の支配」コンディショナリティを排除できたことで自分たちが勝利したと述べつつも反対票を投じているという、言行不一致的スタンスを繰り返している。EPP内で気になるのは、2020年9月票決の際も同様であったが、長らく主要な国内中道右派政党であった仏共和党がEPP会派内で造反的投票を繰り返している点である。議事録を確認すると、同党所属で棄権したフランソワ＝ザビエル・ベラミー（François-

Xavier Bellamy）議員が「大きな民主主義の問題です。私たちの反対側にあるリベラル勢力のメンバーであるマクロン氏のグループが主導権を握り、この追加の予算統合がヨーロッパの連邦国家への道を開くことを喜んで称賛しているのを聞いたからです。このことをフランス国民は想定していないので大きな問題です」と発言していた（European Parliament 2020c：63）。つまり、EUアリーナの政治過程にあっても、仏共和党議員らは国内与党のマクロンの勢力への対抗を基軸として、「法の支配」問題よりも財政連邦主義への懸念から賛同できない態度が窺い知れよう。

左派 GUE/NGL は大きく割れており「不服従のフランス」所属議員でも1人は賛成だが4人棄権、独左翼党も3人賛成だが1人反対である。賛成13人の内訳は仏独4人を除く9人はギリシャ左翼連合5人とポデモス等のスペイン出身議員4人だった。不服従のフランス所属で棄権したマノン・オブリ（Manon Aubry）議員は「法の支配の維持に不可欠なメカニズムを弱体化させることに同意して極右の脅迫に根拠を与えているし、マクロンやメルケルが企画した NGEU はヨーロピアン・セメスターと連動して新自由主義的な勧告適用を条件としています」（European Parliament 2020c：42-43）と述べて、「法の支配」コンディショナリティ規定が当初案から後退したことや NGEU の財政支援が再配分どころか新自由主義的であるとして、批判的意見を示している。

保守会派 ECR は、英保守党離脱後の筆頭勢力として、「法の支配」毀損勢力の一角であるポーランドの「法と正義」が属している。反対55人には「法と正義」25人とそれと連携するポーランド保守2人、イタリアの同胞6人、チェコ市民民主党4人、スウェーデン民主党3人、スペイン VOX 4人が含まれる。再び、「法と正義」所属で反対票を投じたボグダン・ゾインサ（Bogdan Rzońca）議員の議事録での発言を見ると「正義が勝ちました。欧州委員会が法の支配に係る規制を実施しない場合、欧州議会はそれを取り消す可能性があります」（European Parliament 2020c：53-54）と述べており、票としては反対を投じつつも、「法の支配」コンディショナリティが機能しない可能性があることをもって正義や勝利だと捉えているようである。

欧州懐疑 ID では賛成は誰もいない。反対47人には独 AfD11人、デンマーク国民党１人、オーストリア自由党３人、フィン人党２人、仏国民連合23人が含まれる。棄権28人は全員イタリアのレガ（同盟）所属議員である。12月の本票決を前節で見た９月票決と比べると、９月票決では100％の結束度で反対だったが、12月の本票決では他勢力は全員反対であるなかイタリアのレガ（同盟）の28人だけが一斉棄権していることに気がつく。この意味をどう解釈すればよいのだろうか。レガとしては「法の支配」でオルバンやポーランドを庇うのは控えつつ、NGEU を通じた財政支援の早期受給優先スタンスを表しているのかとも思われるが、仮にそうであれば９月票決で反対を投じなかったと考えるべきである。そのため、合理的に推測できるレガのスタンスとしては、12月票決までの３か月間で財政連邦主義の強化支持に傾くという選好変化があったか、もしくは、レガ書記長マッテオ・サルヴィーニ（Matteo Salvini）が以前は懇意な協調関係も見せていたオルバンら「法の支配」毀損勢力とは距離を置くメッセージを発しているか、そのいずれかとして解釈可能だろう[(5)]。

無所属議員の賛成17人にはイタリア国内与党で左派ポピュリズムの五つ星運動10人を含んでいる。

（２）「法の支配」を巡る対立陣営の構図の持続性と変化

2010年代の欧州議会での「法の支配」を巡る対立構図は、リベラル勢力・S&D・Greens/EFA・GUE/NGL が連携して「法の支配」毀損勢力であるハンガリーのフィデスとポーランドの「法と正義」を批判するのに対して、EPP と ECR は会派所属政党として両勢力を庇う構図だった。これと比べると2020年12月の本票決では持続性と変化の両面が観察できる。

持続性の面では、2019年欧州議会議員選挙ではリベラル（Renew）のフランス共和国前進が躍進しており、それを率いるマクロンの「法の支配」毀損勢力への厳格さの影響を見出せそうだがそれは曖昧である。というのも、マクロン登場以前の2010年代前半からリベラル（当時の会派名称は ALDE）はオランダのヒー・ヴェルホフスタット（Guy Verhofstadt）を中心に「法の支配」毀損勢力を糾弾する急先鋒であり続けてきたからであり、共和国前進が新たにリベラル勢力に加わった効果は希釈される。中道左派 S&D は、同会派自体は2019年欧州議会選挙で議席数を減らしつつ会派内部で南欧出身議員の比率向上という変化を経て2020年代に入っているが、結束度高く「法の支配」毀損勢力に厳格である点は2010年代から持続している。変化の面ではなんといっても2010年代に連携してきたEPPとECRとが袂を分かったことが指摘できる。すなわち、EPPは内部でハンガリーのフィデスを排除しつつ「法の支配」毀損勢力を追及する陣営へとポジション・チェンジしているが、ECRはポーランド「法と正義」を筆頭政党しつつ欧州懐疑IDと連携して対抗する格好となっている。

最後に、フルーガル・フォー諸国と「法の支配」問題との関わりで言えば、オーストリアは曖昧だが、オランダのルッテ政権を筆頭として、スウェーデン・デンマークの政権も「法の支配」毀損勢力を厳しく追及してきた。それゆえ、NGEU/MFFが含む財政連邦主義的側面を好ましくは思わない（本票決でのデンマーク社会民主党の議員らの棄権）部分もあるが、「法の支配」毀損勢力を加罰すべきという選好がそれを上回る恰好をとることで、NGEU/MFF成立を飲み込んだのであった。

おわりに——展望

本章では2020年内のEUでのNGEU/次期MFF構築の政治過程を検討し、「財政連邦主義」「再配分」を巡る争点と「法の支配」を巡る争点とが絡まり合って展開するなかで、諸アクターが示す選好配置を確認した。同様の争点を含む「危機」を2010年代にEUは経験しており、その2010年代の政治過程での選好配置との持続性と変化を意識しながら、コロナ危機に襲われた2020年の状況を観察した。

「財政連邦主義」「再配分」を巡る争点に関しては、経済力格差に基づくEU内の構造的な「南北問題」は容易に解消せず、コロナ禍に襲われた2020年でもフルーガル・フォー諸国と南欧諸国との間で対立する構図は基調として従来通りであった。欧州債務危機時と異なりコロナ禍での「北」は「南」に同情的だとの理解（Ferrara and Kriesi 2022：1367）がある一方で、本章で見た「北」は必ずしもそうではなかった。2020年内のフルーガル・フォーの

「倹約」志向は、７月の欧州理事会での NGEU 大枠合意だけでは承服できず、欧州議会での政治過程でもくすぶり続けているほどに、思いのほか強固である。それでも2020年の NGEU が2010年代の欧州債務危機とは逆に「緊縮財政」でなく「再配分」志向での帰結を見たのは、2020年段階では EU 全体や加盟国内の政治勢力がやや左傾化したことに原因を見出す議論（Pochet 2022：127-128）もあるが、直接的契機としてはメルケル率いるドイツの選好変化によるところが大きいだろう。本章で十分に目を配れなかったが、2020年９月と12月の欧州議会票決での独議員らは、リベラルの独自由民主党議員らを例外とすれば、与野党の違いに関係なく（造反することもなく）メルケル政権の立場に従順に結束度高く賛成票を投じていた。メルケル自身の選好変化を首相残り任期が迫る中での「欧州債務危機時の罪滅ぼし」に帰して解する向きもあるが、それはあくまで推論である。

NGEU はコロナ対応の一時的措置とはされているが、欧州統合の流れに沿えば、いったん導入した財政連邦主義に基づく枠組みを恒常化すべきとの議論が将来出てくることも想像に難くない。NGEU を契機として、少なくとも EU 規模での「再配分」「財政連邦主義」を忌避すべきタブーとしてではなく、「ハミルトン・モーメント」に準えまではしなくとも、「EU のための選択肢」として正当に議論の俎上に載せる素地が強化されたように思われる。

「法の支配」問題でも、制裁と解決の糸口が徐々に整いつつある様子が NGEU の政治過程での諸アクターの選好状況から把握された。とくに EPP は2010年代とは異なり、フィデスを排除する選好を見せており、第３節で見た2020年12月欧州議会票決は、2021年３月に実際に EPP からフィデスを追放する最終的な布石としても作用することとなった。ポーランドの「法と正義」としても保守会派 ECR から英保守党が離脱した後に自らを庇う勢力を見出すことに難渋しており、欧州懐疑 ID の勢力に期待をかけるものの、第３節で触れたイタリアのレガ（同盟）の動向に見られたように、必ずしも頼りになるわけではないだろう。ハンガリー・ポーランドの両政権間でも2022年に生じた新たな「ウクライナ危機」への対応でも袂を分かつ状況を見せており、「法の支配」毀損勢力の弱体化による危機の解消が期待できるかもしれない。

(1) 政府間交渉の丹念な整理として、東野（2021）、de la Porte and Jensen（2021）、de la Porte and Heins（2022）などがあり、ブレグジット後の加盟国間関係を考察する素材としてNGEU創設過程を分析したものとして武田（2022）がある。

(2) フルーガル・フォー（Frugal Four）というグルーピングの端緒は、緊縮財政志向のEU加盟諸国の財務大臣らが、同じ志向のイギリスのEU離脱が決まったことで危機感を募らせ、互いの結束を固めるために2018年2月に結成した「新ハンザ同盟」（New Hanseatic League）に見出せる。新ハンザ同盟には、バルト3国、フィンランド、アイルランド、オランダ、スウェーデン、デンマークの8カ国が加わっている。これらのうちより緊縮財政志向のオランダ、スウェーデン、デンマークの3国と、新ハンザ同盟には加盟していないものの緊縮財政志向を同じくするオーストリアとが非公式に連携してグルーピングされたのがフルーガル・フォーである。

(3) フィデスは長らく欧州議会の政党会派ではEPPに所属し、ハンガリー国内での「法の支配」毀損への懸念から他の政党会派から批判を受けてもEPPがそれを庇う傾向が見られてきたが、2019年にフィデスはEPP内でも役職就任禁止などの資格停止処分を適用され、2021年3月にEPPから離脱した。

(4) 2019年の欧州議会議員選挙にてリベラル会派と環境会派の躍進が注目されたが、選出状況を比較した場合に、環境会派の結束度は高くリベラル会派の結束度が低い可能性が示唆されてはいた（原田 2020：43-44）。

(5) 実際のレガ所属議員の真意を探るべく議事録を確認したところ、レガ所属のマルコ・ザンニ（Marco Zanni）議員が「EUは、加盟国が主権と目的を共有する意欲があるために存在し、EUを正当化するのは加盟国であり、その逆ではないことを忘れないでください。重要な決定を全会一致で行わなければならないという事実をここで再確認したいと思います。私の意見では、この全会一致こそは真に民主的な唯一の方法であり、異なる考え方をする人々を保護し、ヨーロッパの民主主義が特定の規則の政治的かつ恣意的な使用から身を守ることを可能にします」との発言を残している（European Parliament 2020c: 40）。これはEU統合のあり方について超国家主義ではなく加盟国主権を尊重する政府間主義を志向すべきとの言明であるが、このレガ所属議員の発言だけでは他のID所属議員らとの差異を読み取ることは難しい。

参考文献

de la Porte, C. and Heins, E. (2022) Introduction: EU constraints and opportunities in the COVID-19 pandemic—the politics of NGEU. *Comparative European Politics* 20: 135-143.

de la Porte, C. and Jensen, M.D. (2021) The next generation EU: An analysis of the dimensions of conflict behind the deal. *Social Policy and Administration* 55 (2): 388-402.

de Schutter, H.(2022): Solidarity and autonomy in the European Union. *Review of Social Economy*.
https://www.tandfonline.com/doi/full/10.1080/00346764.2022.2042369

EurActiv (2020a)'Frugal Four' present counter-plan to Macron-Merkel EU recovery scheme, MAY 25, 2020.

EurActiv (2020b) Parliament threatens to withhold consent on budget cuts, potentially delaying recovery plans, JULY 22,2020.

EurActiv (2020c) Parliament demands rule of law mechanism before signing off on EU budget, AUGUST 27,2020.

European Commission (2020) Europe's moment: Repair and Prepare for the Next Generation. Brussels, 27.5.2020 COM (2020) 456 final.

European Council (2020) Special meeting of the European Council (17, 18, 19, 20 and 21 July 2020) Conclusions.

European Parliament (2020a) VERBATIM REPORT OF PROCEEDINGS (CRE-9-2020-09-14_EN).

European Parliament (2020b) Procès-Verbal Résultat des votes par appel nominal-Annexe 16/09/2020 P9_PV (2020) 09-16 (RCV) _FR.docx.

European Parliament (2020c) VERBATIM REPORT OF PROCEEDINGS (CRE-9-2020-12-16_EN).

European Parliament (2020d) Minutes of proceedings Result of roll-call votes-Annex 16/12/2020 P9_PV (2020) 12-16 (RCV) _EN.docx.

Fabbrini, F. (2022) The Legal Architecture of the Economic Responses to COVID-19: EMU beyond the Pandemic. *Journal of Common Market Studies* 60: 1, 186-203.

Ferrara, F.M and Kriesi, H. (2022) Crisis pressures and European integration, *Journal of European Public Policy*, 29: 9, 1351-1373.

Pochet, P (2022) From one crisis to another: changes in the governance of the Economic and Monetary Union (EMU) *Transfer* 28 (1) 119-133.

POLITCO (2020) France, Germany propose €500B EU recovery fund, MAY 18, 2020.

遠藤乾（2016）『欧州複合危機―苦悶する EU、揺れる世界』中央公論新社。

武田健（2022）「イギリス離脱後の EU 加盟国間関係のゆくえ―対立の構図と力関係―」『日本 EU 学会年報』第42号 66-71.

原田徹（2015）「欧州債務危機下での EU における連帯と統合」『拓殖大学論集 政治・経済・法律研究』第17巻（第 2 号）43-58.

原田徹（2017）「EU 政治過程におけるリベラルと保守の対抗関係―欧州議会での政党会派間連携を中心に―」『同志社政策科学研究』第18巻（ 2 号）13-25.

原田徹（2020）「EU 政党システムの変容とその行方」『ワセダアジアレビュー』No.22 40-45.

東野篤子（2021）「「次世代の EU 基金」および2021-2027年中期予算計画（MFF）合意

形成への道－問題の背景、交渉過程、将来的な課題」市川顕・高林喜久生編『EUの規範とパワー』中央経済社、107-123頁。

福田耕治（2022）「欧州の分断とEU統合のゆくえ―ハンガリー・ポーランドの権威主義的ポピュリズム」『ワセダアジアレビュー』No. 24 21-30.

執筆者紹介（掲載順、＊は編者）

＊福田耕治（ふくだ　こうじ）（第1章・第2章）
早稲田大学政治経済学術院教授・EU研究所所長、日本EU学会理事

- Koji Fukuda (2020) "European Governance After the Brexit and the COVID-19 Shocks: A New Phase of Solidarity and Integration in the EU from the Japanese Perspective", Kumiko Haba, Martin Holland (eds.), *Brexit and After, Perspectives on European Crises and Reconstruction from Asia and Europe,* Springer
- Koji Fukuda (2017) "Growth, Employment, and Social security governance in the EU and Japan", Hideko Magara. (ed.), *Policy Change under New Democratic Capitalism*, Routledge
- Koji Fukuda, Hiroya Akiba (eds.) (2003) *European Governance After Nice*, RoutledgeCurzon

岡山　茂（おかやま　しげる）（第3章）
早稲田大学政治経済学術院教授

- 岡山　茂『ハムレットの大学』（新評論、2016年）
- ジャック・ヴェルジェ、クリストフ・シャルル『大学の歴史』（共訳）（クセジュ文庫、2009年）
- 『大学事典』（共著・編集）（平凡社、2018年）

鈴木規子（すずき　のりこ）（第4章）
早稲田大学社会科学総合学術院教授

- Noriko Suzuki (2020) Effects of Brexit on UK Nationals Living in France, in Birte Wassenberg, Noriko Suzuki (eds.). *Origins and Consequences of European Crises: Global Views on Brexit,* Peter Lang
- Noriko Suzuki (2022) Japon: la politique «top-down» sans coordination et ses limites (Chapitre 11), in Jean-Michel De Waele, Ahmet Insel (sous la direction de). *Quand la pandémie bouleversa le monde,* Larcier
- Noriko Suzuki, Xavier Mellet, Susumu Annaka and Masahisa Endo (eds.) (2022) *Public Behavioural Responses to Policy Making during the Pandemic: Comparative Perspectives on Mask-Wearing Policies,* Routledge

福田八寿絵（ふくだ　やすえ）（第５章）
鈴鹿医療科学大学薬学部教授
・Yasue Fukuda, Shuji Ando, Koji Fukuda (2021) "Knowledge and preventive actions toward COVID-19, vaccination intent, and health literacy among educators in Japan" PLOS ONE 16 (9)
・Yasue Fukuda, Koji Fukuda (2022) "Educators' Psychosocial Burdens Due to the COVID-19 Pandemic and Predictive Factors: A Cross-Sectional Survey of the Relationship with Sense of Coherence and Social Capital" *International Journal of Environmental Research and Public Health*, 19 (4)
・福田八寿絵・福田耕治『EU・国境を超える医療』（文眞堂、2009年）

臼井実稲子（うすい　みねこ）（第６章）
駒沢女子大学人間総合学群人間文化学類教授
・臼井実稲子・奥迫元・山本武彦『経済制裁の研究：経済制裁の政治経済学的位置づけ』（志学社、2017年）
・臼井実稲子「民族問題」『現代の国際政治　第４版』（ミネルヴァ書房、2019年）
・臼井実稲子「欧州軍備協力の課題」福田耕治編著『EU・欧州公共圏の形成と国際協力』（成文堂、2010年）

土谷岳史（つちや　たけし）（第７章）
高崎経済大学経済学部准教授
・土谷岳史「コロナ禍とシェンゲン・ガヴァナンス」『高崎経済大学論集』第64巻第１号（2021）
・土谷岳史「人の移動と反移民・ポピュリズム」須網隆夫、21世紀政策研究所『EU と新しい国際秩序』（日本評論社、2021年）
・土谷岳史「EU 政体における領域性とデモス」『日本 EU 学会年報』第33号（2013）

吉沢　晃（よしざわ　ひかる）（第８章）
関西大学法学部准教授
・Hikaru Yoshizawa (2021) *European Union Competition Policy versus Industrial Competitiveness: Stringent Regulation and its External Implications*, Routledge
・吉沢　晃「EU のカルテル規制における域外企業の無差別待遇」市川顕・髙林喜久生編『EU の規範とパワー』（中央経済社、2021年）
・吉沢　晃「競争政策における規範パワーとしての EU」臼井陽一郎編『変わり

ゆくEU』（明石書店、2020年）

福田智洋（ふくだ　ともひろ）（第９章）
早稲田大学政治経済学術院助手
昭和女子大学人間社会学部現代教養学科非常勤講師
・Fukuda, T. (2022) “Enhancing Accountability in the EU Budgetary Process: Still the Decade of NPM?” *Asia Pacific Journal of EU Studies*, 20 (2)
・福田智洋「キャビネの変化に見る欧州委員会の透明性――構成員、活動倫理、情報公開の分析から」『日本EU学会年報』第42号（2022）
・福田智洋「EU国際公共政策の実施措置決定手続に関する一考察――欧州委員会の権限管理戦略――」『グローバル・ガバナンス』第７号（2021）

佐藤隆信（さとう　たかのぶ）（第10章）
早稲田大学大学院政治学研究科博士課程
・佐藤隆信「欧州の武器輸出管理政策の効果と限界に関する考察」『グローバル・ガバナンス』第７号（2021）
・「米中対立を背景としたインド太平洋における多国間枠組の役割と行方――先端技術分野の競争・協力と既存の国際秩序維持に向けたクアッドの取組」『ワセダアジアレビュー』No.24（2022）

引馬知子（ひくま　ともこ）（第11章）
田園調布学園大学人間福祉学部教授
・引馬知子「ワーク・ライフ・バランス政策とインターセクショナリティ――障害とケアの普遍化モデルからの提起」『障害法』第５号（2021）
・引馬知子「EU社会政策の多次元的展開と均等待遇保障――人の多様性を尊重し活かし連帯する社会の創造に向けて――」福田耕治編著『EU・欧州統合研究（改訂版）“Brexit”以後の以後の欧州ガバナンス』（成文堂、2016年）
・引馬知子「基本的労働権のグローバルな保障と欧州憲法条約」福田耕治編『欧州憲法条約とEU統合の行方』（早稲田大学出版部、2006年）

大道寺隆也（だいどうじ　りゅうや）（第12章）
青山学院大学法学部准教授
・大道寺隆也「EUによる『押し返し（pushback）』政策の動態――EU立憲主義の可能性と限界――」『日本EU学会年報』第42号（2022）
・大道寺隆也『国際機構間関係論――欧州人権保障の制度力学――』（信山社、2020年）

・Daidouji, R. (2019) "Inter-organizational Contestation and the EU: Its Ambivalent Profile in Human Rights Protection", *JCMS: Journal of Common Market Studies*, 57 (5)

原田　徹（はらだ　とおる）（第13章）
佛教大学社会学部准教授

・原田　徹『EU における政策過程と行政官僚制』（晃洋書房、2018年）
・原田　徹（共著）『EU—欧州統合の現在』（創元社、2020年）
・原田　徹（共著）『国際機構 新版』（岩波書店、2021年）

EU・欧州統合の新展開とSDGs

2023年8月20日　初版第1刷発行

編著者　福田耕治

発行者　阿部成一

〒162-0041　東京都新宿区早稲田鶴巻町514番地

発行所　株式会社　成文堂

電話 03(3203)9201(代)　Fax 03(3203)9206

http://www.seibundoh.co.jp

印刷・製本　藤原印刷　検印省略

ISBN978-4-7923-3432-1　C3031

定価(本体3200円＋税)